Angela Davis

Rassismus, Sexismus und Klassenkampf

UNRAST

Angela Y. Davis ist politische Aktivistin, Autorin, Rednerin und emeritierte Professorin der University of California. Seit den 1970er-Jahren gilt sie als Symbolfigur der Bewegung für die Rechte von politischen Gefangenen in den USA und setzt sich bis heute für die Befreiung der Schwarzen ein, kämpft gegen rassistische, Geschlechter- und Klassendiskriminierung sowie gegen den gefängnisindustriellen Komplex in den USA.

Angela Davis

Rassismus, Sexismus und Klassenkampf

Aus dem amerikanischen Englisch von Erika Stöppler

UNRAST

Angela Davis
Rassismus, Sexismus und Klassenkampf
2. Auflage, September 2025
ISBN 978-3-89771-179-2

Fuggerstr. 13 a, D-48165 Münster
www.unrast-verlag.de | kontakt@unrast-verlag.de
Mitglied in der assoziation Linker Verlage (aLiVe)

Veröffentlichung mit freundlicher Genehmigung von Random House, einem Unternehmen der Penguin Random House LLC.

Titel der Originalausgabe
Women, Race & Class
Veröffentlicht von Random House, 1981

Umschlag: Unrast Verlag
Satz: Andreas Hollender, Köln
Druck: Multiprint, Kostinbrod

Inhalt

Für meine Mutter Sallye B. Davis

Ich danke den folgenden Personen für ihre Unterstützung: Kendra Alexander; Stephanie Allen; Rosalyn Baxandall; Hilton Braithwaite; Alva Buxenbaum; Fania Davis; Kipp Harvey; James Jackson; Phillip McGee, Dekan der School of Ethnic Studies, San Francisco State; Sally McGee; Victoria Mercado; Charlene Mitchel; Toni Morrison; Eileen Ahearn; dem Women's Studies Program of San Francisco State University.

Anmerkung des Verlags

Mit freundlicher Erlaubnis der Rechtehalterin haben wir die deutsche Übersetzung von 1982 nicht nur in die Neue Deutsche Rechtschreibung gebracht, sondern sie auch rassismuskritisch und gendersensibel bearbeitet. Wie in Unrast-Büchern üblich haben wir ›Schwarz‹ als politischen Kampfbegriff konsequent großgeschrieben und ›*weiß*‹ konsequent kursiv. Zudem wurden insbesondere das N-Wort durch N* und die kolonialrassistische Bezeichnung für First Nations durch Native Americans bzw. I* ersetzt. Den verharmlosenden Begriff Sklave/Sklavin haben wir durch Versklavte ersetzt und den Begriff ›Rasse‹ in Anführungszeichen gesetzt. Hiervon ausgenommen sind Zitate von explizit rassistischen Autor*innen, die wir bis auf das N-Wort in ihrem unsäglichen Vokabular belassen haben.

EINS
Das Erbe der Sklaverei: Normen für eine neue Weiblichkeit

Im Jahre 1918 gab ein einflussreicher Gelehrter namens Ulrich B. Phillips den Startschuss für eine lange und heiß geführte Diskussion mit der Behauptung, die Sklaverei in den Südstaaten habe den ›afrikanischen Wilden‹ bzw. ihren nordamerikanischen Nachkommen überhaupt erst den Segen der zivilisierten Welt verschafft.[1] Die Schärfe der Auseinandersetzungen hat über die Jahrzehnte hinweg eher zugenommen. Ein Historiker nach dem anderen erklärte sich dazu berufen, nun endlich den wahren Charakter dieser »merkwürdigen Einrichtung« erkannt zu haben. Allerdings blieb bei all diesen akademischen Bemühungen die spezifische Lage der weiblichen Versklavten unberücksichtigt. Die schier endlosen Erörterungen über ihre »sexuelle Promiskuität« oder ihre »matriarchalischen Anlagen« verschleierten eher die Lage der Schwarzen Frau unter der Sklaverei, als dass sie zu einer Klärung beigetragen hätten. Herbert Aptheker bleibt einer der wenigen Historiker, der einem realistischen Verständnis der weiblichen Verklavten eine vernünftige Grundlage zu schaffen vermochte.[2]

---

1 Ulrich Bonnell Phillips, American Negro Slavery: A Survey of the Supply Employment and Control of Negro Labor as Determined by the Plantation Regime, New York 1918. Vgl. auch den Aufsatz von Phillips: »The Plantation as a Civilizing Factor«, Sewanee Review, XII (July 1904), wiederabgedruckt in Ulrich Bonnell Philips, The Slave Economy of the Old South Selected Essays in Economic and Social History, hrg. von Eugene D. Genovese, Baton Rouge, 1968. Auf S. 83 enthält dieser Aufsatz den folgenden Absatz:
»Die allgemeine Lage unseres Problems ist folgende: 1. Noch vor ein bis zwei Jahrhunderten waren die N* Wilde in der afrikanischen Wildnis. 2. Diejenigen, die nach Amerika gebracht wurden, und deren Nachkommen haben einen bestimmten Grad an Zivilisation erreicht und sind bis zu einem gewissen Grad befähigt, in der modernen zivilisierten Gesellschaft zu leben. 3. Dieser Fortschritt der N* ist zu einem sehr großen Teil das Resultat ihrer Kontakte mit den zivilisierten Weißen 4. Der überwältigende Teil der N* wird sicherlich unter der zivilisierten weißen Bevölkerung bleiben. Meiner Ansicht nach kann ein wesentliches Teil dieses Problems durch das Plantagensystem gelöst werden.«

2 Ausführungen über die spezifische Lage der Schwarzen weiblichen Versklavten können in den zahlreichen Büchern, Artikeln und Sammelbänden von Herbert

Die Debatten um die Sklaverei erlebten in den Siebzigerjahren einen neuen Höhepunkt. Eugene Genovese veröffentlichte *Roll, Jordan Roll: The World the Slaves Made*[3]. Von John Blassinggame erschien *The Slaves Community*[4] sowie das von der Öffentlichkeit schlecht aufgenommene Buch *Time on the Cross*[5] von Fogel und Engerman und eines der Hauptwerke von Herbert Gutman *Black Family in Slavery and Freedom*[6]. Als Antwort auf die neu entfachte Diskussion veröffentlichte Stanley Elkins eine erweiterte Ausgabe seiner 1959 erschienenen Studie über die Sklaverei, *Slavery*[7]. Auffällig an dieser Flut von Neuveröffentlichungen ist die Tatsache, dass sich kein einziges dieser Bücher speziell mit den Frauen unter den Versklavten auseinandersetzt. Wer ungeduldig auf eine grundlegende Arbeit über die Schwarze Frau während der Sklaverei gewartet hatte, wurde bislang enttäuscht. Nicht weniger enttäuschend ist die Tatsache, dass die Autoren dieser Neuveröffentlichungen in Sache Frauen keinerlei neue Ansätze entwickelt haben, sieht man von den schon seit Langem diskutierten Fragen wie Promiskuität kontra Ehe und Vergewaltigung kontra freiwillige geschlechtliche Beziehungen zu *weißen* Männern ab.

Die aufschlussreichste unter all den neueren Arbeiten ist Herbert Gutmans Untersuchung der Schwarzen Familie. Gutman beweist anhand dokumentarischen Materials, dass die Vitalität der Familie sich gegen die unmenschliche Gewalt der Sklaverei durchzusetzen vermochte, und widerlegt damit die von Daniel Moynihan u. a.[8] 1965 vertretene These vom Schwarzen

---

Aptheker nachgelesen werden, wie in American Negro Slave Revolts, New York 1970 [1948]; To Be Free: Studies in American Negro History, New York 1969 [1948]; A Documentary History of the Negro People in the United States, Bd. 1, New York 1969 [1951], und der Aufsatz »The Negro Woman« in: Masses and Mainstream, Jg. 11, Nr. 2 (Feb.) 1948.

3 Eugene D. Genovese, Roll, Jordan, Roll: The World the Slaves Made, New York 1974.

4 John W. Blassingame, The Slave Community: Plantation Life in the Antebellum South, London 1972.

5 Robert W. Fogel and Stanley Engerman, Time and the Cross: The Economics of Slavery in the Antebellum South, 2 Bde., Boston, 1974.

6 Herbert Gutman, The Black Family in Slavery and Freedom, 1750–1925, New York 1976.

7 Stanley Elkins, Slavery: A Problem in American Institutional and Intellectual Life, 3. Aufl., überarbeitet, Chicago 1976.

8 Siehe Daniel P. Moynihan, The Negro Family: The Case for National Action, Washington, D. C. (U. S. Department of Labor) 1965. Wiederaufgelegt in Lee Rainwater und William L. Yancey, The Moynihan Report and the Politics of Controversy, Cambridge (Mass.) 1967.

Matriarchat. Da jedoch seine Betrachtungen über die weiblichen Versklavten im Allgemeinen so ausgerichtet sind, ihre Neigungen als Ehefrauen zu bestätigen, liegt der Schluss nahe, dass sie sich von ihren *weißen* Gegenstücken nur insofern unterschieden, als ihr häusliches Bestreben durch die Not des Sklavensystems vereitelt wurde. Obwohl die institutionalisierten Normen der Sklaverei den Frauen ziemlich viel Freiheit für voreheliche geschlechtliche Beziehungen ließen, schlossen sie doch – so Gutman – im Laufe der Zeit feste Ehen und gründeten Familien, für die ihre Ehemänner einen ebensolchen Beitrag leisteten wie sie selbst. Die schlüssige und gut belegte Argumentationskette Gutmans gegen die Matriarchatsthese ist außerordentlich wertvoll. Um wie viel überzeugender wäre sein Buch geworden, hätte er die multidimensionale Rolle der Schwarzen Frau in Familie und Sklavengemeinschaft als Ganzes untersucht.

Würde sich die Geschichtswissenschaft endlich einmal unmittelbar mit den Erfahrungen der versklavten Schwarzen Frau beschäftigen, könnte die Historikerin (oder der Historiker) der Sache einen unschätzbaren Dienst erweisen. Nicht allein der historischen Gründlichkeit wegen sollte eine Studie erstellt werden, sondern weil gerade aus der Ära der Sklaverei Schlüsse gezogen werden können, die dem gegenwärtigen Emanzipationskampf der Schwarzen Frauen, ja, aller Frauen neue Anstöße geben könnten. Als Laiin auf diesem Fachgebiet kann ich nur ein paar vorsichtige Anregungen geben, die vielleicht zu einer nochmaligen Überprüfung der bisherigen Geschichtsschreibung über die Schwarze Frau während der Sklaverei führen könnten.

Proportional gesehen haben schon immer mehr Schwarze Frauen außer Haus gearbeitet als ihre *weißen* Schwestern.[9] Das enorme Gewicht, das noch heute die Arbeit im Leben einer Schwarzen Frau hat, folgt einem Grundmuster aus den frühesten Tagen der Sklaverei. Die Zwangsarbeit, die sie als Versklavte zu leisten hatte, überschattete alle anderen Seiten ihrer weiblichen Existenz. Deshalb müsste im Grunde jede Forschung über das Leben der Schwarzen Frau unter der Sklaverei bei der Einschätzung ihrer Rolle als Arbeitende ansetzen.

Das Sklavensystem definierte die Schwarzen als Eigentum (bzw. chattel; die ursprüngliche Bedeutung von chattel ist Versklavter, Leibeigener, d. Ü.). Da Frauen wie Männer als profitbringende Arbeitsmittel angesehen wur-

---

9 Siehe W. E. B. DuBois, »The Damnation of Women«, Kapitel VII in Dark-water, New York 1920.

den, hätten sie vom Gesichtspunkt der Sklavenhalter aus auch geschlechtslos sein können. Mit den Worten eines Wissenschaftlers »war die versklavte Frau zuerst eine Vollzeitarbeiterin für ihren Besitzer und nur nebenbei Ehefrau, Mutter und Hausfrau«.[10] Aus der Sicht der sich im neunzehnten Jahrhundert entfaltenden Weiblichkeitsideologie, die die Rolle der Frau als nährende Mutter, sanfte Gefährtin und Haushälterin ihres Gatten betonte, war die Schwarze Frau eigentlich eine Anomalie.

Obwohl die Schwarze Frau nur wenig von den zweifelhaften Segnungen der Weiblichkeitsideologie hatte, wird hin und wieder angenommen, dass die typische Versklavte eine Hausbedienstete war, also Köchin, Dienstmädchen oder die Mammy für die Kinder in einem ›guten Hause‹. Onkel Tom und Sambo hatten immer ihre treuen Gefährtinnen in Tante Jemina und der Schwarzen Mammy – Stereotypen, die angeblich das Wesentliche in der Rolle der Schwarzen Frau während der Sklaverei fassen. Und wie so oft, so ist auch hier die Realität das genaue Gegenteil des Mythos. Wie die Mehrheit der männlichen Verslavten waren auch die Frauen überwiegend Landarbeiter*innen. In den Grenzstaaten mag ein bedeutender Teil der Versklavten Hausbedienstete gewesen sein, im tiefen Süden jedoch – der wahren Heimat des Sklavenhaltertums – waren die Versklavten überwiegend landwirtschaftliche Arbeiter*innen. Um die Mitte des neunzehnten Jahrhunderts waren von acht Versklavten sieben – Männer wie Frauen – in der Landwirtschaft beschäftigt.[11]

Ebenso wie die Jungen auf die Felder geschickt wurden, wenn sie dazu alt genug waren, wurden auch die Mädchen angewiesen, das Feld zu bearbeiten, Baumwolle zu pflücken, Zuckerrohr zu schneiden und Tabak zu ernten. In einem Interview aus den Dreißigerjahren beschrieb eine alte Frau, wie sie in ihrer Kindheit in die Feldarbeit auf einer Baumwollplantage in Alabama eingeführt wurde.

> »Wir hatten alte halb verfallene Hütten aus Holzstämmen, wo einige der Löcher mit Erde und Moos verschmiert waren und andere nicht. Wir hatten keine guten Betten, gerade ein Gestell, das an die Wand aus Holzstämmen genagelt war und wo man zerschlissenes Bettzeug draufgeworfen hatte. Natürlich konnte man da drauf kaum schlafen, aber selbst das tat den schweren

10 Kenneth M. Stampp, The Peculiar Institution: Slavery in the Antebellum South, New York 1956, S. 343.

11 A.a.O. S. 31, S. 49, S. 50, S. 60.

Knochen nach einem langen harten Tagwerk auf den Feldern gut. Als ich noch ein kleines Mädchen war, hütete ich die Kinder und versuchte das Haus sauber zu halten, so wie es mir die alte Miss sagte. Sobald ich zehn Jahre alt war, sagte der alte Herr: ›Jetzt aber mit dem N* hier aufs Baumwollfeld‹.«[12]

Jenny Proctors Erfahrung ist typisch. Die meisten Mädchen und Frauen mussten ebenso wie die meisten Jungen und Männer von Sonnenaufgang bis Sonnenuntergang auf den Feldern hart arbeiten. Was die Arbeit betraf, so verdrängte die drohende Peitsche jede geschlechtsbestimmte Überlegung, sodass allein Stärke und Produktivität zählten. Das war die Gleichheit der Unterdrückung von Mann und Frau.

Die Frauen litten aber auch in anderer Weise, denn sie waren die Opfer sexuellen Missbrauchs und anderer barbarischer Quälereien, die man nur Frauen antun kann. Gegenüber den versklavten Frauen waren die Sklavenhalter immer auf ihren Vorteil bedacht: Wenn es galt, sie wie Männer auszubeuten, wurden sie wie geschlechtslose Wesen behandelt, aber wenn es galt, sie auf eine Weise auszubeuten, zu quälen und zu unterdrücken, wie es nur bei Frauen möglich ist, wurden sie in ihre spezifisch weibliche Rolle gesperrt.

Durch die Abschaffung des internationalen Sklavenhandels war die junge Baumwollindustrie in ihrer Entwicklung schwer getroffen. Die Klasse der Sklavenhalter sah sich nun gezwungen, auf die natürliche Fortpflanzung als die sicherste Methode des Ersatzes und der Vermehrung der einheimischen Versklavten zu vertrauen. Deshalb wurde die Fortpflanzungskapazität der versklavten Frau prämiiert. In den Jahrzehnten vor dem Bürgerkrieg wurden Schwarze Frauen immer mehr nach ihrer Fruchtbarkeit (oder nach deren Fehlen) bewertet: So wurde diejenige, die danach aussah, eine Mutter von zehn, zwölf, vierzehn oder gar mehr Kindern zu werden, tatsächlich zu einem heftig umworbenen Besitz. Das bedeutete natürlich nicht, dass die Schwarze Frau als Mutter mehr respektiert worden wäre denn als Arbeitskraft. Die ideologische Überhöhung der Mutterschaft, so beliebt sie auch im neunzehnten Jahrhundert war, bezog sich nicht auf die versklavten Frauen. Vielmehr waren in den Augen der Sklavenhalter die versklavten Frauen überhaupt keine Mütter: Sie waren schlichte Werkzeuge, die das

12 Mel Watkins und Jay David (Hg.), Lay My Burdon Down: A Folk History of Slavery, Chicago 1945.

Wachstum der Sklavenarbeiterschaft garantierten. Sie waren ›Zuchttiere‹, deren Marktwert nach ihrer Gebärleistung genau kalkulierbar war.

Da die versklavten Frauen im Gegensatz zu ›Müttern‹ als ›Zuchttiere‹ eingestuft wurden, konnten ihre Kleinkinder wie Kälber der Kühe verkauft werden. Ein Jahr nach Einstellung des Sklavenimports aus Afrika entschied ein Gericht in South Carolina, dass weibliche Versklavte keinerlei rechtliche Ansprüche auf ihre Kinder hätten. Die Folge dieser richterlichen Entscheidung war, dass Kinder jeden Alters quasi aus den Armen ihrer Mütter weg verkauft werden konnten, denn: »die Jungen der Sklaven … unterliegen denselben Besitzrechten wie andere Tiere«.[13]

Die weiblichen Versklavten waren als Frauen gegen jede Form des sexuellen Zwangs ungeschützt. War die härteste Bestrafung für Männer Auspeitschung und Verstümmelung, so wurden die Frauen sowohl gepeitscht und verstümmelt als auch vergewaltigt. Vergewaltigung war – genau besehen – der unverhüllte Ausdruck der ökonomischen Macht des Sklavenhalters und der Kontrolle der Aufseher über die Schwarze Frau als Arbeiterin.

Dieser spezifische Missbrauch der Frauen begünstigte die ruchlose ökonomische Ausbeutung ihrer Arbeitskraft. Die Sklavenhalter hatten einen solchen Bedarf an dieser Ausbeutung, dass sie ihre herkömmliche sexistische Haltung beiseiteschoben, es sei denn, sie nützte der Unterdrückung. So wie das Sklavenhaltersystem die Schwarze Frau nicht als ›Frau‹ anerkannte, verhinderte es aber auch ein männliches Überlegenheitsgefühl beim Schwarzen Mann. Weil Ehemänner und Ehefrauen, Väter und Töchter gleichermaßen der absoluten Gewalt des Sklavenherrn unterworfen waren, hätte eine Begünstigung der männlichen Überlegenheit unter den Versklavten eine gefährliche Unterbrechung in der Befehlskette zur Folge haben können. Mehr noch: Da die Schwarze Frau als Arbeiterin weder als das ›schwache Geschlecht‹ noch als ›Hausfrau‹ behandelt werden konnte, konnte auch der Mann nicht die Rolle des ›Familienoberhaupts‹, geschweige denn des ›Versorgers‹ übernehmen. Schließlich waren ja Männer, Frauen und Kinder alle in gleichem Maße die ›Versorger*innen‹ der sklavenhaltenden Klasse.

Auf den Baumwoll-, Tabak-, Mais- und Zuckerrohrfeldern arbeiteten die Frauen Seite an Seite mit ihren Männern. Ein ehemaliger Versklavter berichtet:

---

13 Barbara Wertheimer, We Were There: The Story of Working Women in America, New York 1977, S. 109.

»Um vier Uhr morgens läutet die Glocke, und sie haben eine halbe Stunde Zeit, um sich fertigzumachen. Männer und Frauen fangen zusammen an, und die Frauen müssen ebenso ununterbrochen arbeiten wie die Männer und haben auch das gleiche Pensum zu bewältigen wie die Männer.«[14]

Die meisten Sklavenbesitzer schufen sich ein System, mit dem sie den Ertrag ihrer Versklavten an Durchschnittswerten von Produktivität maßen, die sie festgesetzt hatten. Kinder wurden in diesem Sinn häufig als Viertelkräfte gezählt. Frauen waren im Allgemeinen Vollkräfte, ausgenommen, sie waren ausdrücklich zur ›Züchtung‹ oder zum ›Säugen‹ bestimmt. Dann kam es vor, dass sie nicht als volle Kraft eingestuft wurden.[15]

Die Sklavenbesitzer waren selbstverständlich darauf aus, dass ihre weiblichen Versklavten, die sie für die ›Zucht‹ bestimmt hatten, so oft wie biologisch nur möglich Kinder gebaren. Aber sie gingen niemals so weit, schwangere Frauen und Mütter mit Säuglingen von der Feldarbeit zu befreien. Viele Mütter waren gezwungen, ihre Säuglinge in der Nähe ihrer Arbeit auf dem Boden liegend allein zu lassen. Einige weigerten sich, sie unbeaufsichtigt zu lassen, und versuchten mit dem Baby auf dem Rücken das normale Arbeitstempo zu halten. Ein ehemaliger Versklavter erzählt von solch einem Fall auf einer Plantage, auf der er gelebt hatte:

»Eine junge Frau ließ ihr Kind nicht wie die anderen am Ende der Furche liegen, sondern hatte sich aus einem Stück grobem Leinen einen behelfsmäßigen Rucksack gemacht, in welchem sie ihr Kind, das noch sehr klein war, auf den Rücken gebunden hatte. So trug sie es den ganzen Tag und arbeitete wie die andern mit der Hacke.«[16]

Auf anderen Plantagen ließen die Frauen ihre Säuglinge in der Obhut kleiner Kinder oder älterer Sklaven zurück, die die harte Arbeit auf den Feldern nicht leisten konnten. Da sie ihre Säuglinge nicht regelmäßig stillen konnten, litten sie unter ihren schmerzenden, geschwollenen Brüsten.

---

14 A.a.O. S. 111. Zitiert nach Lewis Clarke, Narrative of the Sufferings of Lewis and Milton Clarke, Sons of a Soldier of the Revolution, Boston 1846, S. 127.

15 Stampp, a.a.O. S. 57.

16 Charles Ball, Slavery in the United States: A Narrative of the Life and Adventures of Charles Ball, A Black Man, Lewistown (Pa.) 1836, S. 150-151. Zitiert in Gerda Lerner (Hg.), Black Women in White America: A Documentary History, New York 1972, S. 48.

In einer der damals beliebtesten Erzählungen über die Sklaverei beschrieb Moses Grandy das elende Los der versklavten Mütter:

»Auf dem Gut, von dem ich spreche, hatten die stillenden Mütter, da sie ihre Säuglinge zu Hause lassen mussten, unter den sich mit Milch anfüllenden Brüsten sehr zu leiden, so sehr, dass sie mit den andern Arbeitern nicht mithalten konnten: Ich habe gesehen, wie der Aufseher mit solch roher Gewalt auf sie einschlug, dass Milch und Blut in einem von ihren Brüsten flossen.«[17]

Schwangere hatten nicht nur die normale Feldarbeit zu leisten, sondern sie mussten wie die anderen Arbeiter*innen damit rechnen, ausgepeitscht zu werden, wenn sie das tägliche Kontingent nicht geschafft oder wenn sie ›frech‹ gegen ihre Behandlung protestiert hatten.

»Ist eine Frau auf dem Feld irgendwie widerborstig und hochschwanger, so muss sie sich über ein Loch legen, das groß genug für ihren Bauch ist, und wird ausgepeitscht oder mit einem Schlegel geschlagen mit Löchern drin; jeder Schlag ergibt Blasen. Eine meiner Schwestern wurde auf diese Weise so schlimm geschunden, dass die Wehen ausbrachen und ihr Kind auf dem Acker zur Welt kam. Der nämliche Aufseher, Herr Brooks, tötete auf die gleiche Weise ein Mädchen namens Mary. Ihr Vater und ihre Mutter waren zu dieser Zeit auf dem Feld.«[18]

Auf den Plantagen und Gütern, wo schwangere Frauen milder behandelt wurden, geschah dies selten aus humanitären Gründen. Es war einfach so, dass die Sklavenhalter den Wert eines lebend geborenen versklavten Kindes ebenso berechneten wie den eines neugeborenen Kalbes oder Fohlens.

In der Zeit vor dem Bürgerkrieg, als die Ansätze der Industrialisierung im Süden noch zaghaft waren, ergänzte die Sklavenarbeit nicht nur den freien Arbeitsmarkt, sondern konkurrierte auch häufig mit ihm. Die Industriellen, die sich Versklavte hielten, setzten Männer, Frauen und Kinder gleichermaßen ein, und auch die Plantagen- und Gutsbesitzer, die ihre Sklaven vermieteten, konnten beobachten, dass die Nachfrage nach Frauen und Kindern genauso groß war wie die nach Männern.[19]

---

17 Moses Grandy, Narrative of the Life of Moses Grandy: Late a Slave in the United States of America, Boston 1844, S. 18. Zitiert in E. Franklin Frazier The Negro Family in the United States, Chicago 1969, 1939.

18 Ebd.

19 Robert Starobin, Industrial Slavery in the Old South, London 1970, S. 165 ff.

»Versklavte Frauen und Kinder stellten große Teile der Belegschaften in den mit Sklaven betriebenen Textil-, Hanf- und Tabakfabriken ... Versklavte Frauen und Kinder arbeiteten mitunter auch in sogenannten schweren Industrien wie Zuckerraffinerien und Reismühlen ... In anderen schweren Industrien, wie beim Transport und der Holzverarbeitung, wurden ebenfalls versklavte Frauen und Kinder in einem beträchtlichen Ausmaß beschäftigt.«[20]

Frauen waren auch nicht zu ›weiblich‹ für die Arbeit im Kohlebergbau oder in den Eisenhütten, als Holzfällerin in der Forstwirtschaft oder im Tiefbau. Als in North Carolina der Santee-Kanal gezogen wurde, bestand die Arbeiter*innenschaft zu genau fünfzig Prozent aus Frauen.[21] Ebenso arbeiteten Frauen an den Uferdämmen Louisianas, und viele der heute noch betriebenen Bahnlinien wurden zum Teil von versklavten Frauen gebaut.[22] Die Verwendung der weiblichen Versklavten als Ersatz für die Zugtiere der Förderwagen in den Minen des Südens[23] erinnert an die unglaubliche Ausbeutung der *weißen* Arbeiterinnen in England, die Karl Marx im *Kapital* wie folgt beschrieben hat:

»In England werden gelegentlich statt der Pferde immer noch Weiber zum Ziehen usw. bei den Kanalbooten verwandt, weil die zur Produktion von Pferden und Maschinen erheischte Arbeit ein mathematisch gegebenes Quantum, die zur Erhaltung von Weibern der Surpluspopulation dagegen unter aller Berechnung steht.«[24]

Die Industriellen des Südens machten ebenso wenig wie ihre britischen Gegenstücke einen Hehl aus den Motiven, warum sie gerade Frauen in ihren Unternehmen beschäftigten. Weibliche Versklavte brachten ein ganzes Stück mehr Profit ein als männliche Versklavte oder freie Arbeiter*innen. Sie »waren billiger in der Anschaffung und im Unterhalt als die besten Männer«.[25]

---

20 Ebd. S. 164–165.

21 Ebd. S. 165.

22 Ebd. S. 165–166.

23 »Auch in den Eisenwerken und Bergwerken wurde den versklavten Frauen und Kindern befohlen, Loren zu ziehen und das gebrochene Erz in die Brechwerke und Öfen zu schieben.« Ebd. S. 166.

24 Karl Marx, Das Kapital, Kritik der politischen Ökonomie, Berlin (DDR), 1965, S. 415–416.

25 Starobin, a.a.O., S. 166: »Die Sklavenbesitzer bedienten sich der Frauen und Kinder auf verschiedenen Wegen, um die Wettbewerbsfähigkeit der südstaatlichen

Die Tatsache, dass sie von ihren Herren gezwungen wurden, in ihrer Arbeitsleistung ebenso ›männlich‹ zu sein wie ihre Männer, hat mit Sicherheit die Erfahrungen der Schwarzen Frauen während der Sklaverei stark geprägt. Ohne Zweifel zerbrachen einige und wurden zerstört, die Mehrheit überlebte jedoch und erlangte in diesem Prozess Fähigkeiten, die von der Weiblichkeitsideologie des neunzehnten Jahrhunderts tabuisiert wurden. Ein Reisender aus jener Zeit beobachtete in Mississippi eine Schar männlicher wie weiblicher Versklavter auf ihrer Heimkehr von den Feldern und beschrieb als Teil dieser Gruppe

> »... vierzig der größten und kräftigsten Frauen, die ich je auf einmal gesehen habe; sie trugen alle schlichte Einheitskleider aus bläulichem Karostoff – ihre Beine und Füße waren nackt; in stolzer Haltung trug jede eine Hacke über der Schulter; so gingen sie mit freiem starkem Schwung wie Jäger auf ihrem Marsch.«[26]

Da diese Frauen kaum ihren Stolz auf eine Arbeit gezeigt haben werden, die sie unter der ständigen Drohung der Peitsche verrichten mussten, müssen sie sich also ihrer enormen Macht bewusst gewesen sein, ihrer Fähigkeit zu produzieren und schöpferisch zu sein.

Denn, so sieht es Marx, »die Arbeit ist das lebendige, gestaltende Feuer; die Vergänglichkeit der Dinge, ihre Zeitlichkeit, als ihre Formung durch die lebendige Zeit«[27]. Es ist natürlich möglich, dass die Beobachtungen dieses Reisenden durch den Rassismus der paternalistischen Spielart getrübt waren. Falls aber nicht, dann hatten diese Frauen vielleicht gelernt, aus den unterdrückerischen Verhältnissen ihres Lebens die Kraft zu ziehen, die sie brauchten, um der täglichen Entmenschlichung durch die Sklaverei

---

Produkte zu steigern. Erstens kostete die Kapitalisierung und Unterhaltung der versklavten Frauen und Kinder weniger als erstklassig ausgebildete Männer. John Ewing Calhoun, ein Textilfabrikant aus South Carolina, schätzte, dass die Kosten für den Unterhalt der versklavten Kinder bei zwei Dritteln der Kosten der Unterhaltung von erwachsenen Baumwollspinnern lagen. Ein anderer Geschäftsmann schätzte, dass der Unterschied zwischen den Kosten einer versklavten Frau und einem verkauften Mann noch größer sei als der Unterschied zwischen den versklavten und den freien Arbeiter*innen. Diese deutliche Sprache aus der Geschäftswelt über den Einsatz der Arbeitskraft von Frauen und Kindern unterstützt die Schlussfolgerung, dass sie so ihre Produktionskosten um ein Erhebliches senken konnten.«

26 Frederick Law Olmsted, A Journey in the Back Country, New York 1860, S. 14, 15. Zitiert in Stampp, a.a.O., S. 34.

27 Karl Marx, Grundrisse der Kritik der politischen Ökonomie, Berlin (DDR) 1953, S. 266.

zu widerstehen. Das Bewusstsein von ihrer geradezu grenzenlosen Leistungsfähigkeit bei harter Arbeit mag ihnen das Selbstvertrauen verliehen haben, das sie brauchten, um für sich, für ihre Familien und für ihr Volk zu kämpfen.

Als die zur Zeit vor dem Bürgerkrieg noch zaghaften Vorstöße des Fabrikwesens sich zum stürmischen Siegeszug der Industrialisierung in den Vereinigten Staaten ausweiteten, wurden viele *weiße* Frauen der Erfahrung, produktive Arbeit zu leisten, beraubt. Ihre Spinnräder wurden durch die Textilfabriken in die Mottenkiste verwiesen. Ihre Geräte zum Kerzenmachen wurden zu Museumsstücken, wie so viele andere Werkzeuge, die sie vorher zur Herstellung der lebensnotwendigen Bedarfsgüter für ihre Familien gebraucht hatten. Kaum war die Weiblichkeitsideologie – jenes Nebenprodukt der Industrialisierung – eingeführt und durch die neuen Damenzeitschriften und romantischen Romane verbreitet, schienen sich die *weißen* Frauen in einer Sphäre zu bewegen, die vollkommen von der Welt der produktiven Arbeit abgeschirmt war. Die Trennung zwischen privatem Heim und öffentlicher Wirtschaft, vom industriellen Kapitalismus herausgebildet, verfestigte die Vorstellung von der Minderwertigkeit der Frau mehr denn je zuvor. In der vorherrschenden Propaganda wurde ›Frau‹ synonym mit ›Mutter‹ und ›Ehefrau‹, und beide, sowohl ›Mutter‹ als auch ›Ehefrau‹ trugen die fatalen Charakterzüge der Minderwertigkeit. Unter den Schwarzen versklavten Frauen aber gab es dieses Vokabular nicht. Der ökonomische Rahmen der Sklaverei widersprach der Hierarchisierung der Geschlechter, wie sie diese neue Ideologie beinhaltete. Innerhalb der Sklavengemeinschaft konnten deshalb die Beziehungen zwischen Männern und Frauen nicht mit dem herrschenden ideologischen Muster übereinstimmen.

Eine Menge Aufhebens ist um die von den Sklavenhaltern geprägte Definition der Schwarzen Familie als einer mutterzentrierten biologischen Struktur gemacht worden. Die Geburtsregister auf vielen Plantagen ließen die Namen der Väter aus und trugen nur die der Mütter ein. Und im gesamten Süden verfolgten die staatlichen Behörden das Prinzip partus sequitur ventrem – das Kind folgt dem Stand der Mutter. Das waren die Vorschriften der Sklavenbesitzer, die oft genug selbst die Väter der Sklavenkinder waren. Aber waren das auch die Regeln, nach denen die Versklavten untereinander ihre häuslichen Beziehungen ordneten? Die meisten historischen und soziologischen Untersuchungen zur Schwarzen Familie während der Sklaverei setzen stillschweigend voraus, dass die Weigerung der Sklavenherren, die Vaterschaft in Bezug auf ihre versklavten Kinder anzuerkennen, von den Versklavten direkt in eine matriarchalische Ordnung der Familie umgesetzt worden sei.

Die berüchtigte staatliche Untersuchung zur »N*familie« von 1965 – bekannt geworden als *Moynihan-Report* – verbindet die gegenwärtigen sozialen und ökonomischen Probleme des Schwarzen Gemeinwesens direkt mit der vermeintlichen matriarchalischen Familienstruktur. Daniel Moynihan schreibt:

> »Im Grunde ist die N*gemeinschaft in eine matriarchalische Struktur gezwungen worden, die, weil sie ganz und gar nicht mit der übrigen amerikanischen Gesellschaft übereinstimmt, den Fortschritt der Gruppe als Ganze ernstlich verzögert und dem schwarzen Mann eine erdrückende Last aufbürdet und in der Konsequenz auch einer großen Anzahl von schwarzen Frauen.«[28]

Die These dieses Reports ist, dass der Grund der Unterdrückung tiefer liege und nicht nur in der rassistischen Diskriminierung, die Arbeitslosigkeit, schlechte Wohnverhältnisse, unzulängliche Schulbildung und medizinische Unterversorgung hervorgebracht hat. Die Wurzel der Unterdrückung wird als eine »pathologische Verwirrung« beschrieben, die durch die Abwesenheit der männlichen Autorität unter den Schwarzen erzeugt worden sei! Der polemische Schluss des Moynihan-Reports ist die Aufforderung, männliche Autorität (gemeint ist natürlich männliche Vorherrschaft) in der Schwarzen Familie und der Gemeinschaft überhaupt einzuführen.

Einer von Moynihans ›liberaleren‹ Unterstützern, der Soziologe Lee Rainwater, nahm Anstoß an den Lösungsvorschlägen des Reports.[29] Rainwater schlug demgegenüber die Schaffung von Arbeitsplätzen, höhere Löhne und andere wirtschaftliche Reformen vor. Er ging sogar so weit, zu ständigen Bürgerrechtsprotesten und -demonstrationen zu ermutigen. Aber wie die meisten *weißen* Soziolog*innen – und auch einige Schwarze – wiederholt er die These, dass die Sklaverei die Schwarze Familie im tiefsten Inneren zerstört habe. Infolgedessen bleibe den Schwarzen angeblich nur

28 Zitiert in Robert Staples (Hg.), The Black Family: Essays and Studies, Belmont (Cal.) 1971, S. 37. Siehe auch John Bracey, Jr., August Meier, Elliot Rudwick (Hg.), Black Matriarchy: Myth or Reality, Belmont (Cal.) 1971, S. 140.

29 Bracey u. a., a.a.O., S. 81. Lee Rainwaters Aufsatz »Crucible of Identity: The Negro Lower-Class Family« wurde zuerst in Daedalus, Bd. XCV (Winter 1966), S. 172–216, veröffentlicht.

»die auf die Mutter zentrierte Familie mit dem nachdrücklichen Vorrang der Mutter-Kind-Beziehung und den nur schwachen Bindungen an den Mann«.[30] Heute, sagt er, haben die Männer oft kein richtiges Heim; sie ziehen von einem Haushalt, wo sie Verwandte oder sexuelle Beziehungen haben, zum nächsten. Sie schlafen in Schlafsälen oder Logierhäusern; sie verbringen ihre Zeit in öffentlichen Einrichtungen. Sie sind keine Haushaltsmitglieder in ihrem eigentlichen ›Zuhause‹ – in den Wohnungen ihrer Mütter oder Freundinnen.[31]

Weder Moynihan noch Rainwater haben die Theorie von der inneren Entartung der Schwarzen Familie während der Sklaverei erfunden. Die Pionierarbeit zur Unterstützung dieser These leistete in den Dreißigerjahren der bekannte Schwarze Soziologe E. Franklin Frazier. In seinem 1939 erschienenen Buch *The Negro Family*[32] beschrieb er lebhaft den ungeheuren Einfluss der Sklaverei auf die Schwarzen, aber er unterschätzte ihre Fähigkeit, den dadurch gegebenen Zersetzungen ihres Gemeinschaftslebens, das sie sich selbst geschaffen hatten, zu widerstehen. Ebenso missdeutete er die Unabhängigkeit und die Selbstsicherheit, die die Schwarze Frau notwendigerweise hatte entwickeln müssen, und bejammerte daher die Tatsache, dass »weder ökonomische Notwendigkeit noch Tradition (der Schwarzen Frau) den Sinn für Unterordnung unter die männliche Autorität eingeflößt hatten«.[33]

Motiviert durch die vom Moynihan-Report ausgelöste Kontroverse wie auch durch Zweifel an der Richtigkeit der Thesen von Frazier, begann Herbert Gutman seine Untersuchung über die Schwarze Familie. Etwa zehn Jahre später – 1976 – veröffentlichte er seine bemerkenswerte Studie *The Black Family* in *Slavery and Freedom*.[34] Gutmans Untersuchung erbrachte den faszinierenden Beweis für eine aufblühende und sich entwickelnde Schwarze Familie während der Sklaverei. Er entdeckte keineswegs die berüchtigte matriarchalische Familie, sondern eine, zu der Ehefrau, Ehemann, Kinder und oft auch andere Verwandte und adoptierte Kinder gehörten.

Gutman trennte sich von den fragwürdigen ökonometrischen Schlussfolgerungen von Fogel und Engerman, nach denen die Sklaverei die meisten

30 Ebd. S. 98.
31 Ebd.
32 Frazier, a.a.O.
33 Ebd. S. 102.
34 Gutman, a.a.O.

Familien unangetastet gelassen habe, und bestätigte, dass unzählige Sklavenfamilien gewaltsam zerstört worden sind. Die Trennung durch voneinander unabhängigen Verkauf von Ehemännern, Ehefrauen und Kindern war das schreckliche Kennzeichen der nordamerikanischen Variante der Sklaverei. Aber, so weist er nach, die Bindungen von Liebe und Zuneigung, die die familiären Beziehungen bestimmenden kulturellen Normen und der übermächtige Wunsch zusammenzubleiben widerstanden der verheerenden Gewalt der Sklaverei.[35]

Anhand von Briefen und Dokumenten, wie etwa den wiedergefundenen Geburtsregistern auf den Plantagen, wo die Väter ebenso wie die Mütter eingetragen worden waren, beweist Gutman, dass sich die Versklavten bei der Regelung ihrer Familienangelegenheiten nicht nur an strenge Normen hielten, sondern auch, dass diese Normen sich von denen der *weißen* Familien um sie herum unterschieden. Heiratsverbote, die Art der Namensgebung und die Sexualethik, die übrigens den vorehelichen Verkehr billigte, unterschieden die Versklavten von ihren Herren.[36] Indem sie täglich verzweifelt darum rangen, ihr Familienleben aufrechtzuerhalten und so viel Unabhängigkeit wie irgend erreichbar zu genießen, bewiesen der versklavte Mann und die versklavte Frau ein ununterdrückbares Talent zur Vermenschlichung einer Umwelt, die darauf angelegt war, sie in eine Herde von Arbeitseinheiten jenseits allen Menschseins zu verwandeln.

> »Die alltäglichen Entscheidungen, die die versklavten Männer und Frauen treffen mussten – wie das Zusammenbleiben mit demselben Gatten über viele Jahre hinweg, den Vater eines Kindes anzugeben oder nicht, sich eine Frau zur Ehefrau zu nehmen, die Kinder von nicht genannten Vätern hatte, einem neugeborenen Kind den Namen des Vaters, einer Tante oder eines Onkels oder eines Großelternteils zu geben oder eine nicht funktionierende

35 Das erste Kapitel seines Buches hat den Titel »Send Me Some of the Children's Hair«, die Verteidigung eines versklavten Ehemannes in einem Brief an seine Frau, von der er durch Verkauf gewaltsam getrennt wurde. S. 6–7: »Schicke mir bitte von den Kindern ein paar Haare, gesondert in Papier verpackt und mit ihren Namen drauf ... Die Frau ist nicht geboren worden, die mir so nahesteht wie Du. Du bist mir wie mein eigenstes Selbst. Sage ihnen, dass sie wissen sollen, dass sie einen guten Vater haben, einen, der sich um sie sorgt, einen, der jeden Tag an sie denkt ... Laura, ich liebe Dich wie immer. Meine Liebe zu Dir ist niemals verloren gegangen. Es ist wahr, Laura, ich habe eine andere Frau bekommen und bin sehr traurig, dass es so ist. Du weißt, wie ich mit meiner Frau umgehe, und Du weißt, wie ich mit meinen Kindern bin. Du weißt, dass ich ein Mann bin, der seine Kinder liebt.«

36 Ebd. Siehe auch Kapitel 4 und 5.

> Ehe aufzulösen – widersprachen in der Praxis, und nicht nur rhetorisch, der bestimmenden Ideologie, die im Versklavten das ewige ›Kind‹ oder den unterdrückten ›Wilden‹ sah … Die häuslichen Einrichtungen und verwandtschaftlichen Netze im Verein mit den größeren Gemeinschaften, die aus diesen anfänglichen Bindungen entstanden, machten es ihren Kindern deutlich, dass Versklavte keine ›Nichtmänner‹ und keine ›Nichtfrauen‹ waren.«[37]

Bedauerlicherweise hat Gutman keinen Versuch unternommen, die tatsächliche Stellung der Frau innerhalb der versklavten Familie zu bestimmen. Durch die Darstellung eines komplexen Familienlebens, in dem Mann und Frau gleichermaßen eingebunden waren, hat Gutman einen der Hauptpfeiler des Matriarchatargumentes eliminiert. Er hat jedoch die ergänzende Behauptung, dass die Frau in Familien mit zwei Elternteilen den Mann dominiert habe, nicht wesentlich erschüttert. Ferner bestätigt Gutmans eigene Untersuchung, dass das Gemeinschaftsleben in den Sklavenvierteln weitgehend eine Fortsetzung des Familienlebens war. Somit muss die Rolle der Frau innerhalb der Familie in einem hohen Maß auch ihre Stellung innerhalb der Sklavengemeinschaft insgesamt bestimmt haben.

Höchst wissenschaftliche Studien haben das Familienleben der Versklavten als eines dargestellt, das die Frauen erhöht und die Männer erniedrigt, auch dann, wenn beide, dic Mutter wie der Vater, da waren. Nach Stanley Elkins z.B. war die Rolle der Mutter von

> »weit größerer Bedeutung für das Sklavenkind als die des Vaters. Sie beherrschte die wenigen Tätigkeiten – Pflege des Haushaltes, Essenkochen und die Erziehung der Kinder –, die der Sklavenfamilie noch geblieben waren.«[38]

Die systematische Bezeichnung der versklavten Männer als ›boys‹ durch ihre Herren war nach Elkins eine Spiegelung ihrer Unfähigkeit, väterliche Verantwortung zu tragen. Kenneth Stamp verfolgt diese Argumentationslinie sogar noch weiter als Elkins:

> »… die typische Sklavenfamilie war ihrer Form nach matriarchalisch, denn die Rolle der Mutter war wesentlich wichtiger als die des Vaters. Insoweit die Familie überhaupt von Bedeutung war, beinhaltete sie Aufgaben, die traditionell den Frauen zukamen, wie die Säuberung des Heimes, Essenkochen, Kleidernähen und Kinderaufziehen. Der Mann war bestenfalls der Gehilfe der

37 Ebd. S. 356–357.
38 Elkins, a.a.O., S. 130.

Frau, ihr Gefährte und Sexualpartner. Er wurde oft als ihr Besitz betrachtet (Marys Tom) ebenso wie die Hütte, die sie bewohnten.«[39]

Es ist richtig, dass dem Familienleben eine unverhältnismäßig große Bedeutung im gesellschaftlichen Leben der Versklavten beigemessen wurde, denn es war tatsächlich der einzige Ort, wo sie sich als Menschen erfahren konnten. Deshalb – und weil sie ebenso Arbeiter*innen waren wie ihre Männer – wurden die Schwarzen Frauen durch ihre häuslichen Funktionen nicht in derselben Weise erniedrigt, wie es den *weißen* Frauen geschah. Im Gegensatz zu ihren *weißen* Pendants konnten sie niemals als bloße ›Hausfrauen‹ behandelt werden. Aber deshalb zu behaupten, dass sie folglich ihre Männer dominiert hätten, hieße die Wirklichkeit des Sklavenlebens gründlich zu verdrehen.

In einem Aufsatz, den ich 1971[40] schrieb – unter Benutzung der wenigen Quellen, die mir in meiner Gefängniszelle erlaubt waren –, charakterisierte ich die Bedeutung der häuslichen Funktionen der versklavten Frau wie folgt:

»In Gestalt der unendlichen Sorge für die Bedürfnisse der Männer und Kinder um sie herum ... verrichtete sie gleichzeitig die einzige Arbeit in der Sklavengemeinschaft, auf die der Unterdrücker keinen direkten und unverzüglichen Anspruch hatte. Für die Arbeit auf den Feldern gab es keine Bezahlung; sie hatte für die Versklavten keinen nützlichen Zweck. Die Hausarbeit war für die gesamte Sklavengemeinschaft die einzig bedeutungsvolle Arbeit ... Eben weil sie die Rolle des Aschenputtels spielte, in der sich lange die gesellschaftlich bedingte Minderwertigkeit der Frauen widerspiegelte, konnte die geknechtete Schwarze Frau helfen, die Grundlage für eine gewisse Autonomie sowohl für sich als auch für ihre Männer zu legen. Selbst durch ihre spezifische Unterdrückung als Frau wurde sie in das Zentrum der Sklavengemeinschaft gestoßen. Deshalb war sie so wichtig für das Überleben der Gemeinschaft.«

Seitdem ist mir klar, dass der spezifische Charakter der Hausarbeit während der Sklaverei, ihre zentrale Bedeutung für die geknechteten Männer und Frauen, darin bestand, dass sie Tätigkeiten enthielt, die nicht ausschließlich weiblich waren. Die versklavten Männer hatten wichtige häusliche Aufgaben inne und waren nicht – wie Kenneth Stamp behauptet – die

39 Stampp, a.a.O., S. 344.
40 Angela Y. Davis, »The Black Women's Role in the Community of Slaves«, in: Black Scholar, Bd. III, Nr. 4 (Dezember 1971).

bloßen Gehilfen ihrer Frauen. Denn während die Frauen z.B. kochten oder nähten, bestellten die Männer den Garten oder gingen auf Jagd (Süßkartoffeln, Mais und andere Gemüse sowie Wild, Hase oder Opossum waren immer eine zusätzliche Delikatesse zu den monotonen Rationen). Diese geschlechtsmäßige Teilung der Hausarbeit scheint nicht hierarchisch gewesen zu sein: Die Aufgaben der Männer wurden sicherlich nicht höher und keinesfalls niedriger bewertet als die von den Frauen verrichteten Arbeiten. Beide waren gleich notwendig. Überdies war allen Anzeichen nach die Teilung der Arbeit zwischen den Geschlechtern nicht durchgehend so streng, denn die Männer haben durchaus manchmal in der Hütte gearbeitet und die Frauen konnten sich der Gartenarbeit widmen oder sich sogar an der Jagd beteiligen.[41]

Das herausragende Charakteristikum, das sich aus dem Familienleben in den Sklavenquartieren herausgebildet hat, ist das der geschlechtlichen Gleichheit. Die Arbeit, die die Versklavten für sich selbst und nicht zur Bereicherung ihrer Herren taten, wurde nach dem Prinzip der Gleichheit verrichtet. Innerhalb der Beschränkung ihrer Familie und ihres Gemeinschaftslebens gelang den Versklavten deshalb eine erstaunliche Leistung. Sie verwandelten die negative Gleichheit, die aus der gleichen Unterdrückung hervorging, unter der sie als Sklaven zu leiden hatten, in eine positive Qualität: den Egalitarismus, der ihre sozialen Beziehungen charakterisierte.

Obwohl Eugene Genoveses Hauptthese in *Roll, Jordan, Roll* (d.h., dass die Schwarzen den Paternalismus, der mit der Sklaverei einherging, akzeptiert hätten) bestenfalls problematisch ist, vermittelt er doch ein aufschlussreiches, wenn auch unvollständiges Bild vom Familienleben der Versklavten.

> »Die Geschichte der Sklavin als Ehefrau bedarf einer indirekten Untersuchung. Sie von der Annahme herzuleiten, dass der Mann nur ein Gast in ihrem Hause war, wird nicht funktionieren. Ein Überblick über die tatsächliche Stellung des Mannes als Ehemann und Vater legt nahe, dass die Stellung der Frau wesentlich komplexer war, als gewöhnlich angenommen. Die Hinwendung der Frauen zur Hausarbeit, speziell dem Kochen, und zu ihrer eigenen Weiblichkeit straft die überkommene Lehre Lügen, nach der die Frauen unwissentlich zum Ruin ihrer Männer beigetragen haben sollen, indem sie

41 Genovese, Roll, Jordan, Roll. Siehe auch Teil II, besonders die Abschnitte mit den Titeln »Husbands and Fathers« und »Wives and Mothers«.

> sich im Hause durchgesetzt, ihre Kinder beschützt und andere üblicherweise männliche Pflichten übernommen hätten.«[42]

In seiner Analyse ist zwar ein Zug männlicher Vormachtstellung zu erkennen, weil sie besagt, dass das Männliche und das Weibliche unveränderbare Konzeptionen sind, und doch erkennt er ganz klar:

> »Was gewöhnlich als die zerstörerische weibliche Vorherrschaft angesehen wurde, war in Wirklichkeit eine größere Annäherung an eine gesunde geschlechtliche Gleichheit, als sie den Weißen und sogar den Schwarzen der Nachkriegszeit je möglich war.«[43]

Der faszinierendste Punkt, den Genovese hier anspricht – ohne ihn zu entwickeln –, ist, dass die Frauen ihre Männer oft vor den erniedrigenden Angriffen des Sklavensystems schützten. Den meisten Frauen, vielleicht sogar der großen Mehrheit, war seiner Meinung nach bewusst, dass die Erniedrigung ihrer Männer auch sie selbst traf. Weiterhin wollten sie, dass ihre Jungen zu Männern aufwuchsen, und sie wussten sehr genau, dass sie, um solche zu werden, das Beispiel des starken Schwarzen Mannes brauchten.«[44]

Ihre Jungen brauchten die starken männlichen Vorbilder ebenso, wie ihre Töchter die starken weiblichen Vorbilder brauchten. Wie die Schwarzen Frauen die schwere Last der Gleichheit in der Unterdrückung trugen, wie sie die Gleichheit mit ihren Männern in ihrer familiären Umwelt genossen, so behaupteten sie kampfentschlossen ihre Gleichheit, erst recht dort, wo es darum ging, die unmenschliche Institution der Sklaverei anzugreifen. Sie widerstanden der sexuellen Gewalt der *weißen* Männer, verteidigten ihre Familien und beteiligten sich an Arbeitsniederlegungen und Revolten. Wie Herbert Aptheker in seinem bahnbrechenden Werk *American Negro Slave Revolts*[45] nachweist, vergifteten sie ihre Herren, begingen Sabotage und schlossen sich wie ihre Männer den Gemeinschaften flüchtiger Versklavter an, und viele flohen nach Norden in die Freiheit. Aus den zahlreichen Berichten über gewalttätige Zwangsmaßnahmen von Aufsehern gegen Frauen

42 Ebd. S. 500.
43 Ebd.
44 Ebd.
45 Aptheker, a.a.O., siehe die Seiten 145, 169, 173, 181, 182, 201, 207, 215, 239, 241–242, 251, 259, 277, 281, 287.

muss geschlossen werden, dass diejenige, die ihr Los als versklavte Frau passiv erduldete, eher die Ausnahme als die Regel war.

Als Frederick Douglass beschrieb, wie er als Kind die gnadenlose Gewalt der Sklaverei kennenlernte,[46] erinnerte er sich an die Auspeitschung und Folterung vieler rebellischer Frauen. Seine Cousine z.B. wurde entsetzlich geschlagen, nachdem sie sich erfolglos gegen den sexuellen Angriff eines Aufsehers gewehrt hatte.[47] Eine Frau namens Tante Esther wurde auf bestialische Weise gezüchtigt, weil sie sich ihrem Herrn gegenüber weigerte, ihr Verhältnis mit dem Mann, den sie liebte, abzubrechen.[48] Eine der lebhaftesten Beschreibungen der erbarmungslosen Strafen, mit denen die Versklavten zu rechnen hatten, gibt Frederick Douglass am Beispiel einer jungen Frau namens Nellie, die wegen des Vergehens der ›Frechheit‹ ausgepeitscht wurde:

> »Es gab Augenblicke, da sah es so aus, als ob sie die Oberhand über diese Bestie gewönne, aber zuletzt überwältigte er sie, und es gelang ihm, ihre Arme an den Baum zu binden, zu dem er sie hingeschleift hatte. Das Opfer war nun abhängig von der Gnade seiner gnadenlosen Peitsche ... Die Schreie der nun wehrlosen Frau vermischten sich während dieser furchtbaren Züchtigung mit den rohen Flüchen des Aufsehers und dem unbändigen Gebrüll ihrer verschreckten Kinder. Als die arme Frau losgebunden wurde, war ihr Rücken mit Blut bedeckt. Sie war ausgepeitscht worden, furchtbar ausgepeitscht, aber

---

46 Frederick Douglass, The Life and Times of Frederick Douglass, New York 1962. Wiederabdruck der verbesserten Auflage von 1892. Siehe besonders die Kapitel 5 und 6.

47 Ebd. S. 46: »Eines der ersten Ereignisse, das mir für die Grausamkeit und die Verruchtheit der Sklaverei die Augen öffnete und wodurch ich den verhärtenden Einfluss auf meinen alten Master sah, war, als er sich weigerte, kraft seiner Autorität eine junge Frau, meine Cousine, zu beschirmen und zu beschützen, die in Tuckahoe von einem Aufseher furchtbar missbraucht und geschlagen worden war. Dieser Aufseher, ein Herr Plummer, war wie die meisten seiner Klasse nichts weniger als eine menschliche Bestie, und zu seiner Ruchlosigkeit und abscheulichen Rohheit kam noch seine elende Trunksucht hinzu, die einen Mann bereits für eine Herde von Maultieren untauglich macht. In einem jener Augenblicke trunkenen Wahnsinns beging er die Gewalttat, die eben diese junge Frau Schutz suchend vor den Master brachte ... Ihr Nacken und ihre Schultern waren von Narben bedeckt, neue hinzugefügt, und nicht damit zufrieden, ihren Nacken und ihre Schulter mit dem Ochsenziemer entstellt zu haben, hatte dieser elende Schuft ihr mit einem Hickorystock einen Schlag auf den Kopf versetzt, was zu einer derart großen klaffenden Wunde führte, dass ihr ganzes Gesicht buchstäblich von Blut überströmt war.«

48 Ebd. S. 48–49.

sie war nicht bezwungen, und sie fuhr fort, den Aufseher zu beschimpfen und ihm jeden ekelhaften Ausdruck entgegenzuschleudern, der ihr nur einfiel.«[49]

Douglass fügt hinzu, dass er daran zweifle, ob dieser Aufseher es je wieder versucht habe, Nellie auszupeitschen.

Es gab viele Frauen, die wie Harriet Tubman vor der Sklaverei nach Norden flohen. Viele waren erfolgreich, aber noch mehr wurden wieder gefangen. In einen der dramatischsten Fluchtversuche war eine vermutlich noch nicht zwanzigjährige Frau namens Ann Wood verwickelt, die eine Fuhre voll bewaffneter Jungen und Mädchen auf ihrer Flucht in die Freiheit anführte. Nach ihrem Aufbruch an Heiligabend 1855 wurden sie in eine Schießerei mit Sklavenfängern verwickelt. Zwei von ihnen wurden getötet, aber die übrigen schlugen sich allem Anschein nach nach Norden durch.[50] Die Abolitionistin Sarah Grimke beschrieb den Fall einer Frau, deren Widerstand nicht so erfolgreich wie der von Ann Wood war. Die wiederholten Versuche dieser Frau, der Herrschaft ihres Besitzers in South Carolina zu entfliehen, brachten ihr so viele Auspeitschungen ein, dass »kein Finger zwischen die Einschnitte gelegt werden konnte«.[51] Da sie jede sich bietende Gelegenheit zur Flucht von der Plantage ergriff, wurde sie am Ende an einem schweren Eisenkragen gefangen gehalten, und für den Fall, dass es ihr gelingen sollte, auch diesen aufzubrechen, war ihr vorsorglich zur Identifizierung ein Vorderzahn herausgebrochen worden. Obgleich ihre Besitzer, berichtet Grimke, als eine wohltätige und christliche Familie bekannt waren,

»... war diese leidende versklavte Frau, die Näherin der Familie, dauernd um sie, saß im Zimmer und nähte oder war mit anderen Haushaltsarbeiten ...

---

49 Ebd. S. 52.

50 Wertheimer, a.a.O., S. 113–114. Gerda Lerners Darstellung dieser Flucht weicht geringfügig ab. Lerner, a.a.O., S. 57: »Am Heiligabend 1855 beschafften sich sechs Versklavte eigenmächtig einen Feiertag sowie Pferde und Kutsche ihres Masters, verließen Loudoun Co, Virginia, und fuhren Tag und Nacht durch Eis und Schnee, bis sie zwei Tage später in Columbia ankamen. Barnaby Grigby war ein sechsundzwanzigjähriger Mu., seine Frau Elizabeth, die einen anderen Besitzer als ihr Ehemann hatte, war vierundzwanzig Jahre alt. Ihre Schwester war mit dem Anführer der Gruppe, Frank Wanzer, verlobt. Ann war zweiundzwanzig, sah gut aus und war intelligent. Frank versuchte, vor einem besonders schlimmen Master zu fliehen. In der Gruppe gab es noch zwei junge Männer.«

51 Sarah M. Grimkes Bekenntnis in Theodore D. Weld, American Slavery As It Is: Testimony of a Thousand Witnesses, New York (American Antislavery Society) 1839. Zitiert nach Lerner, a.a.O., S. 19.

beschäftigt, alles mit ihrem zerfleischten, blutenden Rücken, ihrem verstümmelten Mund und dem schweren Eisenkragen, ohne, soweit zu beobachten war, irgendeine Regung des Mitleids hervorzurufen.«[52]

Die Frauen widersetzten sich und unterstützten Angriffe gegen die Sklaverei bei jeder Gelegenheit. Bedenkt man die unaufhörliche Unterdrückung der Frau, »so ist es kein Wunder«, so Herbert Aptheker, dass die N*in bei den Sklavenaufständen so oft zur Eile antrieb«[53].

»Virginia, 1812: ›Sie sagte, dass sie sich ihretwegen nicht früh genug aufmachen könnten, da sie lieber in der Hölle sein wolle, als da, wo sie sei.‹ Mississippi, 1835: ›Sie betete zu Gott, dass nun alles getan und vorbei sei; dass sie es müde sei, auf die Weißen zu warten …«

Vielleicht kann man jetzt eine Margaret Garner besser verstehen, eine flüchtige versklavte Frau, die ihre eigene Tochter tötete und sich selbst umzubringen versuchte, nachdem sie in der Nähe von Cincinnati eingefangen worden war. Sie jubelte, als das Mädchen tot war – ›nun wird sie niemals erfahren, was eine Frau als Versklavte erleidet‹ – und verlangte, wegen Mordes angeklagt zu werden: ›Ich gehe lieber singend zum Galgen als zurück in die Sklaverei.‹«[54]

Die Maroon-Gemeinschaften, die sich aus flüchtigen Versklavten und ihren Nachfahren zusammensetzten, waren im ganzen Süden bereits ab 1642 und bis 1864 zu finden. Diese Gemeinschaften waren »Häfen für die Flüchtigen, dienten als Stützpunkte organisierter Plünderungen in den nahen Plantagen, und zeitweise stellten sie die Führung für geplante Aufstände«.[55] 1816 wurde eine große blühende Gemeinschaft entdeckt: Dreihundert geflohene Versklavte – Männer, Frauen und Kinder – hatten eine Festung in Florida besetzt. Sie weigerten sich zu kapitulieren, und die Armee begann eine Schlacht, die zehn Tage dauerte und das Leben von mehr als zweihundertfünfzig Bewohner*innen forderte. Die Frauen und Männer schlugen gemeinsam zurück.[56] Bei einem anderen Zusammenstoß in Mobile, Alabama, 1827, kämpften Frauen und Männer nach

52 Ebd.
53 Aptheker, »The Negro Woman«, S. 11.
54 Ebd., S. 11–12.
55 Aptheker, »Slave Guerilla Warfare«, in: To Be Free, S. 11.
56 Aptheker, American Negro Slave Revolts, S. 259.

den Berichten der Lokalzeitungen gleicherweise so unerbittlich »wie die Spartaner«.[57]

Der Widerstand äußerte sich oft auch subtiler als in Revolten, Fluchten und Sabotageakten. Er umfasste z.B. auch das heimliche Erwerben der Lese- und Schreibfähigkeit und das Weitergeben dieser Kenntnisse an andere. In Natchez, Louisiana, betrieb eine versklavte Frau eine »Mitternachtsschule«. Sie unterrichtete ihre Leute zwischen elf und zwei Uhr, bis sie Hunderte »ausgebildet« hatte.[58] Zweifellos stellten sich viele von ihnen ihren eigenen Pass aus und verschwanden in Richtung Freiheit. In Alex Haleys *Roots*,[59] seinem Roman über das Leben seiner Vorfahren, bringt sich Belle, Kunta Kintes Frau, das Lesen und Schreiben mühsam selbst bei. Sie liest heimlich die Zeitung ihres Herrn, hält sich über die gegenwärtigen politischen Ereignisse auf dem Laufenden und gibt dieses Wissen an ihre versklavten Schwestern und Brüder weiter.

Keine Erörterung über den Anteil der Frauen am Widerstand gegen die Sklaverei ist vollständig, die nicht den außergewöhnlichen Heldentaten Tribut zollt, die Harriet Tubman als Leiterin der ›Underground Rail‹ für über dreihundert Leute vollbrachte.[60] Der Anfang ihres Lebens verlief auf die für die meisten versklavten Frauen typische Weise. Als Landarbeiterin in Maryland lernte sie durch die Arbeit, dass ihre Leistungsfähigkeit der jedes Mannes ebenbürtig war. Ihr Vater lehrte sie, Holz zu fällen und Stämme zu spalten, und während sie Seite an Seite arbeiteten, lehrte er sie Dinge, die

57 Ebd. S. 280.

58 Lerner, a.a.O., S. 32–33: »(In Natchez, Louisiana, gab es) zwei Schulen, die von Schwarzen Lehrer*innen betrieben wurden. Eine von ihnen war eine versklavte Frau, die eine Mitternachtsschule gründete und diese ein Jahr lang am Leben erhielt. Sie öffnete um 11 oder 12 Uhr nachts und schloss um 2 Uhr früh … Milla Grabson, die Lehrerin, hatte das Lesen und Schreiben von den Kindern ihres nachsichtigen Masters in ihrer alten Heimat in Kentucky gelernt. Die Anzahl ihrer Schüler*innen lag damals bei zwölf, und wenn sie ihnen das Lesen und Schreiben beigebracht hatte, entließ sie sie und nahm wieder eine apostolische Anzahl, brachte sie auf den Stand ihrer eigenen Kenntnisse, bis sie hundert ausgebildet hatte. Eine Reihe von ihnen schrieb sich eigene Pässe und ging nach Kanada.« Zitiert nach Laura S. Haviland, A Woman's Lifework, Labors and Experiences, Chicago (Publishing Association of Friends) 1889, S. 300–301.

59 Alex Haley, Roots: The Saga of an American Family, Garden City, New York 1976. Siehe dort die Kapitel 66 und 67. Dt. Übers. Alex Haley, Wurzeln, Roots, Ffm 1979 (1977).

60 Sarah Bradford, Harriet Tubman: The Moses of Her People, New York 1961, Wiederabdruck der Ausgabe von 1886. Ann Petry, Harriet Tubman, Conductor on the Underground Railroad, New York 1971 [1955].

später auf ihren neunzehn Fahrten in den Süden und wieder zurück für sie lebenswichtig waren. Er lehrte sie, wie man sich lautlos durch den Wald bewegt und wie man Nahrung und Medizin unter den Pflanzen, Wurzeln und Kräutern findet. Die Tatsache, dass sie niemals eine Niederlage erlitt, ist zweifellos ein Ergebnis dieses väterlichen Unterrichts. Während des gesamten Bürgerkriegs ließ Harriet Tubmans Kampf gegen die Sklaverei nicht nach, und bis heute genießt sie den Ruf, die einzige Frau zu sein, die jemals Truppen im Krieg anführte.

Was für Maßstäbe auch immer an Harriet Tubman angelegt werden – Schwarze oder *weiße*, männliche oder weibliche –, sie bleibt eine außergewöhnliche Persönlichkeit. Und doch war, genau gesehen, das, was sie tat, einfach ihre Art, ihre Kraft und Ausdauer zum Ausdruck zu bringen, die so viele andere Schwarze Frauen ebenfalls erworben hatten. Und es bedarf der Wiederholung: Die Schwarzen Frauen waren in Bezug auf die erlittene Unterdrückung ihren Männern gleich; sie waren innerhalb der Sklavengesellschaft ihren Männern gesellschaftlich gleich, und sie widersetzten sich der Sklaverei ebenso leidenschaftlich wie ihre Männer. Dies ist eine der größten Ironien des Sklavensystems: Durch die Unterwerfung der Frauen unter die schlimmste Ausbeutung, die vorstellbar ist, eine Ausbeutung, die sich nicht um geschlechtliche Unterschiede scherte, wurde die Grundlage geschaffen, auf der sich die Schwarzen Frauen nicht nur ihrer gesellschaftlichen Gleichheit gewiss werden, sondern sie auch durch Widerstandshandlungen zum Ausdruck bringen konnten. Das muss für die Sklavenbesitzer eine furchtbare Erkenntnis gewesen sein, denn allem Anschein nach versuchten sie, dieses Band der Gleichheit durch besonders brutale Unterdrückungsmethoden gegen die Frauen zu durchbrechen. Hier muss noch einmal daran erinnert werden, dass die Gewalttätigkeit gegenüber Frauen an Intensität diejenige gegen die Männer übertraf, da die Frauen nicht nur ausgepeitscht und verstümmelt, sondern auch vergewaltigt wurden.

Es wäre ein Fehler, die institutionalisierte Form der Vergewaltigung während der Sklaverei als Ausdruck der sexuellen Potenz des *weißen* Mannes anzusehen, die angesichts der Sittsamkeit der *weißen* Weiblichkeit sonst erstickt worden wäre. Dies wäre eine gar zu einfältige Erklärung. Die Vergewaltigung war eine Waffe der Herrschaft, eine Waffe der Unterdrückung, deren verdecktes Ziel es war, den Widerstandswillen der versklavten Frauen zu brechen und im gleichen Zug ihre Männer zu demoralisieren. Die Beobachtungen über die Funktion von Vergewaltigung im Vietnamkrieg können auch für die in der Sklaverei gelten: »In Vietnam machte die US-Militärkommandantur die Vergewaltigung gesellschaftsfähig; in der Tat war es eine ungeschriebene, aber offensichtliche Politik.«[61] Als die GIs ermutigt wurden, die vietnamesischen Frauen und Mädchen zu vergewaltigen (und es wurde ihnen zuweilen geraten, die Frauen »mit ihrem Penis zu suchen«[62]), war eine Waffe des massenpolitischen Terrorismus gefunden. Da sich die vietnamesischen Frauen durch ihren heroischen Beitrag zum Befreiungskampf ihres Volkes hervortaten, führte man speziell für sie die Vergewaltigung als militärische Vergeltung ein. Waren die Frauen gegen die Gewalt keineswegs immun, die gegen Männer angewandt wird, so wurden sie durch eine sexistische Militärgewalt, die sich von dem Prinzip leiten ließ, dass der Krieg ausschließlich Männersache sei, noch als besondere Opfer des Terrorismus ausersehen. »Einmal sah ich, wie eine Frau von einem Heckenschützen, von einem unserer Heckenschützen, angeschossen wurde«, sagte ein GI.

> »Als wir bei ihr waren, bat sie um Wasser. Und der Leutnant sagte, sie solle getötet werden. So riss er ihr die Kleidung herunter, sie stachen ihr in beide Brüste, sie spreizten ihre Beine und stießen einen der beim Militär üblichen Klapp-Spaten in die Vagina hinein. Und dann zogen sie den wieder heraus und gebrauchten einen Ast, und dann wurde sie erschossen.«[63]

In eben der Weise, wie die Vergewaltigung ein institutionalisierter Bestandteil der Aggression gegen das vietnamesische Volk war mit dem Ziel, die Frauen einzuschüchtern und zu terrorisieren, so ermutigten auch die Sklavenbesitzer zum terroristischen Gebrauch der Vergewaltigung, um die Schwarzen Frauen niederzuhalten. Wenn die Schwarzen Frauen das Bewusstsein ihrer eigenen Stärke erlangt hätten sowie einen starken inneren Drang zum Widerstand, dann könnten die gewaltsamen sexuellen Angriffe – so mögen die Sklavenhalter kalkuliert haben – die Frauen an ihr essenziell und unveränderbar weibliches Wesen erinnern. Im Vorstellungs-

61 Arlene Eisen-Bergman, Women in Vietnam, San Francisco 1975, S. 63.

62 Ebd. S. 62: »Wenn wir durch die Dörfer gingen und die Leute durchsuchten, mussten die Frauen alle Kleider ausziehen, und die Männer waren angewiesen, ihre Penisse zu benutzen, um die Frauen zu ›durchsuchen‹, damit sie sichergingen, dass sie nicht irgendetwas irgendwo versteckt hatten; das war Vergewaltigung, durchgeführt wie eine Durchsuchung.« Zitiert aus Sgt. Scott Camil, Erste Marinedivision, in VVAW, Winter Soldier Investigation, Boston (Beacon Press) 1972, S. 13.

63 Ebd. S. 71. Zitiert nach Winter Soldier Investigation, S. 14.

bereich männlichen Überlegenheitswahns hieß das zu jener Zeit Passivität, Ergebung und Schwäche.

Eigentlich enthalten alle Sklavenerzählungen des neunzehnten Jahrhunderts Berichte über sexuelle Misshandlungen an Frauen durch ihre Herren oder Aufseher.

> »Henry Bibbs Master zwang ein Sklavenmädchen, die Konkubine seines Sohnes zu sein; M. F. Jamisons Aufseher vergewaltigte ein schönes Sklavenmädchen, und Salomon Northrups Besitzer zwang die Sklavin ›Patsy‹, seine Sexualpartnerin zu sein.«[64]

Trotz der Zeugenaussagen vieler Versklavter über das hohe Vorkommen von Vergewaltigung und sexuellem Zwang ist der Sachverhalt des sexuellen Missbrauchs in der traditionellen Literatur über die Sklaverei geradezu beschönigt worden. Mitunter wird sogar angenommen, die versklavten Frauen hätten die sexuelle Aufmerksamkeit der *weißen* Männer begrüßt und herausgefordert. Und was zwischen ihnen geschah, sei deshalb keine sexuelle Ausbeutung, sondern vielmehr ›Rassenmischung‹ gewesen. In dem Kapitel von *Roll, Jordan, Roll,* das dem Geschlechtsverkehr von Angehörigen verschiedener ›Rassen‹ gewidmet ist, behauptet Genovese, das Problem der Vergewaltigung verblasse gegenüber den erbarmungslosen Tabus, die die ›Rassenvermischung‹ umgeben. »Viele weiße Männer«, sagt der Autor, »die anfangs ein Sklavenmädchen in einem Akt sexueller Ausbeutung nahmen, waren zuletzt voller Liebe zu ihr und zu den Kindern, die sie gebar«[65]. »Die wahre Tragik der Rassenmischung lag« demnach

> »nicht in ihrem jähen Ende in Wollust und sexueller Ausbeutung, sondern in dem furchtbaren Druck, Freude, Zuneigung und Liebe, die oft aus einem flitterhaften Anfang erwuchsen, verleugnen zu müssen.«[66]

Der kritische Ansatz, der Genoveses gesamte Betrachtungsweise bestimmt, ist der Paternalismus. Seiner Ansicht nach hätten die Versklavten die paternalistische Haltung ihrer Herren akzeptiert, und die Herren ihrerseits seien durch den Paternalismus gezwungen worden, die Forderungen der Versklavten nach Menschlichkeit anzuerkennen. Da aber in den Augen der Masters die Menschlichkeit der Versklavten höchstens den Entwick-

64 Blassingame, a.a.O., S. 83.
65 Genovese, Roll, Jordan, Roll, S. 415.
66 Ebd. S. 419.

lungsstand von Kindern erreichte, ist es nicht überraschend, dass Genovese glaubt, in der ›Rassenmischung‹ den Kern dieser Humanität gefunden zu haben. Er begreift nicht, dass schwerlich eine Grundlage für »Freude, Zuneigung und Liebe« entstehen konnte, solange die *weißen* Männer kraft ihrer ökonomischen Machtposition uneingeschränkten Zugang zu den Körpern der Schwarzen Frauen hatten. Die *weißen* Männer verhielten sich zu den Körpern der Schwarzen Frauen als Unterdrücker und, wenn sie selbst keine Sklavenbesitzer waren, als Agenten der Herrschaft. Genovese wäre gut beraten, Gayl Jones' *Corregidora*,[67] den kürzlich erschienenen Roman einer jungen Schwarzen Frau zu lesen, der die Versuche mehrerer Generationen von Frauen nachzeichnet, für die während der Sklaverei verübten Sexualverbrechen »Beweise aufzubewahren«.

E. Franklin Frazier glaubte, in der ›Rassenvermischung‹ die bedeutendste kulturelle Leistung der Schwarzen während der Sklaverei entdeckt zu haben:

> »Der Master in seinem Herrenhaus und seine farbige Geliebte in einem besonderen Gebäude nebenan verkörperten den höchsten Triumph des gesellschaftlichen Rituals angesichts des tiefsten Gefühls menschlicher Solidarität.«[68]

Gleichzeitig jedoch konnte er die Frauen, die sich nicht kampflos ergaben, doch nicht ganz abtun:

> »Dass der physische Zwang manchmal notwendig war, um die Unterwerfung der schwarzen Frauen sicherzustellen ... ist historisch belegt und in den Traditionen der N*familien erhalten geblieben.«[69]

Er zieht die Geschichte einer Frau heran, deren Urgroßmutter immer begeistert von den Kämpfen erzählte, die ihr die beträchtlichen Narben auf ihrem Körper eingebracht hatten. Aber da war eine Narbe, deren Herkunft sie beharrlich verschwieg, und wann immer sie danach gefragt wurde, sagte sie: »Kind, *weiße* Männer sind so gemein wie Hunde, halt dich fern von denen.« Nach ihrem Tod wurde das Geheimnis endlich gelüftet:

> »Diese Narbe brachte ihr der jüngste Sohn ihres Masters bei, ein achtzehnjähriger Junge, als sie sein Kind empfing, meine Großmutter Ellen.«[70]

---

67 Gayl Jones, Corregidora, New York 1975.
68 Frazier, a.a.O., S. 69.
69 Ebd. S. 53.
70 Ebd. S. 70.

Die *weißen* Frauen, die sich der abolitionistischen Bewegung anschlossen, waren über die sexuellen Anschläge auf Schwarze Frauen besonders empört. Wenn die Aktivistinnen aus den Frauenvereinigungen gegen die Sklaverei an die *weißen* Frauen appellierten, ihre Schwarzen Schwestern zu verteidigen, berichteten sie oft über Fälle von brutalen Vergewaltigungen der versklavten Frauen. Obwohl jene Frauen unschätzbare Dienste für die Antisklavereikampagne leisteten, gelang es ihnen oft nicht, die komplexe Lage der Schwarzen Frau zu begreifen. Schwarze Frauen waren in der Tat Frauen, aber ihre Erfahrungen während der Sklaverei – harte Arbeit zusammen mit ihren Männern, Gleichheit innerhalb der Familie, Widerstand, Auspeitschungen und Vergewaltigungen – hatten die Entwicklung bestimmter Charakterzüge ihrer Persönlichkeit gefördert, durch die sie sich von den meisten *weißen* Frauen unterschieden.

Eines der beliebtesten Werke der abolitionistischen Literatur war Harriet Beecher Stowes *Onkel Toms Hütte*, ein Buch, das viele Leute aufrüttelte und mehr Frauen als je zuvor für die Sache der Antisklavereibewegung gewann. Abraham Lincoln nannte Stowe einmal beiläufig die Frau, die den Bürgerkrieg begonnen habe. Der enorme Einfluss, den dieses Buch gehabt hat, kann jedoch die völlige Verzerrung des Sklavenlebens nicht wettmachen. Die weibliche Hauptfigur ist das Zerrbild einer Schwarzen Frau, eine naive Übertragung des Muttertyps, wie er von der kulturellen Propaganda jener Zeit hochgehalten wurde, von der *weißen* Gesellschaft auf die Sklavengemeinschaft. Eliza ist die Inkarnation der *weißen* Mütterlichkeit, nur mit schwarzem Gesicht oder eher, weil sie eine »Viertel-N*« ist, nur mit nicht ganz weißem Gesicht.

Es mag der Wunsch Stowes gewesen sein, dass sich die *weißen* Leser*innen in Eliza selbst entdecken sollten. Sie konnten ihre überragende christliche Moral, ihre sicheren mütterlichen Instinkte, ihre Liebenswürdigkeit und ihre Zartheit bewundern – denn dies waren eben die Qualitäten, die die *weißen* Frauen in sich selbst kultivieren sollten. So wie ihr *Weiß*-Sein Eliza erlaubt, zum Inbegriff der Mütterlichkeit zu werden, so kommt auch ihr Ehemann George, dessen Vorfahren ebenfalls überwiegend *Weiße* sind, von allen anderen Schwarzen Männern in diesem Buch einem ›Manne‹ im Sinne des orthodoxen männlichen Überlegenheitsdenkens am nächsten. Im Gegensatz zu dem häuslichen, ergebenen und kindlichen Onkel Tom ist George ehrgeizig, intelligent, belesen und, das Wichtigste überhaupt, er verabscheut die Sklaverei mit unauslöschbarer Leidenschaft. Als George

– noch ganz zu Anfang des Buches – beschließt, nach Kanada zu fliehen, ist Eliza, die unschuldige, behütete Hausbedienstete, von seinem überbordenden Hass auf die Sklaverei furchtbar verstört:

> »Eliza zitterte und schwieg. Sie hatte ihren Mann nie zuvor in dieser Stimmung gesehen, und ihre sanften Begriffe von Pflicht schienen sich vor einem solchen Sturm der Leidenschaft wie Binsen zu biegen.«[71]

Eliza ist gegenüber der allgemeinen Ungerechtigkeit der Sklaverei praktisch gleichgültig. Ihre weibliche Unterwürfigkeit hat sie dazu gebracht, sich in ihr Schicksal als Versklavte und dem Willen ihres ›guten, freundlichen Herrn‹ und ihrer Herrin zu fügen. Erst als sie in ihrer Mutterrolle bedroht ist, findet sie die Kraft, sich aufzurichten und zu kämpfen. Wie eine Mutter, die merkt, dass sie ein Auto hochheben kann, wenn ihr Kind darunter eingeklemmt ist, so erfährt auch Eliza einen Auftrieb an mütterlicher Kraft, als sie erfährt, dass ihr Sohn verkauft werden soll. Die finanziellen Schwierigkeiten zwingen ihren ›lieben‹ Master, Onkel Tom und Elizas Sohn Harry zu verkaufen – selbstverständlich trotz der mitleidsvollen und mütterlichen Einwände seiner Frau. Eliza ergreift Harry und läuft instinktiv davon, denn »stärker als alles war die Mutterliebe, bis zum Wahnsinn gesteigert durch die große Nähe der schrecklichen Gefahr«.[72] Elizas mütterlicher Mut ist faszinierend. Als sie auf ihrer Flucht an einen unüberquerbaren Fluss mit tauenden Eisschollen kommt, die Sklavenfänger auf den Fersen, zaubert sie Harry quasi hinüber

> »... mit der Kraft, wie sie Gott nur den Verzweifelten verleiht ... Sie schnellte mit einem gewaltigen Satz über die trübe, wirbelnde Uferströmung auf das Eisfloß ... Mit wilden Ausrufen sprang sie voller verzweifelter Energie von Scholle zu Scholle; sie stolperte, sprang weiter, glitt aus, sprang wieder auf! Sie hatte die Schuhe verloren, die Strümpfe waren zerfetzt, und Blut markierte jeden Schritt, aber sie sah nichts, fühlte nichts, bis sie undeutlich wie im Traum die Ohio-Seite erblickte und einen Mann, der ihr hinaufhalf.«[73]

---

71 Harriet Beecher Stowe, Uncle Tom's Cabin, New York 1968, S. 27. In der dt. Übersetzung zitiert nach Beecher-Stowe, Onkel Toms Hütte, in der Bearbeitung einer alten Übersetzung, herausgegeben und mit einem Nachwort versehen von Wieland Herzfelde, Berlin (DDR) 1980 (Lizenzausg. Ffm). S. 27.

72 Ebd. S. 63.

73 Ebd. S. 75.

Das Unwahrscheinliche an Elizas melodramatischer Flucht kümmert Stowe wenig, da Gott einer sanften christlichen Mutter übermenschliche Fähigkeiten verleiht. Das Problem jedoch ist, dass Stowe den gesamten Mutterkult des neunzehnten Jahrhunderts übernimmt und deswegen kläglich daran scheitert, die Realität und Wahrheit des Widerstands der Schwarzen Frauen gegen die Sklaverei zu erkennen.

Unzählige heroische Taten von versklavten Müttern sind dokumentarisch belegt. Diese Frauen wurden im Gegensatz zu Eliza von ihrer leidenschaftlichen Ablehnung der Sklaverei dazu getrieben, ihre Kinder zu verteidigen. Die Quelle ihrer Kraft war nicht irgendeine mystische Macht, die der Mutterschaft anhaftet, sondern vielmehr ihre konkreten Erfahrungen als Versklavte. Einige, wie z.B. Margaret Garner, gingen sogar so weit, ihre Kinder eher zu töten, als anzusehen, wie sie unter den brutalen Bedingungen der Sklaverei zu Erwachsenen heranwuchsen. Eliza hingegen ist an der generellen Unmenschlichkeit des Sklavensystems völlig uninteressiert. Hätte nicht der Verkauf ihres Sohnes gedroht, hätte sie vermutlich bis an ihr Lebensende glücklich unter der ›wohltätigen‹ Vormundschaft von Master und Mistress gelebt.

Diese Elizas, falls es sie wirklich gegeben hat, waren Ausnahmen unter der großen Mehrheit der Schwarzen Frauen. Auf jeden Fall repräsentierten sie nicht die angehäuften Erfahrungen all jener Frauen, die unter der Peitsche für ihre Herren schufteten, die für ihre Familien arbeiteten und sie beschützten, die gegen die Sklaverei kämpften, die geschlagen und vergewaltigt, aber niemals unterworfen wurden. Diese Frauen waren es, die ihren nominell freien weiblichen Nachkommen ein Erbe vermachten, bestehend aus harter Arbeit, Ausdauer und Selbstsicherheit, ein Vermächtnis der Hartnäckigkeit, des Widerstandes und des Beharrens auf geschlechtlicher Gleichheit – kurz: ein Vermächtnis, das den Grundstein legte für Normen einer neuen Weiblichkeit.

ZWEI
Für ein Ende der Sklaverei … die Anfänge der Frauenrechtsbewegung

> »Wenn eines Tages die wahre Geschichte der Bewegung zur Abschaffung der Sklaverei geschrieben wird, werden die Frauen auf ihren Seiten viel Platz einnehmen, denn die Sache der Versklavten war insbesondere auch die Sache der Frauen.«[74]

Das sind die Worte eines ehemaligen Versklavten. Er stand in so enger Beziehung zur Frauenbewegung des neunzehnten Jahrhunderts, dass er als ›Frauenrechtsmann‹ angegriffen wurde.[75] Frederick Douglass, der führende Schwarze Abolitionist des Landes, war gleichzeitig der bekannteste Fürsprecher der Frauenemanzipation. Er war oft wegen seiner grundsätzlichen Unterstützung der umstrittenen Frauenbewegung dem öffentlichen Gespött ausgesetzt. In ihrer Männlichkeit angegriffen, hätten sich die meisten Männer seiner Ära sofort für ihre Mannesehre zur Wehr gesetzt. Frederick Douglass jedoch nahm eine bewunderungswürdig antisexistische Haltung ein und erklärte, er fühle sich durch das Etikett ›Frauenrechtsmann‹ keineswegs erniedrigt: »Ich bin froh, sagen zu können, dass ich mich niemals geschämt habe, so bezeichnet zu werden.«[76] Douglass' Haltung gegenüber seinen Verleumdern kann auf sein Wissen zurückgeführt werden, dass *weiße* Frauen als ›n*-lovers‹ beschimpft wurden, um sie von der Kampagne zur Abschaffung der Sklaverei fernzuhalten. Er wusste, dass diese Frauen für die abolitionistische Bewegung unersetzlich waren: sowohl wegen ihrer Anzahl als auch wegen »der Effizienz, mit der sie die Sache der Versklavten vertraten«.[77]

Warum schlossen sich so viele Frauen der Bewegung zur Abschaffung der Sklaverei an? Was war das Besondere am Abolitionismus, das die Frauen des

74 Douglass, a.a.O., S. 469.
75 Ebd. S. 472.
76 Ebd.
77 Ebd.

neunzehnten Jahrhunderts stärker anzog als jede andere Reformbewegung? Wären diese Fragen einer führenden Abolitionistin wie Harriet Beecher Stowe gestellt worden, sie hätte wahrscheinlich geantwortet, es sei der mütterliche Instinkt der Frauen, der den Sympathien für die Abschaffung der Sklaverei einen natürlichen Nährboden bereite. Wenigstens scheint diese Auffassung dem Roman *Onkel Toms Hütte*[78] zugrunde zu liegen, dessen abolitionistischer Appell von unzähligen Frauen gehört wurde.

Als Stowe *Onkel Toms Hütte* veröffentlichte, stand der Mutterschaftskult des neunzehnten Jahrhunderts in voller Blüte. In der Presse, der neueren Unterhaltungsliteratur und selbst vor Gericht galt die Frau als vollkommen, die eine vollkommene Mutter war. Ihr Platz war im Hause – niemals natürlich in der Welt der Politik. Die Versklavten werden in Stowes Roman überwiegend als süße, liebe, wehrlose und manchmal auch als unartige Kinder beschrieben. Onkel Toms »sanftes häusliches Gemüt« war, so Stowe, »das eigentümliche Charaktermerkmal seiner ›Rasse‹«.[79] *Onkel Toms Hütte* ist durchsetzt mit Behauptungen über die Minderwertigkeit der Schwarzen wie auch der Frauen. Die meisten Schwarzen seien fügsam und häuslich, und die meisten Frauen seien vor allem eins: Mütter. So ironisch es auch scheinen mag, so verewigte doch das damals populärste Werk der Antisklaverei-Literatur eben jene rassistischen Anschauungen, die die Sklaverei stützten, sowie die sexistischen Auffassungen, die den Ausschluss der Frauen aus der politischen Arena rechtfertigten, in der doch die Schlacht gegen die Sklaverei geführt werden sollte.

Der auffallende Widerspruch zwischen dem reaktionären Inhalt und dem fortschrittlichen Appell von Onkel Toms Hütte ist weniger ein Fehler der individuellen Sehweise der Autorin, sondern eher das Abbild der widersprüchlichen Natur der Lage der Frau im neunzehnten Jahrhundert. In

78 Stowe, a.a.O. Frederick Douglass fügte die folgenden Bemerkungen in seine Autobiografie ein, a.a.O., S. 282: »Mitten in einer Zeit, in der die flüchtigen Versklavten immer größere Schwierigkeiten zu gewärtigen hatten, kam ein Buch, das unter dem Titel ›Onkel Toms Hütte‹ bekannt ist, ein Werk von wunderbarer Kraft und Tiefe. Es gab nichts, was besser den moralischen und menschlichen Erfordernissen der Stunde entsprochen hätte. Die Wirkung war erstaunlich, spontan und allumfassend. Kein Buch über die Sklaverei hat so breit und in so optimaler Weise die Herzen der Amerikaner gerührt. Es verband alle Kraft und alles Pathos der früheren Literatur dieser Art und wurde von vielen als ein Werk der ›Eingebung‹ gepriesen. Frau Stowe wurde mit einem Schlag zum Gegenstand öffentlichen Interesses und allgemeiner Bewunderung.«

79 Stowe, a.a.O., S. 111.

den ersten Jahrzehnten des Jahrhunderts erfuhr die Gesellschaft der USA durch die industrielle Revolution eine gründliche Veränderung. Durch diesen Umwandlungsprozess veränderten sich die Lebensbedingungen der *weißen* Frau von Grund auf. In den Dreißigerjahren des neunzehnten Jahrhunderts wurden viele der herkömmlichen hauswirtschaftlichen Arbeiten der Frau vom Fabrikwesen übernommen. Dadurch wurde sie zwar von einigen alten bedrückenden Tätigkeiten befreit, gleichzeitig wurde jedoch ihr Ansehen als Hausfrau mit der beginnenden Industrialisierung der Wirtschaft zerschlissen, da dieses Ansehen auf der ehemals produktiven und absolut notwendigen Hausarbeit beruht hatte. Entsprechend zerfiel ihr sozialer Status. Die Herausbildung einer noch eindeutigeren Auffassung von der weiblichen Minderwertigkeit war eine der ideologischen Konsequenzen des Industriekapitalismus. Es scheint in der Tat so zu sein, dass die Behauptungen, »die Frau gehöre ins Haus«[80] umso rigider vertreten wurden, je mehr ihre häuslichen Aufgaben unter dem Aufschwung der Industrialisierung schwanden.

Der Arbeitsplatz der Frau war in Wirklichkeit schon immer zu Hause gewesen, aber in der vorindustriellen Zeit waren das Haus und das umliegende Ackerland der Mittelpunkt der wirtschaftlichen Produktion. Während der Mann das Land bestellte (dabei oft von der Frau unterstützt), war die Frau die Handwerkerin, die Stoffe, Kleider, Kerzen, Seife, praktisch alle Bedarfsgüter einer Familie herstellte. Der Platz der Frau war wohl im Haus – aber nicht einfach nur, um Kinder zu gebären und aufzuziehen oder sich um die Bedürfnisse des Mannes zu kümmern. Innerhalb der Hauswirtschaft war sie die produktive Arbeiterin, deren Arbeit ebenso geachtet wurde wie die des Mannes. Mit der Verlagerung des Handwerks in die Fabrik entstand die Weiblichkeitsideologie von der idealen Frau als Gattin und Mutter. Als Arbeitende war die Frau zumindest ökonomisch gleich gewesen; als Ehefrau wurde sie zum Anhängsel des Mannes und zur Dienerin ihres Gatten bestimmt. Als Mutter wurde sie zum passiven Werkzeug der Fortpflanzung menschlichen Lebens erklärt. Die Lage der *weißen* Frau war so voller Widersprüche, dass zwangsläufig Widerstand entstehen musste.[81] Die turbu-

80 Siehe Barbara Ehrenreich und Deiche English, »Microbes and the Manufacture of Housework«, Kapitel 5 von For Her Own Good: 150 Years of Experts' Advice to Women, Garden City N. Y. 1978. Ebenfalls Ann Oakley, Women's Work: The Housewife Past and Present, New York 1976.

81 Siehe Eleanor Flexner, Century of Struggle: The Women's Rights Movement in the U. S., New York 1973. Dt. Übersetzung, Hundert Jahre Kampf. Die Geschichte der

lenten Dreißigerjahre des neunzehnten Jahrhunderts waren Jahre heftigen Widerstands. Nat Turners Revolte zu Beginn des Jahrzehnts kündigte unmissverständlich an, dass die Schwarzen Männer und Frauen mit ihrem Los als Versklavte zutiefst unzufrieden und mehr denn je zum Widerstand entschlossen waren. Die organisierte abolitionistische Bewegung wurde 1831, im Jahr von Nat Turners Revolte, geboren. Außerdem gab es in den frühen Dreißigern Arbeitsniederlegungen und Streiks in den Textilfabriken des Nordostens, in denen überwiegend junge Frauen und Kinder arbeiteten. Etwa zur selben Zeit begann der Kampf der bessergestellten *weißen* Frauen um Bildung und Zugang zu Berufen außerhalb ihres Heims.[82]

Die *weißen* Frauen im Norden – die mittelständische Hausfrau wie auch das ›Fabrikmädchen‹ – beschworen häufig die Metapher von der Sklaverei, wenn sie ihre jeweilige Unterdrückung zum Ausdruck bringen wollten. Die gutgestellte Frau im Norden begann ihr unerfülltes Hausfrauenleben anzuprangern, indem sie die Ehe eine Form der Sklaverei nannte. Für die Arbeiterin hatte die wirtschaftliche Unterdrückung, die sie am Arbeitsplatz erlitt, eine starke Ähnlichkeit mit der Sklaverei. Als die Fabrikarbeiterinnen in Lowell in Massachusetts 1836 in den Streik traten, marschierten sie durch die Stadt und sangen:

> »Oh, ich kann keine Sklavin sein,
> Ich will keine Sklavin sein.
> Oh, ich liebe die Freiheit so sehr,
> Ich will keine Sklavin sein.«[83]

Vergleicht man die Arbeiterinnen und die Frauen aus den wohlhabenden Mittelstandsfamilien, so hatten sicherlich die Ersteren mehr Grund, sich mit Versklavten zu vergleichen. Auch wenn sie nach dem Gesetz frei waren, so waren doch ihre Arbeitsbedingungen und ihre niedrigen Löhne so ausbeuterisch, dass sich ein Vergleich mit der Sklaverei geradezu aufdrängte. Und doch waren es die vermögenden Frauen, die die Analogie zur Sklaverei am wörtlichsten beschworen, um die repressive Natur der Ehe herauszustel-

---

Frauenrechtsbewegung in den Vereinigten Staaten. Aus dem Amerikanischen von Gisela Bock u. a., Ffm. 1978. Ebenfalls Mary P. Ryan, Womanhood in America, New York 1975.

82 Siehe Aptheker, Nat Turner's Slave Rebellion, New York 1966. Harriet H. Robinson, Loom and Spindle or Life Among the Early Mill Girls, Kailua, Hawaii 1976. Ebenfalls Wertheimer, a.a.O. und Flexner, a.a.O.

83 Robinson a.a.O.

len.[84] Die Vorstellung, dass die seit eh und je bestehende Einrichtung der Ehe unterdrückerisch sein könne, war für die erste Hälfte des neunzehnten Jahrhunderts durchaus neu. Es ist denkbar, dass die frühen Feministinnen primär wegen der Schockwirkung des Vergleichs – vielleicht aus Furcht, ihr Protest könnte sonst nicht ernst genommen werden – die Ehe als Sklaverei derselben Art, wie sie die Schwarzen erlitten, bezeichneten. Sie scheinen jedoch die Tatsache unbeachtet gelassen zu haben, dass diese Gleichsetzung stillschweigend mit einbegriff, dass die Sklaverei umgekehrt nicht schlimmer war als die Ehe. Dessen ungeachtet blieb die bedeutendste Folge dieses Vergleichs, dass die *weiße* Mittelstandsfrau gegenüber den Schwarzen Männern und Frauen, für die die Sklaverei die Kette und die Peitsche bedeutete, ein Gefühl von Verwandtschaft empfand.

In den Dreißigerjahren des neunzehnten Jahrhunderts wurden *weiße* Frauen – die Hausfrau wie die Arbeiterin – aktiv in die abolitionistische Bewegung einbezogen. Während die Fabrikarbeiterinnen Teile ihres kargen Lohns spendeten und Bazare organisierten, um noch mehr Mittel aufzubringen, wurden die Mittelstandsfrauen zu den Agitatorinnen und Organisatorinnen der Kampagne zur Abschaffung der Sklaverei.[85] Bis 1833, als unmittelbar nach der Gründungsversammlung der *American Anti-Slavery Society* die *Philadelphia Female Anti-Slavery Society* ins Leben gerufen wurde, hatten schon so viele *weiße* Frauen ihre Sympathie für die Sache der Schwarzen bekundet, dass die Grundlage für eine Verbindung dieser beiden unterdrückten Gruppen geschaffen war (Die erste Frauenvereinigung gegen die Sklaverei war 1832 in Salem, Massachusetts, von Schwarzen Frauen gegründet worden). In jenem Jahr trat bei einem weithin bekannt gewordenen Ereignis eine junge *weiße* Frau als ein aufsehenerregendes Beispiel weiblicher Courage und antirassistischer Militanz hervor. Prudence Crandall war Lehrerin; sie forderte ihre *weißen* Mitbürger*innen in Canterbury, Connecticut, heraus, indem sie ein Schwarzes Mädchen in ihre Schule aufnahm.[86] Ihre prinzipientreue und standhafte Haltung während der gesamten Auseinandersetzung symbolisierte die Möglichkeit, aus dem schon entwickelten Kampf um die Befreiung der Schwarzen und

---

84 Siehe dazu die Diskussion bei Pamela Allen, die tendenziell die Ehe mit der Sklaverei vergleicht, »Woman Suffrage: Feminism and White Supremacy«, Kapitel V von Robert Allen, Reluctant Reformers, Washington, D. C. 1974, S. 136ff.

85 Wertheimer, a.a.O., S. 106.

86 Flexner, a.a.O., S. 38–40. Ebenfalls Samuel Sillen, Women Against Slavery, New York 1955, S. 11–16.

dem noch unentwickelten Bemühen um das Frauenrecht heraus ein starkes Bündnis zu schmieden.

Die Eltern der *weißen* Mädchen, die Prudence Crandalls Schule besuchten, machten ihre Ablehnung der Aufnahme einer Schwarzen Schülerin durch einen der breiten Öffentlichkeit bekanntgegebenen Boykott deutlich. Aber die Lehrerin aus Connecticut lehnte es ab, vor ihren rassistischen Forderungen zu kapitulieren. Auf Anraten von Frau Charies Harris, einer Schwarzen Frau, die bei ihr angestellt war, beschloss Crandall, noch mehr Schwarze Mädchen aufzunehmen und, falls notwendig, eine völlig Schwarze Schule zu betreiben. Frau Harris war eine gestandene Abolitionistin. Sie machte Crandall mit William Lloyd Garrison bekannt, der Berichte über die Schule im *Liberator*, seiner Zeitung gegen die Sklaverei, veröffentlichte. Die Bürger von Canterbury traten ihren Plänen mit der Verabschiedung einer Resolution entgegen, die besagte, dass »die Regierung der Vereinigten Staaten sowie die Nation mit all ihren rechtlichen Einrichtungen den weißen Männern gehört, die sie jetzt besitzen«[87]. Zweifellos meinten sie das mit den *weißen* Männern ganz wörtlich, denn Prudence Crandall hatte nicht nur die Regeln der Rassentrennung, sondern auch die herkömmlichen Vorstellungen vom Verhalten einer *weißen* Dame verletzt.

> »Trotz all dieser Drohungen hatte Prudence Crandall ihre Schule eröffnet ... Die N*schüler standen ihr tapfer zur Seite. Und dann folgte eine der heldenhaftesten und auch der beschämendsten Episoden in der amerikanischen Geschichte. Die Geschäftsleute weigerten sich, an Fräulein Crandall Waren zu verkaufen ... Der ansässige Arzt wollte keine kranken Schüler behandeln. Der Apotheker verweigerte die Medizin. Die Spitze dieser grimmigen Unmenschlichkeit war, dass Rowdys die Schulfenster einwarfen, Jauche in den Brunnen gossen und mehrere Feuer im Gebäude legten.«[88]

Woher nahm diese junge Quäkerin ihre ungewöhnliche Kraft und ihr bewunderungswürdiges Vermögen, in diesem gefährlichen Belagerungszustand Tag für Tag auszuharren? Sicherlich aus ihren engen Beziehungen zu den Schwarzen, deren Sache sie so inniglich vertrat. Sie betrieb ihre Schule so lange, bis die Behörden von Connecticut ihre Verhaftung anordneten.[89] Aber Prudence Crandall hatte bis zum Zeitpunkt ihrer Verhaftung ihre

87 Sillen, a.a.O., S. 13.
88 Ebd.
89 Ebd. S. 14.

Epoche schon so sehr geprägt, dass sie sogar aus der offensichtlichen Niederlage als ein Symbol des Sieges hervorging.

Die Ereignisse von Canterbury in Connecticut von 1833 standen am Beginn einer neuen Ära. Wie Nat Turners Revolte, wie das Erscheinen von Garrisons *Liberator* und die Gründung der ersten nationalen Organisation zur Bekämpfung der Sklaverei läuteten diese Ereignisse eine Epoche von ungestümen sozialen Kämpfen ein. Für die *weißen* Frauen, die noch unter den Geburtswehen ihrer politischen Bewusstwerdung litten, war Prudence Crandalls unerschütterliche Verteidigung des Rechts der Schwarzen auf Bildung ein Lehrstück, wie es nicht besser hätte erfunden werden können. Strahlend und beredt verwies ihr Handeln auf die riesigen Möglichkeiten der Befreiung, die sich eröffneten, wenn die *weißen* Frauen massenhaft ihren Schwarzen Schwestern die Hand reichten.

> »Erzittern sollen die Tyrannen im Süden! Erzittern sollen ihre Apologeten im Norden! Erzittern sollen alle Feinde der verfolgten Schwarzen! ... Ich lasse mich in einer Sache wie dieser nicht zur Mäßigung nötigen. Mir ist es ernst. Ich werde nicht abwägen. Ich werde nichts entschuldigen. Ich werde nicht einen einzigen Zentimeter zurückweichen. Und ich werde gehört werden.«[90]

Dieser kompromisslose Schwur war William Lloyd Garrisons persönliche Erklärung an die Leser*innen der ersten Ausgabe des *Liberator*. Bis 1833, zwei Jahre später, hatte diese bahnbrechende abolitionistische Zeitschrift eine bedeutende Leser*innenschaft gewonnen. Sie bestand aus einer großen Gruppe Schwarzer Abonnent*innen und einer wachsenden Anzahl von *Weißen*. Prudence Crandall und andere Gleichgesinnte waren treue Unterstützer*innen des Blattes. Es waren aber auch *weiße* Arbeiterinnen unter denen, die Garrisons militanter Haltung gegen die Sklaverei eifrig zustimmten. In der Tat, nachdem die Bewegung gegen die Sklaverei eine organisierte Form gewonnen hatte, waren es die Fabrikarbeiterinnen, die der Sache des Abolitionismus entscheidende Unterstützung gewährten. Trotzdem waren die weithin bekannten *weißen* Frauen in der Kampagne gegen die Sklaverei gerade die Frauen, die nicht gezwungen waren, für Lohn zu arbeiten. Sie waren die Frauen von Ärzten, Rechtsanwälten, Richtern, Großhändlern und Fabrikbesitzern, also Frauen aus der Mittelschicht oder dem aufstrebenden Bürgertum.

---

90 Liberator, 1. Januar 1831. Zitiert in William Z. Foster, The Negro People in American History, New York 1970, S. 108.

Wahrscheinlich fingen 1833 viele dieser mittelständischen Frauen an zu begreifen, dass in ihrem Leben irgendetwas furchtbar schief gegangen war. In der neuen Ära des industriellen Kapitalismus hatten sie als Hausfrauen ihre wirtschaftliche Bedeutung verloren und entsprechend hatte sich ihr sozialer Status als Frauen verschlechtert. Durch diesen Umwandlungsprozess hatten sie jedoch freie Zeit gewonnen, die es ihnen ermöglichte, soziale Reformerinnen und aktive Organisatorinnen der Kampagne zur Abschaffung der Sklaverei zu werden. Der Abolitionismus wiederum bot diesen Frauen die Gelegenheit, gleichzeitig auch gegen ihre unterdrückte Rolle zu Haus zu protestieren.

Zur Gründungsversammlung der *American Anti-Slavery Society* im Jahre 1833 wurden nur vier Frauen eingeladen. Außerdem hatten die männlichen Organisatoren des Treffens in Philadelphia bestimmt, dass sie nur als »Zuhörerinnen und Beobachterinnen«[91] und nicht als vollwertige Versammlungsteilnehmer*innen anzusehen seien. Das konnte jedoch Lucretia Mott, eine der vier Frauen, nicht davon abhalten, bei wenigstens zwei Gelegenheiten die Männer ohne Furcht anzusprechen. Bei der Eröffnungssitzung erhob sie sich selbstsicher von ihrem ›Zuschauer- und Zuhörer‹-Platz auf dem Balkon, um gegen einen Antrag zu sprechen, der die Verschiebung der Zusammenkunft wegen der Abwesenheit eines prominenten Mannes aus Philadelphia zum Ziel hatte.

> »Richtige Grundsätze sind stärker als Namen. Wenn unsere Grundsätze stimmen, warum sollen wir uns dann wie Feiglinge benehmen? Warum sollen wir auf diejenigen warten, die noch niemals den Mut gehabt haben, die unveräußerlichen Rechte der Sklaven zu verteidigen?«[92]

Lucretia Mott war eine praktizierende Geistliche der Quäker. Sie versetzte zweifellos die ganz und gar männliche Zuhörerschaft in Erstaunen, da Frauen damals auf öffentlichen Versammlungen nie ein Wort sagten.[93] Obwohl ihr die Versammlung Beifall zollte und ihrem Vorschlag, die Beratung fortzusetzen, folgte, wurde weder sie noch sonst eine Frau am Schluss des

---

91 Sillen, a.a.O., S. 17.

92 Ebd.

93 Die erste Frau, die in den Vereinigten Staaten öffentliche Reden hielt, war die in Schottland gebürtige Rednerin und Schriftstellerin Frances Wright (siehe Flexner, a.a.O., S. 27–28). Als Maria W. Stewart in Boston vier Vorlesungen hielt, war sie die erste einheimische Schwarze Frau, die in der Öffentlichkeit sprach (siehe Lerner, a.a.O., S. 83).

Treffens dazu aufgefordert, die »Erklärung der Auffassungen und Ziele« zu unterzeichnen. Ob nun die Unterschriften von Frauen ausdrücklich nicht zugelassen waren oder ob es den männlichen Leitern einfach nicht in den Sinn kam, die Frauen um ihre Unterschrift zu bitten, es ändert nichts daran, dass diese Männer äußerst kurzsichtig waren. Ihre sexistische Haltung verhinderte, dass sie begriffen, welch ein gewaltiges Potenzial das Engagement der Frauen für die Bewegung zur Abschaffung der Sklaverei darstellte. Lucretia Mott war nicht so kurzsichtig und organisierte die Gründungsversammlung der *Philadelphia Female Anti-Slavery Society* direkt im Anschluss an die Versammlung der Männer.[94] Es war ihre Bestimmung, in der Bewegung gegen die Sklaverei zur führenden Persönlichkeit zu werden, zu einer Frau, die sich wegen ihres umfassenden Mutes und ihrer Standhaftigkeit angesichts des rassistischen Mobs tiefe Bewunderung verdiente.

> »Diese zarte Frau in der einfachen, gestärkten Tracht der Quäker bot 1838 der Menge, die für die Sklaverei raste und unter der stillschweigenden Duldung des Bürgermeisters von Philadelphia die Pennsylvania Hall niederbrannte, ruhig die Stirn.«[95]

Motts Engagement für den Abolitionismus war auch noch in anderer Weise gefährlich. Ihre Wohnung in Philadelphia war eine gut besuchte Station der ›Underground Railroad‹ und wurde von so namhaften Flüchtlingen wie Henry ›Box‹ Brown auf dem Weg nach Norden benutzt. Einmal half Lucretia Mott persönlich einer Versklavten, in einer bewaffneten Kutsche zu entfliehen.[96]

Es gab viele Frauen, die sich wie Lucretia Mott ohne vorherige politische Erfahrung der Bewegung zur Abschaffung der Sklaverei anschlossen und buchstäblich die Feuertaufe erhielten. In eine Versammlung unter dem Vorsitz von Maria Chapman Weston brach eine Horde von Befürwortern der Sklaverei ein und schleifte den Sprecher der Versammlung, William Lloyd Garrison, durch die Straßen von Boston. Als Vorsitzende der *Boston Female Anti-Slavery Society* erkannte Weston, dass der *weiße* Mob versuchen würde, die Schwarzen Frauen aus der Zuhörerschaft herauszugreifen und an Leib

94 Flexner, a.a.O., S. 95. Siehe den Satzungstext der Philadelphia Fernale Anti-Slavery Society in Judith Papachristou (Hg.), Women Together: A History in Documents of the Women's Movement in the United States, New York 1976, S. 4–5.

95 Sillen, a.a.O., S. 20.

96 Ebd. S. 21–22.

und Leben zu bedrohen, sie bestand deshalb darauf, dass jede *weiße* Frau mit einer Schwarzen an ihrer Seite das Gebäude verlassen sollte.[97] Die *Boston Female Anti-Slavery Society* war eine der vielen Frauengruppen, die in New England aus dem Boden schossen, nachdem Lucretia Mott die Vereinigung in Philadelphia gegründet hatte. Könnten die Fälle, in denen Frauen von rassistischen Mobs angegriffen wurden oder sonst wie ihr Leben riskierten, tatsächlich ermittelt werden, so käme sicherlich eine ganz erstaunliche Anzahl zusammen.

Durch ihre Arbeit in der abolitionistischen Bewegung lernten die *weißen* Frauen eine Menge über die Natur der Unterdrückung von Menschen. In diesem Lernprozess lernten sie dann auch ihre eigene Unterjochung erkennen. Indem sie sich das Recht nahmen, die Sklaverei zu bekämpfen, protestierten sie gleichzeitig – sei es nun offen oder nur indirekt – gegen ihren eigenen Ausschluss aus dem politischen Leben. Wenn sie auch bis dahin noch nicht wussten, wie sie ihre eigenen Beschwerden gemeinsam vorbringen sollten, so konnten sie doch immerhin die Sache einer Bevölkerungsgruppe vertreten, die ebenfalls unterdrückt wurde.

Die Bewegung gegen die Sklaverei bot den Frauen aus der Mittelschicht die Möglichkeit, ihren Wert an Maßstäben zu messen, die nicht an ihre Rolle als Ehefrau und Mutter gebunden waren. In diesem Sinne bot ihnen die abolitionistische Bewegung eine Heimat, in der sie nach ihren konkreten Taten bewertet wurden. Ihr politisches Engagement für den Kampf gegen die Sklaverei mag schon deshalb so intensiv, so leidenschaftlich und so vollständig gewesen sein, weil sie hier eine erregende Alternative zu ihrem häuslichen Leben erfuhren. Sie leisteten Widerstand gegen eine Unterdrückung, die ihrer eigenen durchaus ähnlich war. Außerdem lernten sie innerhalb der Bewegung gegen die Sklaverei, der männlichen Vorherrschaft entgegenzutreten. Sie entdeckten, dass der Sexismus, den sie innerhalb ihrer Ehen für unveränderbar gehalten hatten, in der Arena des politischen Kampfes infrage gestellt und bekämpft werden konnte. Ja, man kann sagen, dass die *weißen* Frauen geradezu gezwungen waren, ihre Rechte als Frauen zu verteidigen, wenn sie für die Befreiung der Schwarzen kämpfen wollten.

Wie Eleanor Flexner in ihrer hervorragenden Studie zur Frauenbewegung aufzeigt, sammelten die Abolitionistinnen so einen Fundus an politischen Erfahrungen, ohne den sie mehr als zehn Jahre später die Kam-

97 Ebd. S. 25.

pagne für die Frauenrechte nicht wirksam hätten organisieren können.[98] Die Frauen entwickelten die Technik, Fonds zu gründen, sie lernten das Vertreiben von Informationsmaterial, das Einberufen von Versammlungen, und einige von ihnen wurden sogar überzeugende Rednerinnen. Aber am wichtigsten war, dass sie erfolgreich Petitionen einzusetzen lernten, die zum wichtigsten taktischen Instrument der Frauenrechtsbewegung werden sollten. Indem sie gegen die Sklaverei Petitionen einreichten, waren sie im gleichen Atemzug gezwungen, ihr eigenes Recht auf politisches Engagement zu behaupten. Wie sonst hätten sie die Regierung zwingen können, die Unterschriften von nicht stimmberechtigten Frauen anzunehmen, wenn nicht, indem sie ihre bisherige Ausgeschlossenheit aus dem politischen Leben offensiv zur Diskussion stellten? Flexner beharrt zu Recht darauf, dass es notwendig war

> »... für die gewöhnliche Hausfrau, Mutter oder Tochter, die Grenzen der Etikette zu übertreten, das Stirnrunzeln, den Spott oder den direkten Befehl ihrer Männer zu übergehen ..., um ihre erste Unterschriftenliste zu nehmen und eine fremde Straße hinunterzugehen, an den Türen zu klopfen und um Unterschriften für eine unpopuläre Sache zu bitten. Sie ging nicht nur ohne die Begleitung eines Ehemannes oder Bruders, sondern sie traf in der Regel auf Feindseligkeit, wenn nicht gar auf offene Beschimpfung wegen unweiblichen Betragens.«[99]

Von allen Vorkämpferinnen unter den Abolitionistinnen waren es die Schwestern Grimke aus South Carolina – Sarah und Angelina –, die am engsten die Frage der Sklaverei mit der Unterdrückung der Frau verbanden. Von Beginn ihrer stürmischen Karriere als Rednerinnen an waren sie gezwungen, als Frauen ihr Recht auf das öffentliche Eintreten für die Abschaffung der Sklaverei zu verteidigen – und somit das Recht aller Frauen, sich gegen die Sklaverei in öffentliche Listen einzutragen. Die Schwestern Grimke stammten selbst aus einer sklavenhaltenden Familie in South Carolina und hatten einen leidenschaftlichen Abscheu vor dieser »spezifischen Institution« entwickelt. Als Erwachsene hatten sie sich entschieden, in den Norden zu gehen. 1836 schlossen sie sich der abolitionistischen Bewegung an und begannen, in Neu-England Vorträge über ihr Leben und ihre tägliche Konfrontation mit den unsagbaren Gräueln der

98 Flexner, a.a.O., S. 101.
99 Ebd.

Sklaverei zu halten. Obwohl die Versammlungen von den Frauenvereinigungen organisiert waren, kamen zunehmend auch Männer. »Die Herren, die ihre Eloquenz und ihre Überzeugungskraft vernahmen, rutschten auf die hinteren Sitze.«[100] Diese Veranstaltungen waren beispiellos, denn noch nie hatte eine Frau ein gemischtes Publikum so regelmäßig angesprochen, ohne beleidigenden Zwischenrufen oder störendem Spott ausgesetzt zu sein, gegrölt von Männern, nach deren Meinung öffentliches Reden eine ausschließlich männliche Aktivität war.

Während einerseits Männer zu den Veranstaltungen der Grimkes gingen, um aus den Erfahrungen der Frauen zu lernen, gab es andererseits auch bitterböse männliche Attacken gegen sie. Die übelsten Angriffe kamen aus religiösen Kreisen. Am 28. Juli 1837 gab der Rat der kongregationalistischen Geistlichen von Massachusetts einen Hirtenbrief heraus, in dem sie wegen ihres Engagements, das die von Gott bestimmte Rolle der Frau unterhöhle, schwer getadelt wurden:

> »Die Stärke der Frau ist ihre Abhängigkeit, die aus dem Wissen um die Schwachheit entsteht, die ihr Gott zu ihrem Schutz gegeben hat ...«[101]

Den Geistlichen zufolge waren die Aktivitäten der Grimkes zu einem »Gefahrenherd geworden, der gegenwärtig dem weiblichen Charakter großen und dauernden Schaden zuzufügen droht«.[102] Und nicht nur das:

> »Wir begrüßen die stillen Gebete der Frau, um der Sache der Religion näher zu kommen ... Wenn sie sich aber anmaßt, wie ein Mann in der Öffentlichkeit für Reformen aufzutreten ... verwirkt sie die Kraft, die ihr Gott zu ihrem Schutz gegeben hat, und wird in ihrem Wesen unnatürlich. Wenn sich der Wein, dessen Stärke und Schönheit darin besteht, dass er sich am Spalier hochrankt und seinen Reben halben Schatten spendet, die Unabhängigkeit und die über alles Schatten spendende Natur der Ulme anmaßt, wird er nicht nur aufhören, Früchte zu tragen, sondern er wird in Schande in den Staub sinken.«[103]

100 Elizabeth Cady Stanton, Susan B. Anthony und Mathilda Joslyn Gage, History of Women Suffrage, Bd. 1 (1848–1861), New York 1881, S. 52.

101 Zitiert nach Papachristou, a.a.O., S. 12. Siehe Gerda Lerners Analyse des Hirtenbriefs in ihrer Arbeit The Grimke Sisters from South Carolina: Pioneers for Women's Rights and Abolition, New York 1971, S. 189.

102 Zitiert in Papachristou, a.a.O., S. 12.

103 Ebd.

Da dieser Hirtenbrief von der größten protestantischen Sekte in Massachusetts getragen wurde, hatte er einen immensen Widerhall. Nach Ansicht der Geistlichen begingen Sarah und Angelina Grimke die schlimmste aller möglichen Sünden: Sie forderten Gottes Willen heraus. Das Echo dieses Angriffs begann erst zu verstummen, als die Grimkes endgültig beschlossen, ihre Laufbahn als Rednerinnen aufzugeben.

Weder Sarah noch Angelina hatten ursprünglich, wenigstens nicht ausdrücklich, die soziale Ungleichheit der Frauen infrage gestellt. Ihr hauptsächliches Anliegen hatte darin bestanden, das inhumane und amoralische Wesen des Sklavensystems bloßzustellen sowie die spezifische Verantwortung, die Frauen bei seiner Verewigung trugen. Als aber die männlich-chauvinistischen Attacken gegen sie losgingen, erkannten sie, dass sie für immer aus der Kampagne zur Befreiung der Versklavten ausgeschlossen blieben, wenn sie sich nicht als Frau – und die Rechte der Frau überhaupt – verteidigten. Angelina Grimke, die redegewaltigere der beiden, beschwor die Frauen in ihren Vorlesungen, dieser Gefahr zu trotzen. Sarah, die eher der theoretische Kopf war, begann eine Reihe von Briefen über *Die Gleichheit der Geschlechter und die Lage der Frauen.*[104]

Sarah Grimkes ›Briefe über die Gleichheit der Geschlechter …‹, 1838 abgeschlossen, enthalten die ersten ausführlichen Analysen über die Stellung der Frau, die in den Vereinigten Staaten von einer Frau verfasst worden sind. Sechs Jahre vor der Veröffentlichung von Margaret Fullers bekannter Abhandlung über die Frauen schrieb Sarah ihre Gedanken nieder und untersuchte die Behauptung von der gottgewollten Ungleichheit der Geschlechter. »Männer und Frauen sind ebenbürtig geschaffen: beide sind moralische und verantwortliche menschliche Wesen.«[105] Dem Urteil der Geistlichen, es sei gegen die Natur, wenn Frauen in den sozialen Reformbewegungen die Führung übernähmen, widersprach sie direkt und bestand darauf, dass »was immer dem Manne recht, der Frau billig ist«.[106]

Viele Frauen, die in der Bewegung gegen die Sklaverei tätig waren, nahmen die Schriften und Reden dieser außergewöhnlichen Schwestern enthusiastisch auf. Aber einige der führenden Männer in der abolitionistischen

104 Sarah Grimke begann die Veröffentlichung ihrer Letters on the Equality of the Sexes im Juli 1837. Sie erschienen im New England Spectator und wurden wiederabgedruckt im Liberator. Siehe Lerner, a.a.O., S. 187.

105 Zitiert nach Alice Rossi (Hg.), The Feminist Papers, New York 1974, S. 308.

106 Ebd.

Bewegung vertraten die Ansicht, dass diejenigen, die einzig am Sieg über die Sklaverei interessiert waren, durch die Frage des Frauenrechts nur verwirrt und abgestoßen würden. Angelina gab darauf früh eine Antwort, indem sie Punkt für Punkt darlegte, wie sie (und ihre Schwester) die starken Bande zwischen den Rechten der Frau und dem Abolitionismus einschätzten:

> »Wir können die Abschaffung der Sklaverei nicht mit all unserer Macht vorantreiben, solange wir nicht für uns den Stein des Anstoßes aus dem Weg geräumt haben ... Wenn auch unsere Auseinandersetzung mit dieser Frage den Anschein erwecken mag, wir kämen vom Wege ab, es ist nicht so. Wir müssen sie aufgreifen und zwar jetzt ... Warum, meine lieben Brüder, könnt Ihr nicht den gründlich angelegten Plan des Klerus gegen unser öffentliches Auftreten erkennen? ... Wenn wir dieses Jahr auf das Recht verzichten, öffentlich zu sprechen, werden wir nächstes Jahr auf das Petitionsrecht verzichten müssen, im darauffolgenden Jahr auf das Recht zu schreiben und so weiter. Was kann dann eine Frau noch tun für einen Versklavten, wenn sie selber die Füße eines Mannes im Nacken hat und zum Schweigen verdammt ist?«[107]

Ein ganzes Jahrzehnt bevor der massenhafte Widerstand der *weißen* Frauen gegen die Ideologie der männlichen Vorherrschaft seinen organisierten Ausdruck fand, drängten die Schwestern Grimke die Frauen, sich dem von der Gesellschaft auferlegten Los der Passivität und der Abhängigkeit zu widersetzen, um den ihnen zustehenden Platz im Kampf um Gerechtigkeit und die Menschenrechte einzunehmen. In Angelinas Appell an die Frauen der sogenannten freien Staaten wird dies eindringlich erörtert:

> »Bonaparte soll einmal eine Dame zurechtgewiesen haben, weil sie sich mit Politik beschäftigte. ›Sire‹, hat sie geantwortet, ›in einem Land, wo Frauen hingerichtet werden, ist es nur natürlich, dass die Frauen wissen wollen, warum.‹ Und, liebe Schwestern, in einem Land, wo die Frauen erniedrigt und viehisch behandelt werden, wo ihre entblößten Körper unter der Peitsche bluten, wo sie in den Schlachthäusern der ›N*makler‹ verkauft, ihres hart erworbenen Lohns beraubt, von ihren Ehemännern weggerissen, gewaltsam geschändet und ihrer Sprösslinge beraubt werden: In einem solchen Land ist es sicher auch sehr natürlich, wenn die Frauen wissen wollen, ›warum das so ist‹, besonders auch, weil diese blutigen Gräueltaten und namenlosen Schrecken die Prinzipien unserer Verfassung verletzen. Wir können und

107 Zitiert in Flexner, a.a.O., S. 99. Ebenfalls bei Lerner, The Grimke Sisters, S. 201, zitiert und diskutiert.

wollen nicht hinnehmen, dass Frauen ihre Hände in Müßigkeit falten und Augen und Ohren vor diesen ›schrecklichen Dingen‹, die in unserem Land an der Tagesordnung sind, verschließen, bloß weil dies eine politische Sache ist. Die Verleugnung unserer Pflicht zu handeln ist die dreiste Verleugnung unseres Rechts zu handeln. Und wenn wir kein Recht zu handeln haben, dann darf man uns wohl zu Recht ›die weißen Versklavten des Nordens‹ nennen, denn wie unsere Brüder in Ketten sollen wir unsere Lippen schweigend und verzweifelt versiegeln.«[108]

Die obige Passage illustriert auch, wie sehr die Schwestern Grimke darauf bestanden, dass die *weißen* Frauen im Norden und im Süden erkannten, auf welche spezifische Weise sie mit den Schwarzen Frauen verbunden waren, die die Pein der Sklaverei erlitten. Und noch einmal:

»Sie sind unsere Landsleute. Sie sind unsere Schwestern. Und bei uns, bei uns Frauen, suchen sie mit Recht Mitgefühl für ihre Leiden sowie Taten und Gebete für ihre Rettung.«[109]

»Die Frage der Gleichberechtigung der Frauen« war für die Grimkes nach Eleanor Flexner keine »Frage abstrakter Gerechtigkeit …, sondern eine, die die Frauen in den Stand setzte, sich in einer brennenden Angelegenheit zusammenzutun«.[110] Da zu jener Zeit die Abschaffung der Sklaverei eine der dringendsten politischen Notwendigkeiten war, beschworen sie die Frauen, sich diesem Kampf in dem Wissen anzuschließen, dass ihre eigene Unterdrückung durch die andauernde Existenz des Sklavensystems genährt und verewigt wurde. Da die Schwestern Grimke ein solch tiefes Bewusstsein von der Untrennbarkeit des Kampfes für die Befreiung der Versklavten und des Kampfes für die Befreiung der Frauen hatten, verfingen sie sich niemals in der ideologischen Schlinge, dem einen der beiden Kämpfe absoluten Vorrang vor dem anderen zu geben. Sie erkannten den dialektischen Charakter der Beziehung beider Fragen zueinander.

Stärker als andere Frauen in der Kampagne gegen die Sklaverei drängten die Grimkes auf die ständige Einbeziehung der Frauenrechtsfrage. Gleichzeitig wiesen sie nach, dass Frauen niemals unabhängig von den Schwarzen

108 Angelina Grimke, Appeal to the Women of the Nominally Free States. Von einer Antisklaverei-Tagung herausgegeben und in der Tagungszeit vom 9. bis zum 12. Mai 1837 gehalten. New York 1838, S. 13–14.

109 Ebd. S. 21.

110 Flexner, a.a.O., S. 98–99.

ihre Freiheit erlangen könnten. »Ich will mit dem N* gleichgesetzt werden«, sagte Angelina 1863 auf der Versammlung der patriotischen Frauen, die den Bürgerkrieg unterstützten. »Solange er nicht sein Recht bekommt, werden wir nicht das unsrige haben.«[111] Prudence Crandall hatte unter Einsatz ihres Lebens das Recht Schwarzer Kinder auf Schulbildung verteidigt. Wie ihr Widerstand die Hoffnung auf ein fruchtbares und starkes Bündnis enthielt, das die Schwarzen und die Frauen zusammenführen sollte, damit sie ihren gemeinsamen Traum von der Befreiung verwirklichten, so war die Analyse von Sarah und Angelina Grimke der höchste und bewegendste theoretische Ausdruck der Hoffnung auf diese Einheit.

111 Lerner, The Grimke Sisters, S. 353.

DREI
Die Klassen- und ›Rassen‹frage in den frühen Frauenrechtskampagnen

> »Als Lucretia Mott und Elizabeth Cady Stanton in dieser Nacht Arm in Arm die großartige Queen Street entlangspazierten und die aufregenden Szenen des Tages überdachten, kamen sie überein, nach ihrer Rückkehr nach Amerika eine Frauenrechtskonferenz abzuhalten, denn es war offenkundig, dass die Männer, denen sie gerade zugehört hatten, in dieser Frage noch viel zu lernen hatten. So wurde in dieser Stunde und an diesem Ort der missionarische Dienst für die Emanzipation der Frauen im ›Land der Freien und der Heimat der Tapferen‹ aufgenommen.«[112]

Von diesem Gespräch, das am Tag der Eröffnung der *World Anti-Slavery Convention* 1840 in London stattfand, wird häufig angenommen, dass es den realen geschichtlichen Hintergrund der Geburt der organisierten Frauenbewegung in den Vereinigten Staaten skizziert. Daher kommt seine geradezu legendäre Bedeutung. Wie bei den meisten Legenden ist jedoch die Wahrheit, die sie angeblich enthält, keineswegs so eindeutig, wie man meint. Auf dieser Anekdote und den sie umgebenden Umständen fußt die weit verbreitete Annahme, die Frauenrechtsbewegung sei in erster Linie durch die unerträgliche männliche Vormachtstellung innerhalb der Antisklavereikampagne beflügelt oder gar hervorgerufen worden.

Zweifellos waren die US-Frauen, die an der Londoner Konferenz teilnehmen wollten, sehr aufgebracht, dass man sie durch ein Mehrheitsvotum ausgeschlossen hatte – »hinter eine Schranke und einen Vorhang gesperrt, ähnlich solchen, wie sie in den Kirchen den Chor vor den Blicken der Gemeinde abschirmen«.[113] Lucretia Mott, wie die anderen Frauen offizielle Vertreterin der *American Anti-Slavery Society*, hatte besonderen Grund zu Ärger und Entrüstung, denn sie hatte gerade einen stürmischen Kampf hin-

112 Stanton u. a., History of Women Suffrage, Bd. 1, S. 62.
113 Ebd. S. 60 (Anm.).

ter sich gebracht, in dem es um das Recht der weiblichen Abolitionist*innen ging, sich völlig gleichberechtigt an der Arbeit der *American Anti-Slavery Society* zu beteiligen.

Dies war also keine neue Erfahrung für eine Frau, die ungefähr sieben Jahre lang aus der Gesellschaft ausgeschlossen gewesen war. Wenn sie tatsächlich durch die Londoner Vorkommnisse angeregt wurde, für die Rechte der Frauen zu kämpfen – angeblich durch die Tatsache beflügelt, dass, wie es zwei heutige feministische Autorinnen sehen, »die führenden männlichen Radikalen, die sich am intensivsten mit der sozialen Ungleichheit befassten ... selbst die Frauen diskriminierten«[114] –, dann aufgrund einer Erkenntnis, die sie lange vor 1840 gewonnen hatte.

Zum Zeitpunkt der Londoner Konferenz hatte Elizabeth Cady Stanton im Gegensatz zu Lucretia Mott noch keine Erfahrung als politische Aktivistin. Sie begleitete ihren frisch vermählten Mann auf der von ihr so genannten »Hochzeitsreise«[115] und nahm an ihrer ersten Antisklavereiversammlung nicht als Delegierte, sondern vielmehr als Frau eines führenden Abolitionisten teil. Entsprechend war Mrs. Stanton ziemlich gehandicapt, da ihr die Perspektive fehlte, die aus Jahren des Kampfes für das Recht der Frau, sich gegen die Sklaverei einzusetzen, hervorgegangen war. Wenn sie also später schrieb (zusammen mit Susan B. Anthony in ihrer *History of Women Suffrage*), dass während ihres Gespräches mit Lucretia Mott 1840 »der missionarische Dienst für die Emanzipation der Frauen ... in dieser Stunde und an diesem Ort aufgenommen wurde,[116] lassen ihre Bemerkungen die reichen Erfahrungen fast eines ganzen Jahrzehnts unberücksichtigt, in dem die Abolitionistinnen für ihre politische Emanzipation als Frauen gekämpft hatten.

Obgleich sie auf der Londoner Konvention eine Niederlage erlitten, so entdeckten die Abolitionistinnen doch Zeichen dafür, dass sie in ihren vergangenen Kämpfen auch einige positive Ergebnisse erzielt hatten. Denn sie wurden von einigen männlichen Führern der Antisklavereibewegung unterstützt, die sich der Maßnahme des Ausschlusses entgegenstellten. William Lloyd Garrison – »der tapfere edle Garrison«[117] –, der zu spät

114 Judith Hole und Ellen Levine, »The First Feminists«, in: Anne Koedt, Ellen Levine und Anita Rapone (Hg.), Radical Feminism, New York 1973, S. 6.

115 Elizabeth Stanton, Eighty Years and More: Reminiscences 1815–1897, New York 1917, siehe Kapitel V.

116 Stanton u. a., Bd. 1, S. 62.

117 Ebd. S. 61.

gekommen war, um an der Debatte teilzunehmen, weigerte sich, seinen Sitz einzunehmen, und blieb während der ganzen zehntägigen Tagung »ein stiller Beobachter auf der Galerie«.[118] Nach Elizabeth Cady Stantons Bericht war Nathaniel P. Rogers aus Concord in New Hampshire der einzige andere männliche Abolitionist, der sich den Frauen auf der Galerie zugesellte. Warum der Schwarze Abolitionist Charles Remond in Stantons Beschreibung der Ereignisse nicht erwähnt wird, ist recht rätselhaft. Wie er selbst in einem Artikel im *Liberator* schrieb, war auch er »ein stiller Zuhörer«.[119]

Charles Remond berichtet, dass es eine der wenigen schweren Enttäuschungen seines Lebens war, als er bei seiner Ankunft entdecken musste, dass die Frauen aus dem Versammlungsraum ausgeschlossen worden waren.[120] Er hatte guten Grund für seinen Kummer, denn die Kosten seiner Reise waren von verschiedenen Frauengruppen bezahlt worden.

> »Ohne ihre Hilfe hätte ich dieses Land nicht besuchen können, daher stand ich fast gänzlich in der Schuld der freundlichen und großzügigen Mitglieder der Bangor Female Anti-Slavery Society, des Portland Sewing Circle und der Newport Young Ladie's Juvenile Anti-Slavery Society.«[121]

Weil Remond auf keine andere Art und Weise der »ehrenwerte Repräsentant von drei Frauenvereinigungen, die sowohl höchst lobenswert in ihrer Zielsetzung als auch stark in ihrer Zusammenarbeit waren«,[122] hätte sein können, sah er sich genötigt, den Sitz in der Konferenz zurückzuweisen. Nicht alle diese Männer waren also die »bigotten Abolitionisten«[123], auf die sich Stanton in ihrem historischen Rückblick bezieht. Wenigstens einige von ihnen hatten gelernt, das Unrecht männlicher Vorherrschaft festzustellen und abzulehnen.

War auch Elizabeth Cady Stantons Interesse am Abolitionismus recht neu, so hatte sie doch ihre ganze Jugend hindurch bereits ihren persönlichen Kampf gegen den Sexismus geführt. Ermuntert durch ihren Vater – einen wohlhabenden und unerschrockenen konservativen Richter – hatte sie der Konvention sowohl in ihren Studien als auch in ihrer Freizeitgestaltung

118 Ebd.
119 Ebd.
120 Charles Remond, »The World Anti-Slavery Conference, 1840«, Liberator, 16. Oktober 1840. Wiederabdruck in Aptheker, A Documentary History, Bd. 1, S. 196.
121 Ebd.
122 Ebd.
123 Stanton u. a., History of Women Suffrage, Bd. 1, S. 53.

getrotzt. Sie studierte Griechisch und Mathematik und lernte reiten, alles Dinge, die im Allgemeinen Mädchen versperrt waren. Mit sechzehn war Elizabeth das einzige Mädchen in der Abschlussklasse ihrer Oberschule.[124] Vor ihrer Heirat war die junge Stanton viel mit ihrem Vater zusammen und hatte sogar angefangen, unter seiner Anleitung ernsthaft Jura zu studieren.

1848 war Stanton eine Vollzeit-Hausfrau und Mutter. Sie lebte mit ihrem Mann in Seneca Falls, New York, und war oft ohne Dienstpersonal, das in dieser Gegend knapp war. Ihr niederdrückendes und frustrierendes Leben machte sie besonders empfindlich gegenüber der Lage der *weißen* Mittelstandsfrauen. In der Begründung ihres Entschlusses, Kontakt mit Lucretia Mott aufzunehmen, die sie seit acht Jahren nicht mehr gesehen hatte, erwähnt sie unter verschiedenen anderen Motiven, einen Aufruf zu einem Frauenkongress herauszugeben, als erstes ihre häusliche Situation.

> »Die allgemeine Unzufriedenheit, die ich über das Los der Frauen als Ehefrau, Mutter, Haushälterin, Arzt und geistvolle Ratgeberin empfand … und der müde, ängstliche Blick der Mehrheit der Frauen, bestärkte mich in dem Gefühl, dass wirksame Maßnahmen gegen das Unrecht in der Gesellschaft im Allgemeinen und im Besonderen gegen Frauen ergriffen werden müssten. Meine Erfahrungen auf der World Anti-Slavery Convention, alles, was ich über die rechtliche Stellung der Frau gelesen hatte, die Unterdrückung, die ich überall sah, das alles überschwemmte, noch verstärkt durch meine persönlichen Erfahrungen, meine Seele. Es schien, als hätten sich all diese Elemente verschworen, mich zu einem entscheidenden Schritt zu zwingen. Ich wusste nicht, was zu tun oder wo zu beginnen war – mein einziger Gedanke galt einem öffentlichen Treffen des Protests und der Diskussion.«[125]

Das Leben von Elizabeth Cady Stanton enthält alle grundlegenden Elemente des Dilemmas der Mittelstandsfrau in ihrer höchsten Widersprüchlichkeit. Ihre emsigen Bemühungen, Vortreffliches in ihren Studien zu erreichen, das Wissen, das sie sich als Jurastudentin angeeignet hatte, und alle anderen Formen, in denen sie ihre intellektuellen Fähigkeiten ausgebildet hatte – all das zerrann zu nichts. Heirat und Mutterschaft verhinderten, dass sie die Ziele, die sie sich als alleinstehende Frau gesetzt hatte, erreichte. Hinzu kam, dass sie durch ihr Engagement in der abolitionistischen Bewegung in den zehn Jahren, die auf die Londoner Konferenz

124 Stanton, Eighty Years and More, S. 53.
125 Ebd. S. 147–148.

folgten, gelernt hatte, dass es möglich war, gegen die Unterdrückung einen politischen Kampf zu organisieren. Viele der Frauen, die dem Aufruf zu der Frauenrechtskonferenz in Seneca Falls folgten, waren sich ähnlicher Widersprüche in ihrem Leben bewusst geworden und hatten ebenfalls am Beispiel des Kampfes gegen die Sklaverei erkannt, dass es möglich war, für die Gleichberechtigung zu kämpfen.

Während der Planung der Konferenz von Seneca Falls schlug Elizabeth Cady Stanton eine Resolution vor, die sogar ihrer Mitveranstalterin Lucretia Mott zu radikal erschien. Obwohl ihre Erfahrungen in der Antisklavereibewegung Lucretia Mott mit Sicherheit davon überzeugt hatten, dass Frauen unbedingt politische Macht ausüben mussten, sprach sie gegen die Vorlage einer Resolution zum Frauenwahlrecht. Sie fürchtete, dass ein solcher Antrag als absurd und verrückt eingeschätzt würde und letzten Endes die Bedeutung dieses Treffens unterminieren könnte. Stantons Ehemann war ebenfalls dagegen, dass die Frage des Frauenwahlrechts aufgeworfen wurde – und er hielt sein Versprechen, er würde die Stadt verlassen, falls sie auf der Vorlage ihrer Resolution bestünde. Die einzige prominente Persönlichkeit, die dafür war, dass die Versammlung das Frauenwahlrecht verlangen sollte, war Frederick Douglass.

Schon einige Jahre vor dem Treffen in Seneca Falls hatte Elizabeth Cady Stanton Frederick Douglass vollkommen davon überzeugt, dass das Wahlrecht auch auf die Frauen ausgedehnt werden musste.

> »Ich konnte ihren Argumenten nichts anderes entgegenhalten als hohle Phrasen wie ›Sitte‹, ›natürliche Teilung der Pflichten‹, ›Unanständigkeit der am politischen Leben teilnehmenden Frauen‹, das übliche Geschwätz von der ›Sphäre der Frau‹ und dergleichen. Alles das hat diese fähige Frau, die damals nicht weniger logisch dachte als jetzt, mit denselben Argumenten weggefegt, die sie seither oft und wirksam gebraucht hat, und die noch kein Mann hat erfolgreich widerlegen können. Wenn der Verstand die einzig wahre und vernünftige Basis der Regierung ist, dann folgt daraus, dass die beste Regierung diejenige ist, die ihr Leben und ihre Macht aus allen Quellen der Weisheit, der Kraft und der Güte schöpft, die ihr irgend zur Verfügung stehen.«[126]

Für die annähernd dreihundert Frauen und Männer, die der Konferenz von Seneca Falls beiwohnten, war die Frage des Frauenwahlrechts der einzige größere Streitpunkt: Allein die Frauenwahlrechtsresolution wurde nicht

126 Douglass, a.a.O., S. 473.

einhellig verabschiedet. Dass der umstrittene Antrag überhaupt vorgelegt worden war, war Frederick Douglass' Bereitschaft zu verdanken, Stantons Schritt zu unterstützen und seine rhetorischen Fähigkeiten für den Kampf um das Frauenwahlrecht einzusetzen.[127]

In dieser frühen Zeit, als das Frauenrecht noch nicht als eine legitime Frage angesehen wurde, als das Frauenwahlrecht als eine ungewohnte und unpopuläre Forderung galt, agitierte Frederick Douglass bereits öffentlich für die politische Gleichberechtigung der Frauen. Unmittelbar nach der Konferenz von Seneca Falls veröffentlichte er in seiner Zeitung *North Star* einen Leitartikel mit dem Titel »Die Rechte der Frau«, der für seine Zeit recht radikal war.

> »Was die politischen Rechte betrifft, so hat in unseren Augen die Frau auf all das einen rechtmäßigen Anspruch, was wir für den Mann fordern. Wir gehen weiter und geben unserer Überzeugung Ausdruck, dass, wenn es für den Mann nützlich ist, all jene politischen Rechte auszuüben, dies in gleicher Weise auch für die Frau gilt. Alles, was den Mann zu einem intelligenten und verantwortlichen Wesen macht, das gilt gleichermaßen auch für die Frau. Und wenn nur die Regierung eine gerechte ist, die bei freier Zustimmung der Regierten regiert, dann gibt es keinen Grund in der Welt, den Frauen das Bürgerrecht der Wahl oder die Beteiligung an der Gesetzgebung und der Rechtsprechung des Landes zu verweigern.«[128]

Frederick Douglass war es auch, der die Frauenrechtsfrage in die Schwarze Befreiungsbewegung einbrachte, was dort enthusiastisch aufgenommen wurde. Wie S. Jay Walker berichtet, sprach Douglass vor der *National Convention of Colored Freedmen* (Nationale Konferenz der Freigelassenen), die in Cleveland, Ohio, ungefähr zur selben Zeit wie das Treffen von Seneca Falls stattfand.

> »Es gelang ihm, in einer Resolution die Definition der Delegierten zu verbessern, so dass ›es heißen musste, Frauen sind einzubeziehen‹. Dieser Änderungsantrag wurde mit ›einem dreifachen Hoch auf das Frauenrecht!‹ angenommen.«[129]

---

127 Flexner, a.a.O., S. 126. Siehe auch Allen, a.a.O., S. 133.

128 North Star, 18. Juli 1848. Wiederabdruck in Philip Foner (Hg.), The Life and Writings of Frederick Douglass, New York 1950, Bd. 1, S. 321.

129 S. Jay Walker, »Frederick Douglass and Women Suffrage«, Black Scholar Bd. IV, Nr. 6–7 (März–April 1973), S. 26.

Elizabeth Cady Stanton war des Lobes voll über Douglass und seine unerschütterliche Haltung auf der Konferenz von Seneca Falls angesichts des weitverbreiteten Spottes, der in der Presse verbreitet wurde.

> »Die öffentliche Meinung war so entschieden gegen uns, im Salon, in der Presse und von der Kanzel herab, dass die meisten der Damen, die an der Versammlung teilgenommen und ihre Unterschrift unter die Deklaration gesetzt hatten, eine nach der anderen ihren Namen und ihren Einfluss zurückzogen und sich zu unseren Verfolgern gesellten. Unsere Freunde zeigten uns die kalte Schulter und fühlten sich durch das ganze Verfahren entehrt.«[130]

Der Aufruhr konnte weder Douglass zurückhalten, noch erreichte er sein Ziel, den Kampf für das Frauenrecht im frühesten Stadium abzuwürgen. Salon, Presse und Kanzel mochten sich anstrengen, wie sie wollten, diese Entwicklung war nicht mehr umkehrbar. Nur ein Monat verging bis zur nächsten Versammlung in Rochester, New York, bei der als mutige Neuerung und Präzedenzfall für künftige Versammlungen eine Frau das Präsidium leitete.[131] Wiederum war es Frederick Douglass, der seine Loyalität gegenüber seinen Schwestern bekundete, indem er noch einmal die Frauenwahlrechtsresolution verteidigte, die in Rochester eine weit größere Mehrheit fand als in Seneca Falls.[132]

Das Eintreten für das Frauenrecht konnte nicht verboten werden. Für die Macher der öffentlichen Meinung noch unakzeptabel, war die Frage der Gleichberechtigung der Frauen – inzwischen eingebettet in eine noch embryonale Bewegung und von den Schwarzen, die selbst um ihre Freiheit kämpften, unterstützt – zu einem untilgbaren Element im öffentlichen Leben der Vereinigten Staaten geworden. Um was ging es aber eigentlich? Wodurch war die Frage der Gleichberechtigung der Frauen noch bestimmt, außer durch das Stimmrecht, das der Grund für die abstoßende Publizität der Konferenz von Seneca Falls gewesen war? Waren die Missstände, die in der ›Deklaration der Empfindungen‹ umrissen wurden, real und formulierten die Forderungen, die in den Resolutionen aufgestellt wurden, ein wirklichkeitsnahes Bild der Probleme und Nöte der Frauen in den Vereinigten Staaten?

---

130 Stanton, Eighty Years and More, S. 149.

131 Ebd.

132 Miriam Gurko, The Ladies of Seneca Falls: The Birth of the Women Rights Movement, New York 1976, S. 105.

Besondere Aufmerksamkeit widmete die Deklaration von Seneca Falls der Institution der Ehe und ihren vielen schädlichen Auswirkungen auf die Frau: Die Heirat beraubte die Frau ihrer Eigentumsrechte, machte sie sowohl ökonomisch als auch moralisch abhängig von ihrem Ehemann. Indem sie den absoluten Gehorsam der Ehefrau forderte, gab die Institution der Ehe dem Ehemann das Recht, seine Frau zu züchtigen, und, noch schlimmer, das Trennungs- und Scheidungsrecht war fast ganz auf der männlichen Vorherrschaft begründet.[133] Ein Ergebnis des niederen Status der Frau in der Ehe, so folgerte die Deklaration von Seneca Falls, sei die Ungleichheit sowohl in der Ausbildung als auch im Berufsleben; »gewinnbringende Beschäftigungen« und »jeder Zugang zu Wohlstand, zu Rang und Würde« (wie Medizin, Jura und die Theologie) sei Frauen völlig verwehrt.[134] Die in der Deklaration aufgeführte Liste von Beschwerden endet mit der Hervorhebung der geistigen und psychologischen Abhängigkeit der Frau, welche sie in einem Zustand »geringen Vertrauens und geringer Selbstachtung« belasse.[135]

Die unschätzbare Bedeutung der Deklaration von Seneca Falls liegt darin, dass sie in der Mitte des Jahrhunderts das Bewusstsein von den Rechten der Frau artikulierte. Sie war der theoretische Höhepunkt in Jahren der unsicheren, oft stillen Kämpfe gegen die politischen, sozialen, häuslichen und religiösen Verhältnisse, die widersprüchlich, frustrierend und geradezu gewaltsam für die Frauen der Bourgeoisie und des aufstrebenden Mittelstands waren. Da jedoch die Deklaration das rigorose Ergebnis des Bewusstseins über das Dilemma der *weißen* Mittelstandsfrau war, hatte sie die missliche Lage der *weißen* Frau aus der Arbeiterklasse nahezu völlig übersehen, wie sie auch die Lebensbedingungen der Schwarzen Frau im Süden wie im Norden ignorierte. Mit anderen Worten, die Deklaration von Seneca Falls war eine Analyse der weiblichen Lebensbedingungen, die die Verhältnisse jener Frauen nicht beachtete, die nicht der gesellschaftlichen Klasse der Verfasser*innen des Dokuments angehörten. Was war mit den Frauen, die für ihren Lebensunterhalt arbeiteten – den *weißen* Frauen z.B., die in den Textilfabriken im Nordosten beschäftigt waren? 1831, als die Textilindustrie noch der Mittelpunkt der industriellen Revolution war, stellten die Frauen die unbestrittene Mehrheit der industriellen Arbeiter*innen. In den

133 Siehe »Declarations of Sentiments« in: Papachristou, a.a.O., S. 24–25.
134 Ebd. S. 25.
135 Ebd.

über ganz Neu-England verstreuten Textilfabriken gab es 38.927 Arbeiterinnen gegenüber 18.539 Männern.[136] Die ersten ›Fabrikmädchen‹ kamen aus den örtlichen Bauernfamilien. Die profitgierigen Fabrikbesitzer stellten das Leben in der Fabrik als ein attraktives und lehrreiches Vorspiel des Ehelebens dar. Sowohl Waltham als auch Lowell stellten sich als ›Ersatzfamilie‹ dar, in der die junge Bauerntochter unter der strengen Aufsicht einer Hausmutter in einer Atmosphäre ähnlich der einer weiterführenden Schule aufwuchs. Aber wie sah in Wirklichkeit das Fabrikleben aus? Unglaublich lange Arbeitstage – zwölf, vierzehn und sogar sechzehn Stunden täglich –, grässliche Arbeitsbedingungen, unmenschlich überbelegte Wohnquartiere.

> »Die Essenszeiten waren so knapp bemessen – mittags eine halbe Stunde für das Mittagessen –, dass die Frauen aus der heißen, feuchten Weberei einige Blöcke weiter zu ihren Unterkünften rasten, ihre Hauptmahlzeit für diesen Tag herunterschlangen und zurück in die Fabrik rannten, in ständiger Angst, beim Zuspätkommen bestraft zu werden. Im Winter trauten sie sich nicht, die Knöpfe ihres Mantels aufzuknöpfen, und aßen, ohne diesen abzulegen. Das war die Zeit der Lungenentzündung. Im Sommer führten verdorbenes Essen und miserable sanitäre Anlagen zur Ruhr. Tuberkulose hatten sie zu jeder Jahreszeit.«[137]

Die Fabrikfrauen schlugen zurück. Bereits Ende der Zwanzigerjahre – lange vor der Konferenz von Seneca Falls von 1848 – begannen die Arbeiterinnen Arbeitsniederlegungen (die ›turn-outs‹) und Streiks zu organisieren, protestierten sie kampfentschlossen gegen die doppelte Unterdrückung, der sie als Frau und als Industriearbeiterin ausgesetzt waren. In Dover, New Hampshire, z.B. verließen 1828 die Fabrikfrauen ihre Arbeitsplätze, um ihren Widerstand gegen neu eingeführte Beschränkungen zu demonstrieren. Sie »schockierten die Gemeinde, als sie mit Bannern und Fahnen umhermarschierten und Gewehrsalven in die Luft feuerten«.[138]

Bis zum Sommer 1848, in dem die Konferenz von Seneca Falls stattfand, hatten sich die Bedingungen in den Fabriken – die schon anfangs kaum ideal zu nennen waren – in solch einem Ausmaß verschlechtert, dass die Bauerntöchter von New England schnell zu einer Minderheit in den

136 Rosalyn Baxandall, Linda Gordon, Susan Reverby (Hg.), America's Working Women: A Documentary History – 1600 to the Present, New York 1976, S. 46.
137 Wertheimer, a.a.O., S. 66.
138 Ebd. S. 67.

Belegschaften der textilverarbeitenden Industrie wurden. Die Frauen von ›guter Herkunft‹ oder mit ›Yankee-Hintergrund‹ wurden ersetzt durch die Einwanderinnen, die wie ihre Väter, Brüder und Ehemänner zum industriellen Proletariat der Nation wurden. Diese Frauen konnten sich – anders als ihre Vorgängerinnen, deren Familien Land besaßen – auf nichts als ihre Arbeitskraft verlassen. Wenn sie Widerstand leisteten, so kämpften sie um ihr Recht zu überleben. Sie kämpften mit einer solchen Leidenschaft, dass »in den Vierzigerjahren die Arbeiterinnen bei den Arbeitskämpfen in den Vereinigten Staaten führend waren«[139].

In der Kampagne für den Zehnstundentag richtete die *Lowell Female Labor Reform Association* 1843 und 1844 Petitionen an das Parlament des Staates Massachusetts. Das Parlament beschloss, öffentliche Anhörungen durchzuführen – und die Frauen von Lowell konnten sich rühmen, die erste Untersuchung der Arbeitsbedingungen durch eine staatliche Behörde in der Geschichte der Vereinigten Staaten durchgesetzt zu haben.[140] Dies gab dem Kampf um das Frauenrecht natürlich Aufwind – und nahm um ungefähr vier Jahre die offizielle Geburtsstunde der Frauenbewegung vorweg.

Urteilt man nach den von den *weißen* Arbeiterinnen geführten Kämpfen – der kompromisslosen Verteidigung ihrer Würde als Arbeiterin und Frau, ihren bewussten wie auch indirekten Angriffen gegen die sexistische Weiblichkeitsideologie –, so hätte ihnen vor allen anderen das Lob gebührt, Pionierinnen der Frauenbewegung genannt zu werden. Und doch wurde ihre bahnbrechende Rolle von den Initiatorinnen der neuen Bewegung nahezu gänzlich übersehen. Sie begriffen nicht, dass die Arbeiterin auf ihre spezifische Art und Weise die männliche Vorherrschaft erfuhr und bekämpfte. Als ob sie diesen Punkt zurechtrücken wollte, hielt die Geschichte den Gipfel der Ironie für die 1848 gegründete Bewegung bereit: Die einzige der Frauen, die an der Konferenz von Seneca Falls teilgenommen hatte und lang genug lebte, um erst mehr als siebzig Jahre später ihr Wahlrecht ausüben zu können, war eine Arbeiterin namens Charlotte Woodward.[141]

Charlotte Woodwards Gründe, die Deklaration von Seneca Falls zu unterzeichnen, werden kaum identisch mit denen der meist wohlhabenderen Frauen gewesen sein. Sie hatte in der Hoffnung, Rat für die Verbesserung ihrer Lage als Arbeiterin zu finden, an der Versammlung teilgenommen.

139 Baxandall u.a., a.a.O., S. 66.
140 Wertheimer, a.a.O., S. 74.
141 Ebd. S. 103.

Ihr Beruf der Handschuhmacherin war noch nicht industrialisiert: Sie arbeitete zu Hause, und ihr Verdienst wurde nach dem geltenden Recht von den Männern ihrer Familie kontrolliert. In der Beschreibung ihrer Arbeitsbedingungen gibt sie dem Geist der Rebellion Ausdruck, der sie nach Seneca Falls geführt hatte:

> »Wir Frauen arbeiten versteckt in der Abgeschiedenheit unserer Schlafkammern, weil sich die ganze Gesellschaft auf die Theorie stützt, dass nur die Männer und nicht die Frauen Geld verdienen und dass allein die Männer für die Familie aufkommen … Ich glaube nicht, dass es irgendein Gemeinwesen gibt, wo nicht das Herz der einen oder anderen Frau im Takt der Rebellion schlägt. Für mein eigenes dunkles Ich kann ich sagen, dass jede Faser meines Seins rebellierte, wenn auch in aller Stille, in all den Stunden, als ich dasaß und Handschuhe nähte für einen miserablen Hungerlohn, der, kaum eingenommen, mir schon nicht mehr gehören sollte. Ich wollte arbeiten, aber auch meine Arbeit selbst auswählen und meinen Lohn selbst entgegennehmen. Das ist der Grund meiner Rebellion gegen das Leben, in das ich hineingeboren wurde.«[142]

Charlotte Woodward und den wenigen anderen Arbeiterinnen, die an der Konferenz teilnahmen, war es ernst – um nichts war es ihnen in ihrem Leben mehr ernst als um die Rechte der Frauen.

Auf der letzten Sitzung der Konferenz legte Lucretia Mott eine letzte Resolution vor, die dazu aufrief, die Kanzel zu stürzen und »sicherzustellen, dass die Frau am Handwerk, am Beruf und am Handel auf *dieselbe Weise teilhaben kann wie der Mann*« (Hervorhebung A.D.).[143] War dies nur ein nachträglicher Einfall? Eine wohltätige Geste in Richtung auf Charlotte Woodward und ihre Schwestern aus der Arbeiterklasse? Oder hatte die kleine Gruppe von Frauen aus der Arbeiterklasse gegen den Ausschluss ihrer Interessen in den ursprünglichen Resolutionen protestiert und Lucretia Mott, die langjährige Aktivistin gegen die Sklaverei, auf diese Art veranlasst, ihre Interessen zu vertreten? Wäre Sarah Grimke damals anwesend gewesen, so hätte sie möglicherweise wiederholt, was sie bei einer anderen Gelegenheit gesagt hatte:

142 Ebd. S. 104.
143 Papachristou, a.a.O., S. 26.

»In den ärmeren Klassen gibt es viele starke und ernste Seelen, die ihr Dasein als Versklavte und Werkzeuge satthaben, die der Freiheit würdig sind und sie würdevoll benutzen werden.«[144]

War schon die auf dem Treffen in Seneca Falls den Arbeiterinnen gezollte Anerkennung geringfügig, so wurden die Rechte einer anderen Gruppe von Frauen, die ebenfalls »gegen dieses Leben, in das sie hineingeboren worden waren«,[145] rebellierten, noch nicht einmal nebenbei erwähnt. Im Süden kämpften sie gegen die Sklaverei und im Norden gegen eine zweifelhafte Freiheit, genannt Rassismus. Zwar befand sich unter den Konferenzteilnehmer*innen mindestens ein Schwarzer Mann, jedoch keine einzige Schwarze Frau. Auch ist in den Dokumenten der Konferenz kein einziger die Schwarze Frau betreffender Hinweis zu finden. Bedenkt man, wie sehr die Organisator*innen mit den Abolitionist*innen verbunden waren, so erscheint es befremdlich, dass die versklavten Frauen gänzlich unberücksichtigt blieben.

Aber dieses Problem war keineswegs neu. Die Schwestern Grimke hatten schon früher eine Reihe von Frauenvereinigungen gegen die Sklaverei kritisiert, weil sie über die Lage der Schwarzen Frauen hinwegsahen und manchmal offen rassistische Vorurteile von sich gaben. Während der Vorbereitungen zur Gründungsversammlung der *National Female Anti-Slavery Society* ergriff Angelina Grimke die Initiative, um sicherzustellen, dass es nicht nur zu einer Scheinanwesenheit der Schwarzen Frau kam. Weiterhin regte sie an, dass eine an die Freien Schwarzen im Norden gerichtete Grußadresse auf der Versammlung verabschiedet werden sollte. Weil niemand – auch nicht Lucretia Mott – diese Grußadresse vorbereiten wollte, musste Angelinas Schwester Sarah die Rede halten.[146] Schon 1837 gingen die Schwestern Grimke mit der *New York Female Anti-Slavery Society* hart ins Gericht, weil diese es versäumt hatte, die Schwarzen Frauen in ihre Arbeit einzubeziehen. »Wegen ihrer entschieden aristokratischen Ansichten«, bedauerte Angelina,

»... waren sie außerordentlich unwirksam ... Wir haben ernsthaft daran gedacht, eine Antisklaverei-Vereinigung unter den Schwarzen Schwestern zu gründen und diese zu veranlassen, ihre *weißen* Freundinnen zur Mitarbeit

144 Lerner, The Grimke Sisters, S. 335.
145 Wertheimer, a.a.O., S. 104.
146 Lerner, The Grimke Sisters, S. 159.

> einzuladen, denn nach unserer Meinung hätten so die konsequentesten *weißen* Frauen für ihre Sache gewonnen werden können.«[147]

Die Abwesenheit der Schwarzen Frau auf der Konferenz von Seneca Falls stimmt angesichts ihres bereits geleisteten Beitrags im Kampf um das Frauenrecht umso misstrauischer. Über ein Jahrzehnt vor diesem Treffen hatte Maria Stewart die Angriffe gegen ihr Recht, öffentliche Vorträge zu halten, mit der emphatischen Frage abgewehrt: »Und was ist, wenn ich eine Frau bin?«[148] Diese Schwarze Frau war die erste einheimische weibliche Rednerin, die vor einem gemischten Publikum von Frauen und Männern sprach.[149] 1827 wurde im *Freedom's Journal*, der ersten Zeitung der Schwarzen im Land, der Brief einer Schwarzen Frau über die Rechte der Frau veröffentlicht. ›Matilda‹, wie sie sich nannte, forderte Schulbildung für die Schwarze Frau zu einem Zeitpunkt, da die Forderung nach Schulunterricht für Frauen überhaupt sehr umstritten und unpopulär war. Ihr Brief erschien in dieser neuartigen New Yorker Zeitung ein Jahr bevor Frances Wright, eine gebürtige Schottin, ihre Vorlesungen über Gleichberechtigung und Frauenbildung hielt.

> »Ich möchte mich an alle Mütter wenden, ihnen sagen, dass es noch etwas Wichtigeres gibt, als die Kenntnisse des Puddingkochens. Es ist ihre unwiderrufliche Pflicht, den Verstand ihrer Töchter mit nützlichem Wissen zu versorgen. Sie sollten angehalten werden, ihre Mußestunden dem Lesen von Büchern zu widmen, aus denen sie wertvolle Erkenntnisse ziehen können, die ihnen niemand nehmen kann.«[150]

Lange vor der ersten Frauenkonferenz schon hatten die *weißen* Mittelstandsfrauen um das Recht auf Bildung gekämpft. Matildas Stellungnahme, die später durch die Leichtigkeit bestätigt wurde, mit der Prudence Crandall Schwarze Mädchen für ihre belagerte Schule in Connecticut gewann, zeigte deutlich, dass die *weiße* und die Schwarze Frau in ihrem Streben nach Bildung vereint waren. Leider wurde diese Verbindung in der Konferenz von Seneca Falls nicht gewürdigt.

---

147 Ebd. S. 158.
148 Den Text der Rede von Maria Stewart von 1833 siehe in Lerner, Black Women in White America, S. 563 ff.
149 Lerner, Black Women in White America, S. 83. Ebenfalls Flexner, a.a.O. S. 44–45.
150 Aptheker, A Documentary History, Bd. 1, S. 89.

Das Versäumnis, dieses Potenzial einer integrierten Frauenbewegung – speziell gegen den Sexismus in der Ausbildung – nicht anerkannt zu haben, wurde in einer dramatischen Episode während des entscheidenden Sommers 1848 offenbar. Ironischerweise war die Tochter von Frederick Douglass betroffen. Nach ihrer offiziellen Aufnahme in ein Mädchenseminar in Rochester, New York, wurde es Douglass' Tochter formell verboten, den Unterricht gemeinsam mit den *weißen* Mädchen zu besuchen. Die Schuldirektorin, die diese Order herausgegeben hatte, war eine Abolitionistin! Als Douglass und seine Frau gegen diese Absonderungspolitik protestierten, ließ die Schuldirektorin jedes einzelne Mädchen in dieser Frage abstimmen mit dem Hinweis, dass eine einzige Gegenstimme genüge, den Ausschluss zu bestätigen. Nachdem die *weißen* Mädchen für die Integration in die Klasse gestimmt hatten, wandte sich die Direktorin an die Eltern der Mädchen und benutzte die so erzielte einzige Gegenstimme als Vorwand für den endgültigen Ausschluss von Douglass' Tochter.[151]

Dass eine weiße Frau, die Teil der Bewegung gegen die Sklaverei war, im Norden eine rassistische Haltung gegenüber einem Schwarzen Mädchen einnehmen konnte, spiegelt die wesentliche Schwachstelle der abolitionistischen Kampagne wider – ihr Versagen beim Hervorbringen eines breiten antirassistischen Bewusstseins. Dieser schwerwiegende Mangel, von den Schwestern Grimke wie auch von anderen unaufhörlich kritisiert, wurde leider auch in die organisierte Bewegung für die Rechte der Frau hineingetragen.

Wie blind die frühen Frauenrechtlerinnen gegenüber der Notlage ihrer Schwarzen Schwestern auch immer gewesen sein mögen, das Echo auf die neue Frauenbewegung war überall im organisierten Befreiungskampf der Schwarzen zu hören. Wie schon erwähnt, die *National Convention of Colored Freedmen* hatte 1848 eine Resolution zur Gleichberechtigung der Frau angenommen.[152] Auf Initiative von Frederick Douglass war auf der Versammlung in Cleveland beschlossen worden, dass Frauen unter den gleichen Bedingungen wie Männer als Delegierte gewählt werden konnten. Kurz darauf wurden zu einer Versammlung der Schwarzen in Philadelphia nicht nur Schwarze Frauen eingeladen, sondern in Anerkennung der in Seneca Falls gestarteten Bewegung wurden auch *weiße* Frauen gebeten, sich

151 Douglass, a.a.O., S. 268.
152 Walker, a.a.O., S. 26.

anzuschließen. Lucretia Mott beschreibt ihren Entschluss teilzunehmen in einem Brief an Elizabeth Cady Stanton:

> »Wir sind nun inmitten einer Versammlung der Farbigen dieser Stadt. Douglass und Delany, Remond und Garnet sind hier – alle nehmen aktiv teil – und da sie die Frauen einbeziehen, ja sogar die *weißen* Frauen, so kann ich gar nicht anders bei dem Interesse, das ich für die Sache der Versklavten als auch für die Sache der Frauen habe, als da zu sein und meinen kleinen Teil einzubringen. Gestern gingen Sara Pugh und ich im strömenden Regen hinunter, und wir werden wohl heute das Gleiche tun.«[153]

Zwei Jahre nach der Konferenz von Seneca Falls wurde die erste *National Convention on Women's Rights* in Worcester, Massachusetts, abgehalten. Ob sie nun eingeladen oder aus eigener Initiative gekommen war, Sojourner Truth war jedenfalls unter den Teilnehmer*innen. Ihre Anwesenheit dort und die Reden, die sie auf den folgenden Frauenrechtstreffen hielt, symbolisieren die Solidarität der Schwarzen Frau mit der neuen Sache. Ihr Bestreben war, nicht nur von der rassistischen Unterdrückung, sondern auch von der sexistischen Herrschaft befreit zu sein. »Bin ich etwa keine Frau?«[154] – der Refrain der Rede von Sojourner Truth, die sie 1851 auf der Frauenversammlung in Akron, Ohio, hielt, ist und bleibt der meist zitierte Slogan aus der Frauenbewegung des neunzehnten Jahrhunderts.

Sojourner Truth rettete eigenhändig das Frauentreffen von Akron vor dem beißenden Spott feindseliger Männer. Unter all den Frauen, die an dieser Zusammenkunft teilnahmen, war sie allein fähig, den aggressiven Argumenten männlicher Vorherrschaft – vorgetragen von lärmenden Provokateuren – entgegenzutreten. Sojourner Truth, die ein unbezweifelbares Charisma und bedeutende rhetorische Fähigkeiten besaß, nahm das Scheinargument von der Unvereinbarkeit des Stimmrechts mit weiblicher Schwachheit auseinander. Sie tat dies mit unschlagbarer Logik. Der Anführer der Provokateure hatte vorgebracht, der Wunsch der Frauen nach Stimmrecht sei lächerlich, wo sie doch ohne die Stütze des Mannes nicht einmal eine Pfütze überschreiten oder einen Wagen besteigen könnten. Sojourner Truth führte mit zwingender Einfachheit aus, dass ihr noch niemals über eine matschige Pfütze oder in einen Wagen hineingeholfen worden sei. »Und bin ich etwa keine Frau?« Mit einer Stimme wie ein

153 Foner, The Life and Writings of Frederick Douglass, Bd. 2, S. 19.
154 Stanton u. a., History of Women Suffrage, Bd. 1, S. 115–117.

»Donnergrollen«[155] sagte sie: »Seht mich an! Seht meinen Arm«, und sie rollte ihren Ärmel hoch und zeigte »die gewaltige Muskelkraft« ihres Armes.[156]

> »Ich habe gepflügt und gepflanzt und die Scheunen gefüllt, und kein Mann konnte mich überbieten! Und bin ich etwa keine Frau? Ich konnte so viel arbeiten, und ich konnte auch so viel essen wie ein Mann – wenn ich so viel bekommen konnte – und ertrug ebenso die Peitsche! Und bin ich etwa keine Frau? Ich habe dreizehn Kinder geboren und zusehen müssen, wie die meisten als Versklavte verkauft wurden, und wenn ich in meinem Mutterschmerz aufschrie, hat mich niemand als Jesus gehört! Und bin ich etwa keine Frau?«[157]

Als einzige Schwarze Frau unter den Teilnehmer*innen in der Versammlung von Akron hatte Sojourner Truth vollbracht, wozu keine der schüchternen *weißen* Schwestern fähig war. Wie die Versammlungsleiterin eingestand, »gab es zu jener Zeit nur sehr wenige Frauen, die es wagten, auf einer Versammlung zu sprechen«. Weil sie die Sache ihres Geschlechts so wirksam vertreten und nicht nur die *weißen* Frauen, sondern auch ihre böswilligen männlichen Gegner in ihren Bann gezogen hatte, wurde sie spontan als die Heldin des Tages gefeiert. Sie hatte nicht nur dem Argument der Männer vom ›schwachen Geschlecht‹ eine verheerende Niederlage bereitet, sondern auch ihrer These von der männlichen Vorherrschaft als christlichem Prinzip, weil Christus selbst ein Mann gewesen sei.

> »Der kleine Mann in Schwarz dort sagt, Frauen könnten nicht die gleichen Rechte haben wie die Männer, weil Christus keine Frau gewesen sei. Aber wo kam er denn her?«[158]

Die Versammlungsleiterin berichtet: »Ein Donnergrollen hätte nicht eine solche Stille in der Menge erzeugen können wie diese tiefe, wunderbare Stimme, als sie dastand mit ausgebreiteten Armen und flammenden Augen.«[159]

> »Woher kam denn euer Christus? Von Gott und von einer Frau! Der Mann hatte mit ihm nichts zu tun.«[160]

155 Ebd.
156 Ebd.
157 Ebd.
158 Ebd.
159 Ebd.
160 Ebd.

Und was Evas ungeheure Sünde betreffe, so könne dies schwerlich ein Argument gegen die Fähigkeiten der Frau sein. Im Gegenteil, dies sei ein ungeheures Plus:

> »Wenn die erste Frau, die von Gott je erschaffen wurde, ganz allein das Oberste der Welt nach unten kehren konnte, so dürfte es diesen Frauen gemeinsam wohl noch gelingen, die Welt wieder geradezurücken. Und jetzt sind sie da, um dies zu tun, und die Männer tun gut daran, sie gewähren zu lassen.«[161]

Die Angriffslust der Männer war gezähmt, und die Frauen barsten vor Stolz. Ihre »Herzen schlugen voller Dankbarkeit« und »vielen von uns standen Tränen in den Augen«[162]. Frances Dana Gage, die Leiterin der Versammlung in Akron, berichtet weiter über die Wirkung der Rede von Sojourner Truth:

> »Sie hatte uns auf ihre starken Arme genommen und uns sicher über den Sumpf der Schwierigkeiten getragen und das Glück zu unseren Gunsten gewendet. Nie wieder im Leben habe ich etwas Ähnliches wie diese magische Kraft gesehen, die den pöbelhaften Geist der Stunde unterwarf und Hohn und Spott einer aufgebrachten Menge in Zeichen des Respekts und der Hochachtung verwandelte.«[163]

Sojourner Truths Worte »Bin ich etwa keine Frau?« hatten noch eine tiefere Bedeutung, denn sie waren auch, wie es scheint, ein Kommentar zu der rassistischen Haltung derselben Frauen, die später ihre Schwarze Schwester priesen. Nicht wenige der *weißen* Frauen in Akron hatten sich ursprünglich dagegengestellt, dass eine Schwarze Frau in ihrer Versammlung das Rederecht haben sollte, und die Gegner der Frauenrechte hatten versucht, aus diesem Rassismus ihren Vorteil zu ziehen. Dazu Frances Dana Gage:

> »Die Führerinnen der Bewegung zitterten beim Anblick der großen, hageren, Schwarzen Frau im grauen Kleid mit dem weißen Turban, der von einem grobgeflochtenen Sonnenhut überdacht war, wie sie bedächtigen Schritts in die Kirche hineinging, mit der Würde einer Königin den Gang entlangschritt und auf den Stufen zur Kanzel ihren Platz einnahm. Ein Geraune von Missbilligung war im ganzen Raum zu hören, und es drang in jedes offene

161 Ebd.
162 Ebd.
163 Ebd.

Ohr: ›Eine abolitionistische Affäre!‹, ›Habe ich es nicht gesagt!‹, »Immer feste, N*in!«.[164]

Als am zweiten Tag der Versammlung Sojourner Truth aufstand, um dem Angriff der Vertreter der männlichen Vorherrschaft entgegenzutreten, drängten führende *weiße* Frauen Gage, sie vom Reden zurückzuhalten.

»›Lass sie nicht reden!‹, keuchte ein halbes Dutzend in mein Ohr. Sie ging langsam und würdevoll nach vorn, legte ihren alten Hut vor ihre Füße und richtete ihre großen ausdrucksvollen Augen auf mich. Das Zischen der Missbilligung war rundum, ich erhob mich, sagte ›Sojourner Truth‹ an und bat das Publikum für einige Minuten um Ruhe.«[165]

Zum Glück für die Frauen von Ohio und für die Frauenbewegung insgesamt gab Frances Dana Gage dem rassistischen Druck ihrer Genossinnen nicht nach; denn die Rede von Sojourner Truth, von deren Worten wir heute noch zehren, führte erstmals zu einer militant kämpferischen Geisteshaltung. Die Rede dieser Frau enthielt neben ihrer Antwort an die Vertreter der männlichen Vorherrschaft auch eine gründliche Lektion für die *weißen* Frauen. In ihrer nicht weniger als viermal wiederholten Frage »Bin ich etwa keine Frau?« sprach sie die Klassenlage und den Rassismus in der neuen Frauenbewegung an, denn nicht alle Frauen waren *weiß* und genossen den materiellen Wohlstand des Mittelstandes und der Bourgeoisie. Sojourner Truth war selbst Schwarz und eine ehemalige Versklavte, aber darum nicht weniger eine Frau als irgendeine ihrer *weißen* Schwestern auf dem Kongress. Dass sie sich durch Rasse und wirtschaftliche Situation von ihnen unterschied, hob ihre Weiblichkeit nicht auf. Ihr Anspruch, als Schwarze Frau gleiche Rechte zu besitzen, war nicht weniger gerechtfertigt als der der *weißen* Mittelstandsfrauen. Zwei Jahre später musste sie auf einem nationalen Frauenkongress immer noch gegen die Bestrebungen, sie am Sprechen zu hindern, ankämpfen.

»Ich weiß, dass Sie zu Buhrufen gereizt sind, wenn Sie eine Schwarze Frau aufstehen sehen, die Ihnen etwas zur Sache und zum Frauenrecht zu sagen hat. Wir sind alle so tief erniedrigt worden, dass niemand glaubte, wir kämen

164 Ebd.
165 Ebd.

je wieder hoch; aber wir sind jetzt lange genug getreten worden, wir kommen wieder hoch, und ich bin jetzt hier.«[166]

Die ganzen Fünfzigerjahre des neunzehnten Jahrhunderts hindurch zogen die lokalen und nationalen Tagungen eine zunehmende Zahl von Frauen für die Kampagne um Gleichberechtigung an. Für Sojourner Truth war es niemals etwas Besonderes, auf diesen Treffen zu erscheinen und trotz der unumgänglichen Feindseligkeiten aufzustehen und das Wort zu ergreifen. Als Vertreterin ihrer Schwarzen Schwestern, sowohl der versklavten als auch der ›freien‹, verlieh sie der Kampagne für das Frauenrecht ihren kämpferischen Geist. Dies war Sojourner Truths ureigener historischer Beitrag. Und falls die *weißen* Frauen im Begriff waren zu vergessen, dass die Schwarzen Frauen keinen Deut weniger Frauen waren als sie selbst, so waren ihre Anwesenheit und ihre Reden eine stete Mahnung. Die Schwarzen Frauen waren ebenfalls im Begriff, sich ihre Rechte zu holen.

Zur selben Zeit brachten viele Schwarze Frauen ihre Hingabe an Freiheit und Gleichheit auf eine Art zum Ausdruck, die weniger eng mit der neuen organisierten Frauenbewegung zusammenhing. Die ›Underground Railroad‹ verlangte die Kraft zahlreicher Schwarzer Frauen aus dem Norden. Jane Lewis z.B., eine Einwohnerin von New Lebanon in Ohio, ruderte regelmäßig mit ihrem Boot über den Ohio, rettete manch eine*n flüchtige*n Versklavte*n.[167] Frances E. W. Harper, eine dezidierte Feministin und die beliebteste Schwarze Dichterin in der Mitte des neunzehnten Jahrhunderts, war eine der aktivsten Rednerinnen der Antisklavereibewegung. Charlotte Forten, die in der Zeit nach dem Bürgerkrieg zu einer führenden Schwarzen Pädagogin wurde, gehörte ebenfalls zu den aktiven Abolitionist*innen. Sarah Remond, die in England, Irland und Schottland Vorträge gegen die Sklaverei hielt, übte dort einen starken Einfluss auf die öffentliche Meinung aus. Nach Ansicht einer Historikerin »hielt sie die Tories davon ab, zugunsten der Konföderation zu intervenieren«.[168]

Sogar die radikalsten *weißen* Abolitionist*innen, die die Sklaverei aus moralischen und humanistischen Gründen ablehnten, erkannten nicht, dass der sich rapide entwickelnde Kapitalismus im Norden ebenfalls ein unterdrückerisches System war. In ihren Augen war die Sklaverei eine verab-

166 Ebd. S. 567–568 (Vollständiger Text der Rede). Siehe auch Lerner, Black Women in White America, S. 566ff.

167 John Hope Franklin, From Slavery to Freedom, New York 1969, S. 253.

168 Sillen, a.a.O., S. 86. Siehe auch den Teil über Harper.

scheuenswürdige und unmenschliche Einrichtung, eine, archaische Rechtsübertretung. Aber sie erkannten nicht, dass die *weißen* Arbeiter*innen im Norden, ungeachtet ihres Status als ›freie‹ Arbeiter*innen, sich von den versklavten ›Arbeiter*innen‹ im Süden in nichts unterschieden: Beide waren sie Opfer der wirtschaftlichen Ausbeutung. So militant, wie William Lloyd Garrison sonst war, wandte er sich doch mit Vehemenz gegen das Recht der Lohnarbeiter*innen, sich zu organisieren. Die Erstausgabe des *Liberator* enthält einen Artikel, der sich gegen die Bemühungen der Bostoner Arbeiter*innen richtet, eine politische Partei zu gründen:

> »Es ist der Versuch unternommen worden – und wird es zu unserem Leidwesen immer noch – die Gemüter unserer arbeitenden Klassen gegen die reicheren zu erregen und die Menschen davon zu überzeugen, dass sie von einer wohlhabenden Aristokratie zwangsweise enteignet und unterdrückt werden ... Es ist deshalb im höchsten Maße kriminell, unsere Handwerker zu Gewalttaten zu reizen oder sie unter der Fahne einer Partei zu versammeln.«[169]

In der Regel verteidigten die *weißen* Abolitionist*innen entweder die Industriekapitalisten oder sie hatten überhaupt kein Klassenbewusstsein. Diese fraglose Hinnahme des kapitalistischen Wirtschaftssystems bestimmte auch das Programm der Frauenrechtsbewegung. So wie für die meisten Abolitionist*innen die Sklaverei nur eine eklige Schande war, die es auszumerzen galt, so war für die meisten Frauenrechtlerinnen auch die männliche Vorherrschaft nur ein unmoralischer Fehler in einer sonst annehmbaren Gesellschaft.

Die führenden Persönlichkeiten der Frauenrechtsbewegung schöpften keinerlei Verdacht, dass die Versklavung des Schwarzen Volkes im Süden, die wirtschaftliche Ausbeutung der Arbeiter*innen im Norden und die gesellschaftliche Unterdrückung der Frauen in einem Systemzusammenhang stehen könnten. In der frühen Frauenbewegung waren die *weißen* Arbeiter*innen kaum ein Thema – auch nicht die *weißen* Arbeiterinnen. Obwohl viele dieser Frauen die abolitionistische Bewegung unterstützten, gelang es ihnen nicht, ihre Ablehnung gegenüber der Sklaverei in ihre Analyse von der Unterdrückung der Frau zu integrieren.

Bei Ausbruch des Bürgerkrieges wurden die Führerinnen der Frauenrechtsbewegung überredet, ihre Kräfte auf die Verteidigung der Sache der

169 Foster, a.a.O., S. 115–116.

Nordstaaten zu richten. Indem sie aber die Agitation für die Gleichheit der Geschlechter aufschoben, erfuhren sie, wie tief der Rassismus im Boden der US-Gesellschaft schon verwurzelt war. Elizabeth Cady Stanton, Lucretia Mott und Susan B. Anthony reisten durch den ganzen Staat New York und hielten Vorträge zugunsten der Unionsstaaten, in denen sie die »unverzügliche und bedingungslose *Emancipation* (Befreiung von der Sklaverei)«[170] forderten.

> »Der aufgebrachte Pöbel behandelte sie in jeder Stadt, in der sie anhielten, von Buffalo bis Albany, in der übelsten Weise, die sie je erlebt hatten. In Syracuse fiel eine mit Messern und Pistolen fuchtelnde Horde Männer in den Saal ein.«[171]

Wenn sie vorher noch nicht gewusst hatten, dass der Süden auf den Rassismus kein Monopol hatte, so sollten sie als Agitatorinnen für die Sache der Union erfahren, dass es im Norden den Rassismus wirklich gab, und auch, dass er brutal sein konnte.

Als im Norden die Militärpflicht eingeführt wurde, kam es seitens der Anhänger*innen des Sklavensystems zu Massenausschreitungen in den größeren Städten. Sie brachten Gewalt und Tod über die Schwarze Bevölkerung. Im Juli 1863 zerstörte der Pöbel in New York City

> »... die Rekrutierungsbüros, setzte ein Zeughaus in Brand, griff die *Tribune* und prominente Republikaner an, brannte ein Waisenhaus für N*kinder nieder und verursachte in der gesamten Stadt ein Chaos. Der Pöbel konzentrierte seine Wut besonders auf die N* und fiel über sie her, wann immer er auf sie traf. Viele wurden ermordet ... Es wird geschätzt, dass ungefähr 1.000 Menschen getötet und verwundet wurden ...«[172]

Wenn das Ausmaß, in dem der Norden selbst vom Rassismus infiziert war, bis dahin unbemerkt geblieben sein mag, so demonstrierte der gewalttätige Pöbel, dass die Ressentiments gegen die Schwarzen tief, weitverbreitet und potenziell mörderisch waren. Auch wenn der Süden das Monopol auf die Sklaverei hatte, so war er doch nicht der einzige Fürsprecher des Rassismus.

Elizabeth Cady Stanton und Susan B. Anthony waren sich mit den radikalen Abolitionist*innen darin einig, dass der Bürgerkrieg schnell beendet

---

170 Flexner, a.a.O., S. 108.
171 Ebd.
172 Foster, a.a.O., S. 261.

werden könnte, wenn die Schwarzen von der Sklaverei befreit und in die Unionsarmee eingezogen werden würden. Um die Mehrheit der Frauen für ihre Einstellung zu gewinnen, brachten sie einen Aufruf zur Gründung der *Women's Loyal National League* heraus. Auf der Gründungsversammlung waren Hunderte von Frauen bereit, durch Unterschriftensammlungen für die Befreiung der Versklavten die Kriegsanstrengungen voranzutreiben. Ihre Reaktion auf die Resolution von Susan B. Anthony, die das Frauenrecht mit der Befreiung der Schwarzen verband, war jedoch schon nicht mehr so einmütig.

> »Man möge beschließen, dass in dieser Republik kein wahrer Friede sein kann, solange nicht die bürgerlichen und politischen Rechte aller Bürger afrikanischen Ursprungs und aller Frauen tatsächlich hergestellt sind.«[173]

Aus der Sicht der Nachkriegsentwicklung hat es leider den Anschein, als sei die Motivation zu dieser Resolution die Furcht der (*weißen*) Frauen gewesen, hinter den Versklavten zurückzubleiben, wenn diese sich ins Licht der Freiheit erhoben hätten. Aber auch Angelina Grimke trat für die grundsätzliche Einheit der Befreiung der Schwarzen und der Befreiung der Frauen ein: »Ich will mit den N* gleichgesetzt werden«, beharrte sie. »Solange sie nicht ihr Recht bekommen, werden wir nicht das unsrige haben.«[174]

> »Ich freue mich außerordentlich darüber, dass uns die Resolution mit dem N* vereinen soll. Ich fühle, dass wir sein Schicksal teilen, dass das Eisen sich in unsere Seelen eingegraben hat. Nein, wir haben nicht die Peitsche des Sklavenhalters gespürt! Nein, unsere Hände wurden nicht gefesselt, aber unsere Herzen wurden zerschmettert.«[175]

Auf der Gründungsversammlung der *Women's Loyal National League*, zu der alle Veteraninnen der abolitionistischen Kampagne und der Frauenrechtsbewegung eingeladen worden waren, gab bezeichnenderweise Angelina Grimke die fortschrittlichste Interpretation des Krieges, den sie als »unsere zweite Revolution« bezeichnete.[176]

> »Dieser Krieg ist nicht, wie der Süden fälschlicherweise vorgibt, ein Krieg der ›Rassen‹, noch ist er einer zwischen Teilen eines Landes, noch der von

173 Gourko, a.a.O., S. 211.
174 Lerner, The Grimke Sisters, S. 353.
175 Ebd. S. 354.
176 Ebd.

> politischen Parteien, sondern es ist ein Krieg der Prinzipien, ein Krieg auf dem Rücken der arbeitenden Klassen, ob *weiß* oder Schwarz ... In diesem Krieg war der Schwarze Mann das erste Opfer, die Arbeiter*innen, gleich welcher Farbe, die nächsten, und nun müssen alle, die für das Recht auf Arbeit sind, für Redefreiheit, für freie Schulen, für freies Stimmrecht und für eine freie Regierung ... in diesem Krieg diese Rechte verteidigen oder mit ihnen fallen, und zwar als Opfer derselben Gewalt, die zweihundert Jahre lang Schwarze als ihre Kriegsgefangene gehalten hat. Während der Süden diesen Krieg gegen die Menschenrechte führte, hat der Norden denen, die die Freiheit zu Tode steinigten, den Mantel gehalten ...
> Die Nation ist in einem Todeskampf. Sie wird entweder zu einem öden Herrschaftssystem kleinlicher Sklavenhalter-Tyrannen oder das ganze Land wird frei sein ...«[177]

Angelina Grimkes »Rede an die Soldaten unserer Zweiten Revolution« zeigt, dass sie im Vergleich zu den meisten ihrer Zeitgenoss*innen ein wesentlich entwickelteres politisches Bewusstsein hatte. Sie entfaltet in ihrer Rede eine radikale Theorie und Praxis, die durch ein Bündnis von Arbeiter*innen, Schwarzen und Frauen hätte realisiert werden können. Wenn es wahr ist, dass, wie Karl Marx sagt, »der Arbeiter mit weißer Haut niemals frei sein kann, solange die Haut des Schwarzen Arbeiters gebrandmarkt wird«, dann ist auch wahr, was Angelina Grimke ständig wiederholte, nämlich, dass die demokratischen Kämpfe der Zeit, darunter besonders der Kampf für die Gleichberechtigung der Frauen, dann besonders wirksam waren, wenn sie sich mit dem Kampf um die Befreiung der Schwarzen verbanden.

177 Ebd.

VIER
Rassismus und Frauenwahlrechtsbewegung

»Obwohl dies eine Frage sein mag, über die die Politiker noch fünf oder zehn Jahre streiten werden, politisch gesehen steht der Schwarze Mann bereits weit über den gebildeten *weißen* Frauen des Landes. Die Frauen, die die Nation repräsentieren, haben in den letzten dreißig Jahren ihr Äußerstes getan, um dem N* die Freiheit zu verschaffen; und solange er auf der untersten Stufe der Daseins-Skala stand, waren wir bereit, seine Forderungen durchzusetzen; aber jetzt, da sich das himmlische Tor zu den Bürgerrechten langsam in den Angeln bewegt, ist ernsthaft die Frage zu stellen, ob wir nicht besser abseitsgestanden hätten, als zuzusehen, wie ›Sambo‹ als Erster das Königreich betritt. Da die Selbsterhaltung das erste Naturgesetz ist, wäre es vielleicht weiser gewesen, unsere Lampen zu putzen und am Brennen zu halten, um dann, wenn sich das Verfassungstor öffnet, auf den starken Arm des Schwarzen Soldaten in seiner blauen Uniform gestützt, Seite an Seite mit ihm hindurchzuschreiten und so die Öffnung so breit zu machen, dass keine privilegierte Klasse sie jemals wieder würde schließen können, auch nicht vor den bescheidensten Bürger*innen der Republik.

›Dies ist die Stunde des N*‹ Sind wir sicher, dass er, wenn er sich erst hinter seinen unveräußerlichen Rechten verschanzt hat, keine zusätzliche Macht sein wird, die uns am Boden hält? Hat man nicht »Schwarze männliche Bürger« sagen hören, dass sie daran zweifelten, ob es weise sei, das Wahlrecht auf die Frauen auszudehnen? Warum sollten die afrikanischen Männer gerechter und großzügiger sein als ihre angelsächsischen Vergleichspartner? Wenn den zwei Millionen Schwarzen Frauen im Süden das Recht auf die eigene Person, auf Eigentum, Lohn und Kind nicht gesichert wird, ist ihre Befreiung nur eine andere Form der Sklaverei. In der Tat, es ist besser, die Sklavin eines gebildeten *weißen* Mannes zu sein, als die eines niederen und ungebildeten Schwarzen ...«[178]

---

178 Elizabeth Cady Stanton, Susan B. Anthony und Mathilda Joslyn Gage (Hg.), History of Women Suffrage, Rochester, N. Y. 1887, Bd. 2 (1861–1876), S. 94–95 (Anm.).

Diesen Brief an den Herausgeber des *New York Standard* vom 26. Dez. 1865 verfasste Elizabeth Cady Stanto Sein unbestreitbar rassistischer Ton lässt vermuten, dass Stantons Verständnis für die Beziehung zwischen dem Kampf um die Befreiung der Schwarzen und dem für das Frauenrecht bestenfalls oberflächlich war. Anscheinend war sie entschlossen, weitere Verbesserungen für Schwarze – auch von »Sambo« – zu verhindern, wenn *weiße* Frauen nicht direkten Nutzen aus diesen Verbesserungen ziehen konnten.

Die opportunistische und leider auch rassistische Argumentationslinie in Stantons Brief an den *Standard* weckt ernsthafte Zweifel an dem Vorschlag, die Sache der Frauen mit der Sache der Schwarzen zu verschmelzen, der auf dem ersten Frauenrechtstreffen nach dem Bürgerkrieg unterbreitet wurde. Auf dieser Frauenrechtsversammlung, die im Mai 1866 in New York City stattfand, beschlossen die Delegierten, eine Vereinigung für gleiche Rechte aufzubauen, die den Kampf der Schwarzen und den für das Frauenwahlrecht in einer einzigen Kampagne vereinen sollte. Ohne Zweifel erkannten viele Delegierte die dringende Notwendigkeit der Einheit – einer Einheit, die für die Schwarzen und für die Frauen von gegenseitigem Vorteil wäre. Susan B. Anthony bestand z.B. darauf, es sei notwendig, »... unsere Plattform der Frauenrechte zu erweitern und sie als das zu benennen, was sie dem Geiste nach schon immer gewesen ist: eine Plattform der Menschenrechte«[179]. Im Verlauf der Tagung wurde jedoch der Einfluss des Rassismus offenbar. In einem der Hauptvorträge argumentierte der allgemein bekannte Henry Ward Beecher, dass die *weißen* einheimischen gebildeten Frauen wesentlich legitimere Ansprüche auf das Stimmrecht hätten als die Schwarzen und die Einwander*innen, die er in einer offen abwertenden Weise so schilderte:

> »Nehmen Sie nun diese große Armee edler und kultivierter Frauen auf der einen Seite und auf der anderen Seite diese sich erhebende Masse freigelassener Afrikaner und allen voran die große Emigrantenherde von der Grünen Insel: Ist unsere Regierung stark genug sicherzustellen, dass die Afrikaner und die Iren das Wahlrecht erhalten? Sie ist es. Wir werden es ihnen geben. Und wird unsere ganze Kraft etwa zu Ende sein, wenn wir das getan haben? Und sollen wir nun den schönsten und besten Teil unserer Gesellschaft, diejenigen, denen wir unsere Zivilisation verdanken, unsere Lehrerinnen, unsere Gefährtinnen,

179 Ebd. S. 172.

jene, die wir in Schwierigkeiten am ehesten um Rat angehen, diejenigen, denen wir alles anvertrauen, was uns teuer ist – die Wohlfahrt unserer Kinder, unseren Haushalt, unser Eigentum, unseren Namen und unser Ansehen, und auch, was noch tiefer liegt, unser innerstes Selbst, das ein Mann nur einem Menschen enthüllt –, sollen wir sie beiseite nehmen und sagen: ›Sie sind trotz allem nicht befugt zu wählen, wo der Ire wählt und wo der Afrikaner wählt?‹ ... ich sage ... es ist wichtiger, die Frauen wählen zu lassen als den Schwarzen Mann ...«[180]

Beechers Bemerkungen enthüllen den tiefen ideologischen Zusammenhang zwischen Rassismus, Klassenlage und männlichem Vorherrschaftsstreben, denn die weißen Frauen, die er preist, beschreibt er in der Sprache der herrschenden sexistischen Stereotypen.

Auf der ersten Jahresversammlung der *Equal Rights Association* im Mai 1867 betete Elizabeth Cady Stanton die Ansicht von Henry Ward Beecher eifrig nach, es sei weit wichtiger, dass die *weißen* Frauen (d.h. die *weißen* angelsächsischen Frauen) das Wahlrecht bekämen als der Schwarze Mann.

»Mit dem Schwarzen Mann tritt kein neues Element in die Staatsführung ein, aber in der Bildung und der Erlesenheit der Frauen haben wir eine Kraft, durch die sich die sächsische Rasse zu einem höheren und edleren Leben entwickeln und so durch das Gesetz der Anziehungskraft auch alle anderen Rassen auf eine höhere Ebene heben wird, als sie jemals durch die politische Isolierung der Geschlechter erreicht werden könnte.«[181]

Das Hauptthema auf diesem Kongress war die bevorstehende Verleihung des Wahlrechts an die Schwarzen Männer und die Frage, ob diejenigen, die das Frauenstimmrecht forderten, bereit waren, das Stimmrecht für Schwarze auch dann zu unterstützen, wenn es den Frauen nicht gleichzeitig gelingen sollte, ihrerseits das Wahlrecht zu bekommen. Elizabeth Cady Stanton und andere, die glaubten, die *Emancipation* habe die Schwarzen den *weißen* Frauen ›gleich‹ gemacht und das Stimmrecht werde den Schwarzen Mann nun über die Frau erheben, widersetzten sich seinem Stimmrecht. Es gab aber auch solche, die erkannten, dass die Abschaffung der Sklaverei allein die ökonomische Unterdrückung der Schwarzen noch nicht beseitigt hatte und dass diese deshalb besonders und dringend der politischen Macht

180 Ebd. S. 159.
181 Ebd. S. 188.

bedurften. Abby Kelly Foster widersprach Stantons Logik und stellte die folgende Frage:

> »Besitzen wir überhaupt den wahren Begriff von Gerechtigkeit, sind wir nicht tot für das Gefühl von Menschlichkeit, wenn wir den Wunsch haben können, seine Sicherheit vor gegenwärtigem Leid und zukünftiger Versklavung so lange aufzuschieben, bis die Frau ihr politisches Recht erhalten hat?«[182]

Bei Ausbruch des Bürgerkrieges hatte Elizabeth Cady Stanton ihre feministischen Mitarbeiter*innen beschworen, während der Kriegsjahre ihre ganze Kraft für die Kampagne gegen die Sklaverei einzusetzen. Später wollte sie beweisen, dass die Fürsprecher*innen des Frauenrechts einen strategischen Fehler begangen hätten, als sie sich der Sache des Abolitionismus unterordneten. In ihren *Reminiscences* gesteht sie in Anspielung auf die »sechs Jahre, da (die Frauen) ihre eigenen Forderungen zugunsten der Versklavten im Süden zurückgestellt hatten«,[183] ein, dass sie für ihr patriotisches Engagement in republikanischen Kreisen sehr gelobt worden seien. »Nachdem aber die Sklaven befreit waren«, klagt sie,

> »... und diese Frauen verlangten, dass sie beim Wiederaufbau der Republik als Bürgerinnen und gleich vor dem Gesetz anerkannt wurden, da verflüchtigten sich all diese vortrefflichen Tugenden wie der Tau unter der Morgensonne.«[184]

Für Elizabeth Cady Stanton war die Lehre, die die Frauen (d.h. die *weißen* Frauen) aus den Bürgerkriegserfahrungen zu ziehen hatten, dass Frauen »sich niemals dafür hergeben sollten, bei den Bestrebungen des Mannes behilflich zu sein und sein Geschlecht über ihr eigenes zu erheben«.[185]

Stantons Analyse der am Ende des Krieges herrschenden Verhältnisse enthält ein starkes Element politischer Naivität, was zur Folge hatte, dass sie noch mehr als zuvor für die rassistische Ideologie empfänglich war. Kaum hatte die Unionsarmee ihre föderierten Gegner überwunden, verlangten sie und ihre Mitstreiterinnen von der Republikanischen Partei den Lohn für ihre Bemühungen während des Krieges. Dieser Lohn war das Frauenwahlrecht – als ob sie einen Handel abgeschlossen hätten, als ob die Verfechte-

182 Ebd. S. 216.
183 Stanton, Eighty Years and More, S. 240.
184 Ebd. S. 240–241.
185 Ebd. S. 241.

rinnen des Frauenrechts für den Sieg über die Sklaverei in dem Bewusstsein gekämpft hätten, der Preis dafür werde das Wahlrecht sein.

Natürlich setzten sich die Republikaner nach dem Sieg der Union nicht für das Frauenwahlrecht ein. Aber nicht etwa, weil sie Männer waren, sondern weil sie als Politiker gehalten waren, die vorherrschenden ökonomischen Interessen ihrer Zeit zu vertreten. Insoweit die militärische Auseinandersetzung zwischen dem Norden und dem Süden ein Krieg zum Sturz der südlichen Sklavenhalterklasse war, war er ein Krieg, der wesentlich im Interesse der Bourgeoisie des Nordens geführt wurde, und das waren die jungen enthusiastischen industriellen Kapitalisten, die in der Republikanischen Partei ihr Sprachrohr hatten. Die Kapitalisten des Nordens strebten die ökonomische Kontrolle über die gesamte Nation an. Ihr Kampf gegen das südliche Slavenhaltersystem bedeutete aber noch lange nicht, dass sie die Befreiung der Schwarzen oder die der Frauen als Menschen unterstützten.

In der Nachkriegszeit stand weder das Frauenwahlrecht auf der Tagesordnung der Republikanischen Partei, noch waren die unveräußerlichen Rechte der Schwarzen Bevölkerung für diese siegreichen Politiker wirklich von Interesse. Dass sie die Notwendigkeit einsahen, das Wahlrecht auf die gerade freigelassenen Schwarzen Männer im Süden auszudehnen, hieß nicht, dass sie die Schwarzen Männer *weißen* Frauen vorgezogen hätten. Das Stimmrecht für Schwarze Männer – wie es in dem Vierzehnten und Fünfzehnten Zusatzartikel zur Verfassung auf Antrag der Republikaner festgelegt wurde – war ein taktischer Zug, um in der chaotischen Nachkriegszeit im Süden die politische Hegemonie der Republikanischen Partei zu sichern. Charles Summer, der Sprecher der Republikaner im Senat, war ein leidenschaftlicher Fürsprecher des Frauenwahlrechts gewesen, bis die Nachkriegszeit einen plötzlichen Wandel in seiner Haltung brachte. Die Forderung nach Ausdehnung des Wahlrechts auf die Frauen sei, behauptete er nun, »nicht opportun«.[186] Mit anderen Worten: »... die Republikaner wollten unter keinen Umständen Gefahr laufen, dass etwas den Gewinn von zwei Millionen Schwarzer Stimmen für ihre Partei beeinträchtigte«.[187]

Die orthodoxen Republikaner setzten der Nachkriegsforderung nach dem Frauenwahlrecht den Slogan ›Dies ist die Stunde des N*‹ entgegen. Damit meinten sie in Wirklichkeit: ›Dies ist die Stunde von zwei Milli-

186 Gurko, a.a.O., S. 213.
187 Ebd.

onen Stimmen mehr für unsere Partei.‹ Elizabeth Cady Stanton und ihre Anhänger*innen glaubten jedoch, dies sei »die Stunde des Mannes«, und befürchteten, dass sich die Republikaner anschickten, dem Schwarzen Mann alle Privilegien männlicher Vorherrschaft zu gewähren. Als sie 1867 auf dem »Kongress für gleiche Rechte« von einer Schwarzen Delegierten gefragt wurde, ob sie für das Stimmrecht für die Schwarzen Männer sei, solange die Frauen nicht wählen durften, antwortete sie:

> »… ich sage nein; ich würde ihm meine Rechte nicht anvertrauen; erniedrigt und unterdrückt wie er ist, würde er despotischer sein … als unsere sächsischen Herren es je waren …«[188]

Der Grundsatz der Einheit, nach dem die »Vereinigung für gleiche Rechte« gegründet worden war, war zweifellos nicht zu kritisieren. Dass Frederick Douglass bereit war, zusammen mit Elizabeth Cady Stanton als Vizepräsident zu amtieren – Lucretia Mott wurde als Präsidentin der Vereinigung gewählt –, beweist die Ernsthaftigkeit des Ringens um Einheit. Trotzdem hat es den Anschein, als hätten Stanton und einige ihrer Mitstreiter*innen die Organisation als ein Mittel aufgefasst, um sicherzustellen, dass der Schwarze Mann das Stimmrecht so lange nicht erhielt, als bis es auch die Frauen in Empfang nehmen konnten. Als die »Vereinigung für gleiche Rechte« beschloss, für den Vierzehnten Zusatzartikel zu werben – er begrenzte den Anteil der Abgeordneten im Kongress entsprechend der Zahl der männlichen Bürger, denen das Wahlrecht bei Bundeswahlen noch verweigert wurde –, fühlten sich diese *weißen* Frauen unendlich betrogen. Als die Vereinigung dann noch für die Unterstützung des Fünfzehnten Zusatzartikels stimmte – er verbot, dass aufgrund von ›Rasse‹, Hautfarbe und früherer Leibeigenschaft Bürgern das Wahlrecht verwehrt wurde – kulminierten die inneren Reibereien in einem offenen und lauten ideologischen Kampf. Eleanor Flexner gibt folgende Schilderung:

> »Sie und Miss Anthony waren maßlos entrüstet. Letztere schwor: ›Ich werde eher meinen rechten Arm abschneiden, als für das Stimmrecht des N. zu arbeiten oder es zu fordern, ohne dass das Stimmrecht der Frauen eingeschlossen ist.‹ Mrs. Stanton machte abfällige Bemerkungen über ›Sambo‹ und darüber, dass ›Afrikaner, Chinesen und alle möglichen ignoranten Ausländer, sowie sie nur den Fuß auf unseren Boden setzen‹, wählen dürften. Sie warnte davor,

188 Stanton u. a., History of Women Suffrage, Bd. 2, S. 214.

> dass die Fürsprache der Republikaner für das Wahlrecht von Männern ›einen Antagonismus zwischen Schwarzen Männern und allen Frauen schafft, der in fürchterlichen Übergriffen gegen Frauen vor allem in den Südstaaten gipfeln wird‹.«[189]

Ob die Kritik am Vierzehnten und Fünfzehnten Zusatzartikel, wie sie von den Führer*innen der Frauenrechtsbewegung vorgebracht wurde, berechtigt war oder nicht, ist noch immer umstritten. Eins aber scheint klar zu sein: Die Verteidigung ihrer eigenen Interessen als *weiße* Mittelschichtsfrauen – in einer oft egoistischen und elitären Weise – enthüllt, wie schwach und oberflächlich ihre Beziehungen zur Nachkriegskampagne für die Gleichheit der Schwarzen waren.

Zugegeben, die zwei Zusatzartikel schlossen die Frauen von dem neuen Prozess der Wahlrechtsverleihung aus und wurden deshalb von ihnen als das genau Gegenteil ihrer politischen Ziele verstanden. Zugegeben, in ihren Augen war ihr Anspruch auf das Stimmrecht ebenso unabweisbar wie der der Schwarzen Männer. Indem sie jedoch ihre Opposition mit Privilegien begründeten, die aus der Überlegenheit der *Weißen* abgeleitet waren, offenbarten sie, wie wehrlos sie – trotz jahrelangen Engagements in fortschrittlichen Bewegungen – dem verderblichen ideologischen Einfluss des Rassismus gegenüber waren.

Für Elizabeth Cady Stanton und Susan B. Anthony bedeutete der Sieg der Union die tatsächliche *Emancipation* der Millionen von Schwarzen, die vorher die Opfer der Sklaverei gewesen waren. In ihren Augen hob die Abschaffung des Sklavensystems die Schwarzen innerhalb der US-Gesellschaft auf eine Ebene, die sie fast in jeder Hinsicht mit den *weißen* Mittelschichtsfrauen vergleichbar machte.

> »... (Durch) den *Act of Emancipation* und die Verfassung besaßen der N. und die Frau nun die gleichen bürgerlichen und politischen Rechte außer dem Wahlrecht für beide.«[190]

Die Annahme, die Emanzipation habe die früheren Versklavten den *weißen* Frauen gleichgestellt, sodass beide Gruppen in gleicher Weise zur Vervollständigung ihres sozialen Status nur noch das Wahlrecht brauchten, ignoriert, wie außerordentlich unsicher die gerade erlangte ›Freiheit‹ der

189 Flexner, a.a.O., S. 191–222.
190 Allen, a.a.O., S. 143.

Schwarzen Bevölkerung in der Zeit nach dem Bürgerkrieg war. Die Ketten waren zwar gesprengt, aber die Schwarzen litten immer noch unter der wirtschaftlichen Ausbeutung und waren von der terroristischen Gewalt rassistischer Banden bedroht, die in dieser Intensität noch nicht einmal während der Sklaverei erreicht worden war. Nach Ansicht von Frederick Douglass war die Abschaffung der Sklaverei nur dem Namen nach erfolgt. Das tägliche Leben der Schwarzen im Süden roch noch immer nach Sklaverei. Und es gab nur einen Weg, so argumentierte Douglass, diesen neuen ›freien‹ Status der Schwarzen im Süden zu festigen und zu sichern: »Die Sklaverei ist so lange nicht abgeschafft, wie der Schwarze Mann kein Wahlrecht hat.«[191] Das ist der Grund, warum er darauf beharrte, dass dem Wahlrecht der Schwarzen Männer in dieser besonderen historischen Situation strategische Priorität vor dem Frauenwahlrecht zukam. Für Frederick Douglass war das Wahlrecht eine Waffe, mit deren Hilfe der unvollendete Prozess der Abschaffung der Sklaverei vollendet werden konnte. Wenn er behauptete, dass das Frauenwahlrecht im Augenblick weniger wichtig war als die Ausdehnung des Stimmrechts auf die Schwarzen Männer, wollte er keineswegs die Überlegenheit des Schwarzen Mannes beschwören. Obwohl Douglass von männlichen Überlegenheitsfantasien keineswegs gänzlich frei war und auch die polemische Form seiner Theorie, dass das Wahlrecht der Schwarzen Priorität habe, oft etwas zu wünschen ließ, war die Essenz seiner Theorie, dass das Wahlrecht für Schwarze Männer eine strategische Priorität habe, nicht im geringsten frauenfeindlich.

Frederick Douglass führte an, dass es den Schwarzen im Süden ohne das Stimmrecht nicht gelingen würde, auch nur den geringsten wirtschaftlichen Fortschritt zu machen.

> »Ohne das Bürgerrecht der Wahl wird der N* praktisch immer ein Versklavter bleiben. Das persönliche Besitzrecht über ihn wurde zwar abgeschafft; wenn wir aber die Südstaaten ohne diese Maßnahme wiederaufbauen (d.h. ohne das Wahlrecht), werden wir ein Besitzrecht über die Schwarzen durch die Gesellschaft, in der sie leben, errichten.«[192]

191 Foner, The Life and Writings of Frederick Douglass, Bd. 4, S. 167. Dieser Absatz stammt aus der Rede »The Need for Continuing Anti-Slavery Work«, die Douglass auf dem Zweiunddreißigsten Jahrestreffen der American Anti-Slavery Society am 9. Mai 1865 hielt. Zuerst im Liberator vom 26. Mai 1865 veröffentlicht.

192 Ebd. S. 17.

Die Notwendigkeit, die weiterbestehende wirtschaftliche Unterdrückung in der Nachkriegsepoche zu eliminieren, war nicht der einzige Grund, warum für die Schwarzen die Forderung nach dem Wahlrecht so besonders dringend war. Die ungeheuerlichen Gewalttaten durch den Mob, der von denen angefeuert wurde, die ihren Profit aus der Arbeit der früheren Versklavten zu ziehen trachteten, würden ohne Zweifel kein Ende finden, so dachten viele, bis die Schwarzen politische Macht erreicht hätten. In einer der ersten Debatten zwischen Frederick Douglass und den Verfechterinnen des Frauenstimmrechts innerhalb der Vereinigung für gleiche Rechte bestand Douglass auf dem Vorrang des Wahlrechts für Schwarze, denn »für uns bedeutet das Fehlen des Wahlrechts New Orleans, bedeutet es Memphis, bedeutet es den Mob von New York«[193].

Die Ausschreitungen in Memphis und New Orleans fanden im Mai und im Juli 1866 statt – weniger als ein Jahr vor der Auseinandersetzung zwischen Douglass und den *weißen* Frauen. Vor einem Komitee des US-Kongresses machte eine gerade befreite Frau, ein Opfer der Gewalttätigkeiten von Memphis, diese Zeugenaussage:

> »Ich musste zusehen, wie sie meinen Mann töteten ... sie haben ihn in den Kopf geschossen, während er krank zu Hause war ... es waren zwischen zwanzig und dreißig Männer, die zu unserem Haus kamen ... sie zwangen ihn, aufzustehen und zur Tür zu gehen ... sie fragten ihn, ob er Soldat gewesen sei ... Dann trat einer zurück ... setzte eine Pistole an seinen Kopf und schoss dreimal ... als mein Mann hinfiel, scharrte er ein bisschen mit den Füßen und es schien, als wenn er versuchte, zurück ins Haus zu kommen; dann sagten sie zu ihm, wenn er sich nicht beeilte zu sterben, würden sie ihn noch einmal erschießen.«[194]

Sowohl in Memphis als auch in New Orleans wurden Schwarze und auch einige weiße Radikale ermordet und verwundet. Während der beiden Massaker brannten die Banden Schulen, Kirchen und die Wohnungen der Schwarzen nieder und vergewaltigten einzeln und zu mehreren die Schwarzen Frauen, die ihnen über den Weg liefen. Diesen beiden Ausschreitungen gingen schon die Gewalttätigkeiten von New York im Jahre 1863 voraus,

193 Ebd. S. 41.

194 Aptheker, A Documentary History, Bd. 2, S. 553–554. »Memphis Riots and Massacres.« Report Nr. 101, House of Representatives, 39. Cong., 1. Sess. (Serial 1274), S. 160–161, 222–223.

die von den Befürworter*innen der Sklaverei und den Gegner*innen der Militärpflicht angestiftet worden waren und ungefähr eintausend Menschen das Leben kosteten.[195]

Angesichts der weitverbreiteten Gewalt und des Terrors, unter dem die Schwarze Bevölkerung des Südens zu leiden hatte, war es nur logisch und zwingend, dass Frederick Douglass daran festhielt, dass die Schwarzen die politische Macht des Wahlrechts dringender brauchten als die *weißen* Frauen der Mittelschicht. Die früheren Versklavten kämpften immer noch ums Überleben, und in Douglass' Augen konnte nur das Wahlrecht ihren Sieg gewährleisten. Im Vergleich dazu konnten die *weißen* Mittelstandsfrauen, deren Interessen Elizabeth Cady Stanton und Susan B. Anthony vertraten, nicht behaupten, dass ihre Leben physisch auf dem Spiel standen. Sie befanden sich nicht, wie die Schwarzen Männer und Frauen im Süden, in einem tatsächlichen Befreiungskrieg. Und für die Schwarzen in den Südstaaten bedeutete der Sieg der Union in der Tat nicht, dass der Gewalt des Krieges endgültig Einhalt geboten wäre. Dazu W. E. B. DuBois:

> »Es ist immer schwer, einen Krieg zu beenden, und doppelt schwer, einen Bürgerkrieg zu beenden. Es ist nicht zu umgehen, dass Menschen, die lange auf Gewalttätigkeit und Mord abgerichtet wurden, dieses Verhalten auch im Frieden, im bürgerlichen Leben beibehalten, was dann zu Kriminalität und Unordnung und sozialen Erhebungen führt.«[196]

Nach DuBois hatten viele Beobachter der Nachkriegssituation das Gefühl, dass »die Südstaatler*innen ihren Hass auf die Föderierte Regierung anscheinend auf die farbige Bevölkerung übertragen hatten«.[197]

> »Von Alabama, Mississippi und Louisiana hieß es 1866: ›Das Leben eines N. ist dort nicht viel wert. Ich habe gesehen, wie einer ins Bein geschossen wurde, als er auf einem Maultier ritt, weil es in den Augen des Verbrechers umständlicher war, ihn aufzufordern, von dem Maultier herunterzusteigen, als auf ihn zu schießen.‹«[198]

Was die Schwarze Bevölkerung im Nachkriegssüden betraf, befand sie sich fortgesetzt im Notstand. Frederick Douglass' Forderung nach dem

195 Foster, a.a.O., S. 261.
196 W. E. B. DuBois, Black Reconstruction in America, Cleveland 1964, S. 670.
197 Ebd. S. 671.
198 Ebd. S. 672.

Stimmrecht für die Schwarzen beruhte auf seiner Überzeugung, dass das Wahlrecht eine Notstandsmaßnahme war. So naiv seine Einschätzung von der potenziellen Macht des Wahlrechts im Rahmen der Republikanischen Partei auch gewesen sein mag, so war doch die Frage des Wahlrechts der Schwarzen für ihn kein politisches Spiel. Für Douglass war das Wahlrecht kein Mittel, um die Hegemonie der Republikanischen Partei im Süden zu sichern. Für ihn war es in erster Linie eine Maßnahme, um zu überleben – ein Mittel, das Überleben der Mehrheit seiner Leute zu garantieren.

In der Zeit nach dem Bürgerkrieg neigten die führenden Persönlichkeiten der Frauenrechtsbewegung dazu, im Wahlrecht schon das eigentliche Ziel zu sehen. Schon 1866 schien es, als seien alle, die sich für das Frauenwahlrecht einsetzten, so rassistisch ihre Motive auch sein mochten, willkommene Mitstreiter*innen in der Frauenkampagne. Selbst für Susan B. Anthony lag kein offener Widerspruch in der Tatsache, dass das Frauenwahlrecht durch einen Kongressabgeordneten befürwortet wurde, der sich selbst zur Vorherrschaft der *Weißen* bekannte. Zur großen Bestürzung von Frederick Douglass lobte Anthony öffentlich den Kongressabgeordneten James Brooks, den früheren Herausgeber einer für die Sklaverei eintretenden Zeitung.[199] Obwohl seine Unterstützung des Frauenwahlrechts eindeutig ein taktischer Zug gegen das von den Republikanern geförderte Stimmrecht für die Schwarzen war, wurde Brooks von Susan B. Anthony und ihren Kolleginnen enthusiastisch gefeiert.

Die Demokratische Partei, die die Interessen der vormaligen Sklavenhalterklasse vertrat, versuchte, die Verleihung des Stimmrechts an den Schwarzen männlichen Teil der Bevölkerung des Südens zu verhindern. Viele Demokratische Führer kalkulierten deshalb die Forderung nach dem Frauenwahlrecht als Maßnahme gegen ihre Republikanischen Gegner ein. Zweckmäßigkeit war die Losung dieser Demokraten, deren Interesse an der Gleichheit der Frauen von der gleichen Unredlichkeit durchtränkt war, wie

199 Nach Philip Foner »wandte sich Douglass gegen das Lob Susan B. Anthonys für James Brooks' Unterstützung des Frauenwahlrechts im Kongress, indem er betonte, dass dies ›schlicht ein Trick des Feindes sei, um die Rechte der Schwarzen Männer anzugreifen und zu gefährden‹. Brooks, der ehemalige Herausgeber des New York Express, eines bösartig schwarzenfeindlichen Blattes, spielte sich als der Führer der Frauenbewegung auf, um sich deren Unterstützung in der Opposition zum Wahlrecht für Schwarze zu sichern. Douglass warnte, dass, wenn die Frauen diese Kniffe der ehemaligen Sklavenbesitzer und ihrer früheren Verbündeten im Norden nicht durchschauten, es in den Familien Ärger geben werde.« (Foner, The Life and Writings of Frederick Douglass, Bd. 4, S. 41–42)

das der Republikaner bei ihrer offensiven Unterstützung für das Wahlrecht der männlichen Schwarzen. Wenn Elizabeth Cady Stanton und Susan B. Anthony die politische Situation in der Zeit nach dem Bürgerkrieg etwas sorgfältiger analysiert hätten, hätten sie sich in ihrer Wahlrechtskampagne vielleicht nicht ganz so bereitwillig mit dem berüchtigten George Francis Train zusammengetan. »Die Frauen zuerst, die N* zuletzt, das ist mein Programm«[200] war die Losung dieses unverfrorenen rassistischen Demokraten. Als Stanton und Anthony während ihrer Kampagne 1867 Train in Kansas trafen, bot er ihnen an, die gesamten Kosten einer ausgedehnten Vortragsreise für sich selbst und für die beiden Frauen zu tragen. »Die meisten unserer Freunde hielten das für einen schweren Fehler«, schrieb Elizabeth Cady Stanton,

> »... aber das Ergebnis gab ihnen unrecht. Herr Train war damals von höchster Vollkommenheit – ein Gentleman in Kleidung und Benehmen, er rauchte nicht, kaute keinen Kaugummi, trank nicht und schlug sich nicht den Bauch voll. Er war ein eindrucksvoller Redner und Akteur ...«[201]

George Francis Train wurde aber auch als »hirnrissiger Harlekin und Halbverrückter«[202] beschrieben, wie Stanton in ihren *Reminiscences* eingesteht.

> »Er ist so arm an Prinzipien wie an Verstand ... Er mag Übung darin haben, eine Zuhörerschaft zu fesseln, aber das könnte auch ein Känguru, ein Gorilla oder ein Flusspferd.«[203]

Das war auch die Meinung von William Lloyd Garrison, dessen Einschätzung von Persönlichkeiten wie Lucy Stone und Henry Blackwell geteilt wurde. Stanton und Anthony aber suchten Unterstützung um jeden Preis, und da Train bereit war, ihnen zu helfen, nahmen sie ihn mit offenen Armen auf. Mit seiner finanziellen Unterstützung gründeten sie eine Zeitschrift, die auf sein Drängen *Revolution* genannt wurde. Das Blatt stand unter dem Motto – darauf bestand er ebenfalls: »Den Männern ihre Rechte und nicht mehr; den Frauen ihre Rechte und nicht weniger«[204].

---

200 Stanton u. a., History of Women Suffrage, Bd. 2, S. 245.
201 Stanton, Eighty Years and More, S. 256.
202 Gurko, a.a.O., S. 223.
203 Ebd. S. 223–224.
204 Ebd. S. 221. Siehe auch Stanton, Eighty Years and More, S. 256.

Als die *Equal Rights Association* (ERA) 1869 ihre Versammlung abhielt, war der Vierzehnte Zusatzartikel – der besagte, dass nur männliche Bürger ohne weitere Bedingungen zur Wahl zugelassen waren – bereits angenommen. Der Fünfzehnte Zusatzartikel – der die Verweigerung des Stimmrechts aus Gründen der ›Rasse‹, der Hautfarbe oder früherer Leibeigenschaft (aber nicht des Geschlechtes!) verbot – stand kurz davor, Gesetz zu werden. Auf der Tagesordnung dieser Versammlung der ERA stand die Bestätigung des Fünfzehnten Zusatzartikels. Da die führenden Verfechter*innen des Frauenwahlrechts diesen Punkt leidenschaftlich bekämpften, war klar, dass ein offener Bruch unvermeidbar war. Obwohl die Delegierten erkannten, dass dies vermutlich die letzte Versammlung der Vereinigung sein würde, richtete Frederick Douglass einen letzten Appell an seine *weißen* Schwestern:

> »Wenn Frauen, weil sie Frauen sind, aus ihren Wohnungen weggeschleift und an Straßenlaternen aufgehängt werden; wenn ihre Kinder aus ihren Armen gerissen und mit dem Kopf aufs Straßenpflaster geschmettert werden, wenn sie bei jeder Gelegenheit die Opfer von Beschimpfung und Gewalttätigkeit sind; wenn sie der ständigen Gefahr ausgesetzt sind, dass ihnen das Haus überm Kopf angezündet wird; wenn ihren Kindern der Schulbesuch verboten wird, dann werden sie ebenso dringend das Wahlrecht benötigen.«[205]

So plump und polemisch diese Argumentationsweise auch gewesen sein mag, so lag doch auch eine unmissverständliche Klarheit in ihr. Die lebendige, bildhafte Schilderung demonstrierte, dass die früheren Versklavten unter einer Unterdrückung litten, die sich in Art und Brutalität völlig von der Lage der *weißen* Frauen der Mittelschicht unterschied.

Als Frederick Douglass sich für die Bestätigung des Fünfzehnten Zusatzartikels durch die ERA aussprach, verlangte er von seinen Unterstützer*innen nicht, die Forderung nach dem Frauenwahlrecht ganz und gar fallenzulassen. Im Gegenteil, die Resolution, die er vorlegte, forderte die sofortige Ratifizierung der »Ausdehnung des Stimmrechts auf jede Klasse, die bislang vom Wahlrecht ausgeschlossen ist, als den krönenden Höhepunkt des Triumphs unserer ganzen Idee«.[206] Frederick Douglass sah in der Abstimmung für den Fünfzehnten Zusatzartikel den »Gipfel der einen

205 Stanton u.a., History of Women Suffrage, Bd. 2, S. 382.
206 Foner, The Life and Writings of Frederick Douglass, Bd. 4, S. 44.

Hälfte unserer Forderungen«[207] und den Grund zur Verstärkung »unserer Anstrengungen, weitere Zusatzartikel zu erreichen, um die gleichen heiligen Rechte ohne Rücksicht auf das Geschlecht zu gewährleisten«.[208]

Zwei Jahre früher hätte Sojourner Truth der Haltung von Frederick Douglass womöglich widersprochen. Auf der Versammlung der ERA im Jahre 1867 hatte sie die Ratifizierung des Vierzehnten Zusatzartikels bekämpft, da er ja den Schwarzen Frauen das Wahlrecht verweigerte.

> »Darüber, dass die Schwarzen Männer ihre Rechte bekommen, wird viel Aufhebens gemacht, aber es fällt nicht ein Wort über die Schwarzen Frauen; und wenn die Schwarzen Männer ihre Rechte bekommen und die Schwarzen Frauen nicht, dann werden die Schwarzen Männer sich als Herren über die Frauen aufspielen, und es wird genauso schlecht sein wie zuvor.«[209]

Bis zum letzten Treffen der ERA 1869 hatte Sojourner Truth den gefährlichen Rassismus erkannt, der den feministischen Widerstand gegen das Stimmrecht der Schwarzen Männer durchzog. Frederick Douglass zufolge war der Standpunkt der Unterstützer von Stanton und Anthony der, dass kein Schwarzer das Wahlrecht vor den Frauen erhalten sollte.[210] Sojourner Truth meinte dazu: »Nimm als Köder für die Angel des Wahlrechts eine Frau, und du wirst mit Sicherheit einen Schwarzen Mann fangen.«[211] Damit warnte sie zum wiederholten Mal vor dem bedrohlichen Einfluss rassistischer Ideologie.

Frederick Douglass' Appell zur Einheit hinsichtlich der Ratifizierung des Fünfzehnten Zusatzartikels wurde auch von Frances E. W. Harper unterstützt. Diese hervorragende Schwarze Dichterin und führende Vertreterin des Frauenwahlrechts bestand darauf, dass die Verleihung des Wahlrechts an die Schwarzen Männer für ihr ganzes Volk viel zu lebensnotwendig war, als dass sie in einem so kritischen Augenblick riskiert werden durfte. »Als es um die Rassenfrage ging, trat für sie das geringere Problem des Geschlechtes

207 Ebd.

208 Ebd.

209 Stanton u. a., History of Women Suffrage, Bd. 2, S. 222. Siehe auch Lerner, Black Women in White America, S. 569.

210 Foner, The Life and Writings of Frederick Douglass, Bd. 4, S. 212 (Brief an Josephine Sophie White Griffin, Rochester, 27. September 1868).

211 Stanton u. a., History of Women Suffrage, Bd. 2, S. 928. Sojourner Truth kritisierte Henry Ward Beechers Behandlung der Wahlrechtsfrage. Siehe die Analyse von Allen, a.a.O., S. 148.

in den Hintergrund.«[212] In ihrer Rede auf dem letzten Kongress der Vereinigung für gleiche Rechte appellierte Harper an ihre *weißen* Schwestern, den Befreiungskampf ihres Volkes zu unterstützen.

Frances E. W. Harper und Sojourner Truth waren gegenüber den Frauen, die sich von Frederick Douglass' Appell zur Einheit nicht hatten überzeugen lassen, in der Minderheit. Elizabeth Cady Stanton und Susan B. Anthony gehörten zu denen, die erfolgreich für die Auflösung der Vereinigung plädierten. Kurz danach gründeten sie die *National Woman Suffrage Association*. Die Unterstützer*innen der Ratifizierung des Fünfzehnten Zusatzartikels in der ERA, Lucy Stone und ihr Ehemann sowie Julia Ward Howe, dagegen taten sich zur Gründung der *American Woman Suffrage Association* zusammen.

Die Auflösung der *Equal Rights Association* beendete das unsichere, wenngleich von der Anlage her starke Bündnis zwischen dem Befreiungskampf der Schwarzen und dem der Frauen. Um feministischen Führerinnen wie Stanton und Anthony gegenüber fair zu bleiben, muss gesagt werden, dass die ehemaligen Abolitionist*innen in der ERA keineswegs die strahlenden Fürsprecher*innen der geschlechtlichen Gleichheit waren. Tatsächlich waren einige der führenden männlichen Persönlichkeiten der Vereinigung geradezu unversöhnliche Verteidiger der männlichen Vorherrschaft. Der Schwarze Führer George Downing stellte die provozierende Behauptung auf, dass die Herrschaft des Mannes über die Frau nichts Geringeres als Gottes Wille sei.[213] Downings Sexismus war zwar unter keinen Umständen entschuldbar, aber die rassistische Erwiderung von Elizabeth Cady Stanton war nicht weniger ungerechtfertigt:

> »Wenn Herr Downing die Frage an mich richtet: Sind Sie damit einverstanden, dass der Schwarze Mann das Wahlrecht vor den Frauen bekommt, sage ich nein; ich würde ihm meine Rechte nicht anvertrauen, erniedrigt und selbst unterdrückt, wie er ist, würde er noch despotischer mit der Regierungsgewalt umgehen, als es unsere sächsischen Herren jemals taten. Wenn die Frauen

212 Stanton u. a., History of Women Suffrage, Bd. 2, S. 391. Frances E.W. Harper warnte die Versammlung vor den Gefahren des Rassismus, indem sie eine Situation in Boston beschrieb, wo sechzig weiße Frauen ihre Arbeitsplätze verlassen hatten, weil eine Schwarze Frau eingestellt worden war (S. 392).

213 Allen, a.a.O., S. 145.

schon noch von Männern vertreten werden müssen, dann sage ich, lasst nur die edelsten Vertreter der Männlichkeit an die Spitze des Staates.«[214]

Obwohl die Schwarzen Männer in der ERA durchaus keine ganz saubere Weste hinsichtlich der Gleichberechtigung der Frauen für sich in Anspruch nehmen konnten, berechtigten Bemerkungen wie die von Downing noch lange nicht zu dem Schluss, die Schwarzen Männer seien generell den Frauen gegenüber despotischer als ihre *weißen* Gegenstücke. Ferner ist die Tatsache, dass Schwarze Männer ebenfalls eine sexistische Haltung an den Tag legen konnten, noch kein vernünftiger Grund, den Fortschritt des Kampfes zur Befreiung der Schwarzen insgesamt aufhalten zu wollen.

Sogar Frederick Douglass legte hin und wieder ein unkritisches Verhältnis zu den vorherrschenden Stereotypen und Klischees über Frauen an den Tag. Seine gelegentlich sexistischen Bemerkungen waren aber nie so unterdrückerisch, dass sie den Wert seines Beitrages im Kampf um das Frauenrecht insgesamt hätten herabsetzen können. Es gibt keinen Historiker, der nicht Frederick Douglass als den führenden männlichen Fürsprecher der Frauenemanzipation im gesamten neunzehnten Jahrhundert einschätzte. Wenn Douglass wegen seines Verhaltens in der Kontroverse um den Vierzehnten und Fünfzehnten Zusatzartikel ernsthafte Kritik verdient hat, so nicht wegen seiner Unterstützung des Wahlrechts für die Schwarzen Männer, sondern eher für sein anscheinend bedingungsloses Vertrauen in die Macht des Wahlrechts im Rahmen der Republikanischen Partei.

Natürlich brauchten die Schwarzen das Wahlrecht, auch wenn das herrschende politische Klima die Frauen – Schwarze wie *weiße* – an der gleichzeitigen Erringung des Wahlrechts hinderte. Und das Jahrzehnt des ›Radikalen Wiederaufbaus‹ (der Reconstruction) im Süden, das auf dem neugewonnenen Stimmrecht der Schwarzen beruhte, war eine Ära nie wieder erreichten Fortschritts – sowohl für die früheren Versklavten als auch für die armen *Weißen*. Die Republikanische Partei widersetzte sich allerdings den revolutionären Forderungen der Schwarzen Bevölkerung im Süden aus Prinzip. Nachdem die Kapitalisten aus dem Norden im Süden ihre Hegemonie errichtet hatten, beteiligte sich die Republikanische Partei, die die Interessen des Kapitals vertrat, an der systematischen Beschneidung des Wahlrechts der Schwarzen im Süden. Obgleich Frederick Douglass der

214 Stanton u. a., History of Women Suffrage, Bd. 2, S. 214. Siehe auch Allen, a.a.O., S. 146.

glänzendste Verfechter der Befreiung der Schwarzen im neunzehnten Jahrhundert war, durchschaute er nie ganz die Loyalität gegenüber dem Kapital in der Republikanischen Partei, für die der Rassismus nicht weniger nützlich werden sollte als anfangs der Kampf um das Stimmrecht der Schwarzen. Die wahre Tragik der Kontroverse um das Stimmrecht der Schwarzen innerhalb der *Equal Rights Association* ist, dass Douglass' Vorstellung vom Stimmrecht als einem Allheilmittel für das Schwarze Volk der rassistischen Verhärtung des feministischen Standpunktes zum Frauenstimmrecht Vorschub geleistet haben könnte.

FÜNF
Die Bedeutung der *Emancipation* für die Schwarze Frau

»›Verflucht sei Kanaan!‹, rief der hebräische Priester. ›Ein Diener der Diener soll er unter seinen Brüdern sein.‹ ... Sind die N* keine Diener? Ergo! Auf solche biblische Mythen wurde der Anachronismus der Sklaverei in Amerika gestützt, und gleichzeitig machte diese Erniedrigung einst die Hausbediensteten zu den Aristokraten unter den Farbigen ...
... Als die *Emancipation* kam ... war es für den N* nicht mehr verlockend, Hausbediensteter zu sein. Der Pfad der Erlösung führte für die befreite Menge nicht mehr länger durch die Küchentür, mit der weiten Halle und dem mit Säulen bestandenen Hof dahinter. Er lag, wie bald jeder N* erkannte und erkennt, in der Flucht vor dem Hausdienst.«[215]

Nach einem Vierteljahrhundert ›Freiheit‹ arbeitete noch immer ein großer Anteil Schwarzer Frauen auf den Feldern. Diejenigen, die Einlass in das ›große Haus‹ gefunden hatten, fanden die Türen zu anderen Möglichkeiten versiegelt und verschlossen, es sei denn, sie zogen es z.B. vor, zu Hause für mehrere *weiße* Familien Wäsche zu waschen, anstatt mehrere Hausarbeiten für eine einzige *weiße* Familie zu verrichten. Nur einem winzigen Anteil von Schwarzen Frauen war es gelungen, den Feldern, den Küchen und den Waschhäusern zu entfliehen. Nach der Volkszählung von 1890 gab es 2,7 Millionen Schwarze Mädchen und Frauen über zehn Jahren. Über eine Million von ihnen arbeitete für Lohn: 38,7 Prozent in der Landwirtschaft, 30,8 Prozent als Bedienstete in den Haushalten; 15,6 Prozent in Wäschereien und geringfügige 2,8 Prozent in einer Fabrik.[216] Die wenigen, die in der Industrie einen Arbeitsplatz fanden, verrichteten dort in der Regel die schmutzigste und am schlechtesten bezahlte Arbeit. Dabei hatten sie noch nicht einmal einen wirklichen Durchbruch geschafft, denn ihre

215 DuBois, Darkwater, S. 113.
216 Wertheimer, a.a.O., S. 228.

versklavten Mütter hatten auch schon in den Baumwollspinnereien, in den Zuckerraffinerien und sogar in den Bergwerken des Südens gearbeitet. Für die Schwarzen Frauen musste es 1890 so erscheinen, als liege die Freiheit weiter entfernt als am Ende des Bürgerkrieges.

Wie in der Sklaverei wurden die Frauen, die in der Landwirtschaft arbeiteten – als arme Pächterinnen, als Pachtbäuerinnen oder Landarbeiterinnen – nicht weniger unterdrückt als die Männer, mit denen sie den ganzen Tag Seite an Seite schufteten. Sie waren oft gezwungen, mit den Landbesitzern ›Verträge‹ abzuschließen, die die Vorkriegsverhältnisse wiederherstellen sollten. Die Terminierung des Vertragsendes war oft nur eine bloße Formalität, da die Grundbesitzer geltend machen konnten, dass die Arbeiter*innen ihnen mehr als den Gegenwert der vorgeschriebenen Arbeitsperiode schuldeten. Nach der *Emancipation* fand sich die Masse der Schwarzen – Männer wie Frauen – in einem Zustand unbegrenzter Dienstverpflichtung durch Verschuldung wieder. Die Pächter, die angeblich die Produkte ihrer Arbeit besaßen, waren nicht besser dran als die rechtlosen Landarbeiter*innen. Diejenigen, die direkt nach der *Emancipation* Land ›pachteten‹, besaßen kaum Geld, um die Pacht zu bezahlen oder andere Bedarfsartikel zu kaufen, bevor sie die erste Ernte einbringen konnten. Da die Zinsen bis zu 30 Prozent betrugen, pfändeten die Grundbesitzer und Kaufleute ihre Ernten.

> Solche Zinsen konnten die Bauern natürlich nicht bezahlen und waren am Ende des ersten Jahres verschuldet – das zweite Jahr versuchten sie es noch einmal, aber da waren die alten Schulden und die neuen Zinsen zu zahlen, und auf diese Weise hat das ›Hypothekensystem‹ alles so total in den Griff bekommen, dass es unmöglich scheint, es jemals wieder abzuschütteln.«[217]

Das Sträflingsverleihsystem zwang die Schwarzen, dieselben alten Rollen zu spielen, wie sie schon die Sklaverei für sie zugeschnitten hatte. Unter dem geringsten Vorwand wurden Männer und Frauen gleichermaßen verhaftet und in Gefängnisse gesteckt – um dann von den Behörden als Sträflingsarbeiter*innen verliehen zu werden. Hatten die Sklavenhalter in der Grausamkeit, mit der sie ihren ›wertvollen‹ Besitz an Menschen ausbeuteten, noch Grenzen gekannt, so hatten die Pflanzer der Nachkriegszeit, die die Sträflinge für relativ kurze Fristen mieteten, derartige Rücksichten

217 Aptheker, A Documentary History, Bd. 2, S. 747. »Tenant Farming in Alabama, 1889« in The Journal of Negro Education, XVII (1948), S. 46 ff.

nicht nötig. »In vielen Fällen mussten kranke Sträflinge so hart arbeiten, dass sie in ihrer Furche tot zusammenbrachen.«[218]

Das System der Verdingung von Sträflingen an Unternehmer unterschied nach dem Vorbild der Sklaverei nicht zwischen männlichen und weiblichen Arbeitskräften. Männer und Frauen mussten oft in dem gleichen Schuppen hausen und wurden während des Arbeitstages zusammen in dasselbe Joch gespannt. In einer Resolution, die 1883 von der *Texas State Convention of Negroes* angenommen wurde, »wurde die Praxis, männliche und weibliche Sträflinge zusammen in ein Joch zu spannen oder zusammenzuketten, streng verurteilt«.[219] Auf der Gründungsversammlung der *Afro-American League* 1890 war einer der sieben Punkte, die zur Bildung dieser Organisation führten, »das abscheuliche und unmoralische Strafsystem im Süden, seine Kettenkolonnen, seine Sträflingsvermietung, und die unterschiedslose Vermischung von Männern und Frauen«[220].

Wie W. E. B. DuBois beobachtete, veranlasste der mögliche Profit aus dem Sträflingsvermietungssystem viele Plantagenbesitzer, sich ausschließlich auf Sträflingsarbeit zu verlegen – einige beschäftigten Arbeitskolonnen von Hunderten Schwarzer Sträflinge.[221] Ein Ergebnis war, dass sowohl die Arbeitgeber wie auch die staatlichen Behörden ein zwingendes wirtschaftliches Interesse am Ansteigen der Gefängnisbelegschaften entwickelten. »Seit 1876«, so weist DuBois nach, »wurden N. beim geringsten Anlass verhaftet und zu langen Gefängnisstrafen oder zu so hohen Geldstrafen verurteilt, dass sie gezwungen waren, diese abzuarbeiten.«[222]

Diese Perversion des Strafrechtssystems unterdrückte die ehemaligen Versklavten als Gesamtheit. Die Frauen aber waren den brutalen Angriffen dieser Rechtsprechung besonders stark ausgesetzt. Der sexuelle Missbrauch, den sie während der Sklaverei regelmäßig zu erleiden hatten, hatte durch die *Emancipation* kein Ende gefunden. Faktisch wurden Schwarze Frauen immer noch »als die legitime Beute des *weißen* Mannes angesehen[223] – und wenn sie sich gegen die sexuellen Angriffe *weißer* Männer

218 Aptheker, A Documentary History, Bd. 2, S. 689. Die Versammlung der N* des Staates Texas von 1883.

219 Ebd. S. 690.

220 Aptheker, A Documentary History, Bd. 2, S. 704. Gründungsversammlung der Afro-American League von 1890.

221 DuBois, Black Reconstruction in America, S. 698.

222 Ebd.

223 Ebd. S. 699.

zur Wehr setzten, wurden sie oft ins Gefängnis geworfen und wurden so noch mehr zu Opfern eines Systems, das »die Wiederholung der Sklaverei in einer anderen Form war«[224]. In der Zeit nach der Sklaverei waren die meisten Schwarzen Frauen, die nicht auf dem Feld arbeiteten, gezwungen, Hausbedienstete zu werden. Ihre Lage, die nicht weniger misslich war als die ihrer Schwestern, der Pächterin oder der Sträflingsarbeiterin, trug die sattsam bekannten Merkmale der Sklaverei. Tatsächlich war ja die Sklaverei selbst als eine ›häusliche Einrichtung‹ und die Versklavten als harmlose ›Hausdiener‹ bezeichnet worden. In den Augen der früheren Sklavenhalter muss die ›Hausbedienstetentätigkeit‹ ein höflicher Ausdruck für eine verachtenswerte Arbeit gewesen sein, die keinen halben Schritt von der Sklaverei entfernt war. Während Schwarze Frauen als Köchin, Kindermädchen, Zimmermädchen und als Mädchen für alles arbeiteten, lehnten die *weißen* Frauen im Süden diese Arbeiten einhellig ab. Wenn außerhalb der Südstaaten *weiße* Frauen als Hausangestellte arbeiteten, waren sie im Allgemeinen europäische Einwanderinnen, die wie ihre ehemals versklavten Schwestern gezwungen waren, jede Arbeit, die sie irgend nur finden konnten, anzunehmen.

Die berufliche Gleichsetzung der Schwarzen Frau mit dem Dienstmädchen war jedoch nicht bloß ein Nachgeschmack der Sklaverei, der im Laufe der Zeit verschwinden würde. Fast ein Jahrhundert lang sollten sie sich der Arbeit als Dienstbotinnen nicht nennenswert entziehen können. Die Geschichte eines Dienstmädchens in Georgia, die 1912 von einer New Yorker Journalistin aufgezeichnet wurde,[225] beleuchtet die wirtschaftliche Lage der Schwarzen Frau sowohl in den vorhergegangenen Jahrzehnten als auch in all den folgenden Jahren. Mehr als zwei Drittel der Schwarzen Frauen in ihrer Stadt waren gezwungen, sich als Köchin, Kindermädchen, Waschfrau, Zimmermädchen, Näherin und Hausmeisterin anzubieten. Sie fanden sich in Bedingungen wieder, die »... gerade so schlimm, wenn nicht schlimmer waren als während der Sklaverei«.[226]

Über dreißig Jahre hatte diese Schwarze unfreiwillig in den Haushalten gelebt, in denen sie angestellt war. Sie arbeitete mehr als vierzehn Stun-

224 Ebd. S. 698.

225 Aptheker, A Documentary History of the Negro People in the United States, Secaucus, N. J. 1973, Bd. 1, S. 46. »A Southern Domestic Worker Speaks«, The Independent, Bd. LXXII (25. Januar, 1912).

226 Ebd. S. 46.

den am Tag, und in der Regel war ihr nur einmal alle vierzehn Tage ein Nachmittagsbesuch bei ihrer eigenen Familie erlaubt. Nach ihren eigenen Worten war sie in den Augen ihrer Herrschaft mit »Leib und Seele eine Versklavte«[227]. Sie wurde immer mit dem ersten Namen gerufen, niemals Frau Soundso, und nicht selten bezeichnete man sie als ›N*‹, mit anderen Worten, als Versklavte.[228]

Einer der erniedrigendsten Aspekte der Dienstbotentätigkeit im Süden – und ein weiterer Beweis für ihre Affinität zur Sklaverei – war die nur zeitweilige Aufhebung der Jim-Crow-Gesetze (der Rassentrennung, d. Ü.), solange die Schwarze Dienerin sich in Gegenwart *weißer* Personen befand.

> »… Ich bin mit den *weißen* Kindern in der Straßenbahn oder mit dem Zug gefahren, und … ich konnte sitzen, wo ich wollte, hinten oder vorn. Wenn ein *weißer* Mann zufällig einen anderen *weißen* Mann fragte: »Was macht der N* hier?« und ihm gesagt wurde: »Oh, sie ist das Kindermädchen dieser Kinder vor ihr«, dann war sofort Ruhe. Alles war in Ordnung, solange ich in dem Teil der Straßenbahn, der für den *weißen* Mann reserviert war, oder im Wagen des *weißen* Mannes als Dienerin – als Versklavte – zugegen war; aber wenn ich mich nicht als Bedienstete gezeigt und keine *weißen* Kinder bei mir gehabt hätte, wäre ich sofort auf die ›N*‹-Plätze oder in den ›Wagen für Schwarze‹ verwiesen worden.«[229]

Seit dem Wiederaufbau (der Reconstruction) bis heute betrachten die Schwarzen weiblichen Hausangestellten den sexuellen Missbrauch durch ›den Hausherrn‹ als eine der Hauptgefahren ihres Berufs. Immer wieder wurden sie mit dem Arbeitsplatz erpresst und gezwungen, zwischen sexueller Unterwerfung oder bitterster Armut für sich selbst und ihre Familien zu wählen. Die Frau aus Georgia verlor einen ihrer Arbeitsplätze, wo sie wohnte, weil ›ich mich weigerte, mich von dem Ehemann der Herrin küssen zu lassen‹.[230]

> »Bald nachdem ich als Köchin eingestellt worden war, kam er zu mir hoch, schlang seine Arme um mich und war schon dabei, mich zu küssen, als ich von ihm wissen wollte, was er vorhabe und ihn von mir wegstieß. Ich war damals jung und frisch verheiratet und kannte bis dahin nicht, was seitdem eine Last

227 Ebd. S. 47.
228 Ebd. S. 50.
229 Ebd.
230 Ebd. S. 49.

für mein Herz und Gemüt ist: dass in diesem Teil des Landes die Tugend einer farbigen Frau keinen Schutz genießt.«[231]

Wie in der Sklaverei musste der Schwarze Mann, der gegen diese Behandlung seiner Schwester, seiner Tochter oder seiner Frau protestierte, immer damit rechnen, dass er dafür bestraft wurde.

»Als mein Ehemann zu dem Mann ging, der mich beleidigt hatte, verfluchte der ihn und schlug ihn und – ließ ihn verhaften! Die Polizei verurteilte meinen Ehemann zu 25 Dollar Strafe.«[232]

Nachdem sie unter Eid vor Gericht ausgesagt hatte, »sah der alte Richter hoch und sagte: Dieses Gericht wird niemals das Wort eines N* gegen das Wort eines *weißen* Mannes annehmen«[233].

Als 1919 die Vorstandsmitglieder aus dem Süden in der *National Association of Colored Women* die sie betreffenden Missstände auflisteten, standen an erster Stelle dieser Liste die Arbeitsbedingungen der Dienstmädchen. Sie hatten guten Grund, gegen das zu protestieren, was sie höflich als »Auslieferung an moralische Versuchung«[234] am Arbeitsplatz umschrieben. Zweifellos hätte die Hausangestellte aus Georgia dem Protest der Vereinigung ihre uneingeschränkte Zustimmung gegeben. Sie formulierte dies so:

»Ich glaube, fast alle *weißen* Männer nehmen sich unangemessene Freiheiten gegenüber ihren weiblichen Schwarzen Bediensteten heraus oder haben vor, das zu tun – nicht nur die Väter, sondern in vielen Fällen auch die Söhne. Diejenigen Dienerinnen, die gegen diese Vertraulichkeiten rebellieren, müssen entweder gehen oder haben eine überaus harte Zeit, wenn sie bleiben.«[235]

Seit der Sklaverei hat die schutzlose Stellung der im Haushalt Beschäftigten immer dazu beigetragen, die in der Luft schwebenden Mythen über die ›Amoralität‹ der Schwarzen Frauen zu nähren. In dieser klassischen ›catch-22‹-Situation wird die Hausarbeit als erniedrigend angesehen, weil sie verhältnismäßig oft von Schwarzen Frauen verrichtet wird, die dafür wiederum als ›blöde‹ und als ›promiskuitiv‹ gelten. Aber ihre angebliche Blödheit

231 Ebd.
232 Ebd.
233 Ebd.
234 Lerner, Black Women in White America, S. 462. »The Colored Women's Statement to the Women's Missionary Council, American Missionary Association.«
235 Aptheker, A Documentary History, Bd. 1, S. 49.

und Promiskuität sind Mythen, die immer wieder durch die erniedrigende Arbeit bestätigt wurden, die sie gezwungenermaßen tun mussten. W. E. B. DuBois schrieb, jeder »anständige« *weiße* Mann hätte eher seiner Tochter die Kehle durchgeschnitten, als ihr zu erlauben, eine Arbeit als Hausangestellte anzunehmen.[236]

Als die Schwarzen anfingen, nach Norden auszuwandern, entdeckten die Männer wie auch die Frauen, dass ihre *weißen* Dienstherren außerhalb der Südstaaten keine grundsätzlich andere Haltung zu dem Arbeitskräftepotenzial der freigelassenen Versklavten hatten als ihre früheren Besitzer. Anscheinend glaubten auch sie, dass »N* Diener und Diener N* sind«.[237] Nach der Volkszählung von 1890 war Delaware der einzige Staat außerhalb des Südens, in dem die Mehrheit der Schwarzen als Landarbeiter*innen und Pachtbauern und nicht als Hausbedienstete arbeitete.[238] In zweiunddreißig von achtundvierzig Staaten war die Dienstbotentätigkeit die hauptsächliche Beschäftigung für Männer ebenso wie für Frauen. In sieben von zehn dieser Staaten arbeiteten mehr Schwarze als Dienstbot*innen als in allen anderen Beschäftigungszweigen zusammen.[239] Der Bericht zur Volkszählung war ein Beleg dafür, dass *N* Diener und Diener N* sind.*

Isabel Eatons grundlegender Aufsatz über die Dienstbotentätigkeit, 1899 in DuBois' Studie *The Philadelphia Negro* veröffentlicht, weist nach, dass 60 Prozent aller Schwarzen Arbeiter im Staate Pennsylvania mit irgendeiner Form von Hausarbeit beschäftigt waren.[240] Die Lage der Frauen war noch schlimmer, denn bis auf neun Prozent waren die Schwarzen Arbeiterinnen – also 14.297 von 15.704 – als Dienstmädchen angestellt.[241] Als sie nach Norden gingen, um der alten Sklaverei zu entgehen, hatten sie entdecken müssen, dass ihnen dort keine anderen Arbeitsplätze offenstanden. Im Verlauf ihrer wissenschaftlichen Untersuchung interviewte Eaton verschiedene Frauen, die vorher Schullehrerinnen gewesen, aber aufgrund von ›Vorurteilen‹ entlassen worden waren.[242] Aus dem Klassenraum vertrieben, mussten sie in Wäschereien und Küchen arbeiten.

---

236 DuBois, Darkwater, S. 116.
237 Ebd. S. 115.
238 Isabel Eaton, »Special Report an Negro Domestic Service« in W. E. B. Du-Bois, The Philadelphia Negro, New York 1967 (18991), S. 427.
239 Ebd.
240 Ebd. S. 428.
241 Ebd.
242 Ebd. S. 465.

Von den fünfundzwanzig von Eaton befragten Dienstherrinnen zog nur eine *weiße* Dienstbot*innen den Schwarzen vor.[243] Eine Frau begründete das so:

> »Ich glaube, dass die Schwarzen sehr verleumdet werden, was Ehrlichkeit, Sauberkeit und Vertrauenswürdigkeit angeht; meine Erfahrung mit ihnen ist, dass sie in jeder Hinsicht sauber und von Grund auf ehrlich sind, ich kann sie tatsächlich nicht genug loben.«[244]

Der Rassismus äußert sich auf vielerlei Art. Die Dienstherr*innen, die den Schwarzen zu schmeicheln glaubten, wenn sie angaben, dass sie sie den *Weißen* vorzögen, meinten in Wirklichkeit ihre eigentliche Bestimmung, nämlich die, Dienstbot*innen zu sein – oder Versklavte, um es beim Namen zu nennen. Eine andere Dienstherrin beschreibt ihre Köchin als »sehr fleißig und sorgfältig – arbeitsam. Sie ist eine gute, treue Kreatur und sehr dankbar«.[245] Selbstverständlich ist der*die »gute« Diener*in immer treu, vertrauenswürdig und dankbar. Die amerikanische Literatur und die Massenmedien in diesem Land liefern zahlreiche Stereotype von der Schwarzen Frau als der treuen und geduldigen Dienerin. Die Dilseys (à la Faulkner), die Berenices (in *Member of the Wedding*) und die durch die Reklame bekanntgewordene Aunt Jemimas sind Standardcharaktere der US-Kultur. So gestand auch die eine Frau, die *weiße* Dienstmädchen den Schwarzen vorzog, in dem Interview mit Eaton, dass sie in Wirklichkeit auch Schwarze Aushilfen beschäftigt, »... weil sie eher nach Dienstboten aussehen«[246]. Die tautologische Definition der Schwarzen als Dienerin ist in der Tat eins der Hauptrequisiten rassistischer Ideologie.

Rassismus und Sexismus fallen häufig zusammen, und die Lebensbedingungen der *weißen* weiblichen Arbeitskräfte waren oft abhängig von der unterdrückten Lage der Schwarzen Frauen. So waren die Löhne, die die *weißen* Dienstmädchen bekamen, immer durch die rassistischen Kriterien bedingt, nach denen die Löhne der Schwarzen Dienstmädchen errechnet wurden. Die Einwanderinnen, die gezwungen waren, als Hausbedienstete zu arbeiten, verdienten wenig mehr als ihre Schwarzen Kolleginnen. Was die Verdienstmöglichkeiten betraf, waren sie ihren Schwarzen Schwestern

243 Ebd. S. 484.
244 Ebd. S. 485.
245 Ebd.
246 Ebd. S. 484.

weit näher als ihren *weißen* Brüdern, die für ihren Lebensunterhalt arbeiteten.[247]

Während *Weiße* Frauen sich erst dann für die Dienstbotentätigkeit hergaben, wenn sie wirklich nichts anderes mehr fanden; waren die Schwarzen Frauen bis zu Beginn des Zweiten Weltkrieges auf diese Beschäftigungen festgenagelt. Noch in den Vierzigerjahren unseres Jahrhunderts gab es in New York und in anderen großen Städten Märkte an den Straßenecken – eine moderne Version der Sklavenmärkte –, die die *weißen* Frauen einluden, sich aus der Menge der arbeitsuchenden Schwarzen Frauen eine herauszupicken.

> »Jeden Morgen, bei Regen wie bei Sonnenschein, standen Gruppen von Frauen mit ihren braunen Papiertaschen oder billigen Koffern an den Straßenecken von Bronx und Brooklyn und warteten auf das Glück, ein bisschen Arbeit zu bekommen ... Waren sie erst auf dem ›Sklavenmarkt‹ gedungen, mussten diese Frauen oft nach einem knochenbrecherischen Tagewerk feststellen, dass sie länger als abgemacht gearbeitet hatten und dass sie weniger Geld als versprochen bekamen; statt Bargeld mussten sie Kleidung annehmen und wurden jenseits des menschlich Erträglichen ausgebeutet. Nur die dringende Geldnot brachte sie dazu, sich dieser Routine täglich zu unterwerfen.«[248]

New York konnte sich rühmen, zweihundert solcher ›Sklavenmärkte‹ zu besitzen. Viele davon lagen in der Bronx, wo »an fast jeder Ecke oberhalb der 167. Straße« eine Sammelstelle für arbeitssuchende Schwarze Frauen war.[249] 1938 veröffentlichte *The Nation* einen Artikel unter dem Titel »Unsere feudalen Hausfrauen«, in dem berichtet wurde, dass sie bis zu zweiundsiebzig Stunden in der Woche arbeiteten und die niedrigsten Löhne aller Berufszweige erhielten.[250]

In der Hausarbeit, dem am wenigsten befriedigenden Beruf, war auch die gewerkschaftliche Organisierung am schwierigsten durchzusetzen. Schon 1881 waren allerdings Dienstmädchen unter den Frauen, die sich

---

247 Ebd. S. 449. Eaton führt Belege an, »... die Grund zu der Annahme geben, dass es wenigstens unter den in den Privathaushalten beschäftigten Frauen keinen Unterschied zwischen ›*weißer* und Schwarzer Bezahlung‹ gebe ...«

248 Lerner, Black Women in White America, S. 229–231. Louise Mitchell, »Slave Markets Typify Exploitation of Domestics«, The Daily Worker, 5. Mai 1940.

249 Gerda Lerner, The Female Experience: An American Documentary, Indianapolis 1977, S. 269.

250 Ebd. S. 268.

den »Rittern der Arbeit« (Knights of Labor) anschlossen, nachdem diese das Verbot der weiblichen Mitgliedschaft aufgehoben hatten.[251] Aber viele Jahrzehnte später noch, als die Gewerkschaften die Bediensteten zu vereinigen suchten, hatten sie gegen die gleichen Hindernisse zu kämpfen wie ihre Vorgängerinnen. Dora Jones gründete und leitete die *New York Domestic Workers Union* in den Dreißigerjahren.[252] 1939 – fünf Jahre nach ihrer Gründung – waren von 100.000 Bediensteten in diesem Staat nur 350 angeworben worden. Bei den enormen Schwierigkeiten, die Bediensteten zu organisieren, war dies trotzdem keine geringe Leistung.

Weiße Frauen – die Feministinnen eingeschlossen – haben es nicht verstanden, die Kämpfe der Dienstbot*innen historisch zu würdigen. Sie gaben sich nur äußerst selten zu der Sisyphusarbeit her, die Arbeitsbedingungen in den Haushalten zu verbessern. Das bequeme Auslassen der Dienstbot*innenprobleme aus den Programmen der ›bürgerlichen‹ Feministinnen von gestern und heute hat sich oft – wenigstens seitens der wohlhabenderen Frauen – als verschleierte Rechtfertigung des eigenen ausbeuterischen Verhältnisses zu ihren Dienstmädchen herausgestellt. 1902 beschreibt die Autorin eines Artikels mit dem Titel »Neunstundentag für Dienstboten« ein Gespräch mit einer feministischen Freundin, die sie gebeten hatte, eine Petition dafür zu unterschreiben, dass Verkäuferinnen Stühle von ihren Arbeitgebern bekamen.

»›Diese Mädchen‹, sagte sie, ›müssen zehn Stunden lang am Tag auf den Füßen stehen, und es bricht mir das Herz, wenn ich ihre müden Gesichter sehe.‹
›Frau Jones‹, sagte ich, ›wie viele Stunden steht Ihr Mädchen täglich auf den Füßen?‹
›Warum? Ich weiß es nicht‹, schnaufte sie, ›vermutlich fünf oder sechs.‹
›Wann steht sie auf?‹ – ›Um sechs.‹
›Und um welche Zeit macht sie abends Schluss?‹ – »Oh, um acht im Allgemeinen, glaube ich.‹
›Das macht vierzehn Stunden ...‹ – ›... Sie kann sich oft bei ihrer Arbeit setzen.‹
›Bei welcher Arbeit? Beim Waschen? Bügeln? Fegen? Bettenmachen? Kochen? Spülen? ... Sie sitzt vielleicht zwei Stunden bei den Mahlzeiten und wenn sie das Gemüse zubereitet, und an vier Tagen in der Woche hat sie eine

251 Wertheimer, a.a.O., S. 182–183.
252 Lerner, Black Women in White America, S. 232.

> freie Stunde am Nachmittag. Danach ist Ihr Mädchen wenigstens elf Stunden am Tag auf den Füßen, eine Menge Treppensteigen inbegriffen. Meiner Meinung nach ist sie weit bedauernswerter als die Verkäuferinnen.‹
> Meine Besucherin erhob sich mit roten Wangen und blitzenden Augen.
> ›Mein Dienstmädchen hat nach jedem Abendessen frei‹, sagte sie.
> ›Ja, aber eine Verkäuferin hat den ganzen Tag Sonntag frei. Bitte gehen Sie nicht, bevor ich die Petition unterschrieben habe. Niemand wird dankbarer sein als ich, wenn die Verkäuferinnen eine Sitzgelegenheit bekommen ...‹«[253]

Diese Feministin setzte die Unterdrückung selbst fort, gegen die sie protestierte. Ihr widersprüchliches Verhalten und ihre erhebliche Unempfindlichkeit sind jedoch nicht unerklärlich, denn Personen, die als Diener*innen arbeiten, werden in der Regel nicht als vollwertige Menschen angesehen. Der Dynamik des Herr-und-Knecht- bzw. Herrin-und-Dienerin-Verhältnisses wohnt, so Hegel, das stete Bemühen inne, das Bewusstsein des Knechtes auszulöschen. Die Verkäuferin, von der in dem Gespräch die Rede war, war eine Lohnarbeiterin – ein Mensch, der wenigstens noch einen geringen Teil an Unabhängigkeit gegenüber dem Dienstherren und der eigenen Arbeit hatte. Das Dienstmädchen hingegen arbeitete nur zu dem Zweck, die Bedürfnisse ihrer Herrin zu befriedigen. Da sie ihre Dienerin wahrscheinlich nur als eine Verlängerung ihrer selbst betrachtete, konnte sich die Feministin ihrer eigenen Rolle als Unterdrückerin schwerlich bewusst werden.

Angelina Grimke hatte in ihrem Appell an die christlichen Frauen im Süden erklärt, dass die *weißen* Frauen, die der Institution der Sklaverei nicht den Kampf ansagten, für diese Unmenschlichkeit schwere Verantwortung trügen. In gleicher Weise legte die Gewerkschaft der Dienstboten die Rolle der mittelständischen Hausfrauen bei der Unterdrückung der Schwarzen Bediensteten offen.

> »Wir verurteilen die Hausfrau als schlimmste Dienstherrin im Land ... Die Hausfrauen der Vereinigten Staaten lassen ihre eineinhalb Millionen Angestellten in der Woche durchschnittlich zweiundsiebzig Stunden arbeiten und bezahlen ihnen ... was sie nach dem Kolonialwarenhändler, dem Metzger ... (etc.) gerade noch aus ihrer Haushaltskasse herausquetschen können.«[254]

---

253 Inez Goodman, »A Nine-Hour Day for Domestic Servants«, The Independent, Bd. LIX (13. Februar 1902). Zitiert in Baxandall u. a., a.a.O., S. 213–214.

254 Lerner, The Female Experience, S. 268.

Die verzweifelte wirtschaftliche Lage der Schwarzen Frauen – sie verrichteten die schlimmsten aller Arbeiten und wurden zugleich abgrundtief verachtet – zeigte bis zum Ausbruch des Zweiten Weltkrieges keine Anzeichen der Veränderung. Am Vorabend des Krieges waren nach den Angaben der Volkszählung von 1940 59,8 Prozent der arbeitenden Schwarzen Frauen Hausangestellte und weitere 10,4 arbeiteten in den übrigen Dienstleistungsbereichen.[255] Da ungefähr 16 Prozent immer noch auf den Feldern arbeiteten, hatte es knapp eine von zehn Schwarzen Arbeiterinnen geschafft, dem alten Würgegriff der Sklaverei zu entkommen. Selbst diejenigen, denen es gelungen war, in der Industrie unterzukommen und beruflich qualifiziert zu arbeiten, hatten wenig Grund, stolz zu sein, denn sie waren in der Regel in den am schlechtesten bezahlten Bereichen beschäftigt. Als die Vereinigten Staaten in den Zweiten Weltkrieg eingetreten waren und die weibliche Arbeitskraft die Kriegswirtschaft am Laufen hielt, verabschiedeten sich über vierhunderttausend Schwarze Frauen von der Dienstbotentätigkeit. Auf dem Höhepunkt des Krieges hatte sich ihre Zahl in der Industrie mehr als verdoppelt. Und trotzdem – diese Einschränkung muss gemacht werden – waren noch 1960 mindestens ein Drittel der Schwarzen Arbeiterinnen an dieselben alten Haushaltsarbeitsplätze gekettet, und ein weiteres Fünftel arbeitete in den übrigen Dienstleistungsbereichen.[256]

In einem aufpeitschend kritischen Aufsatz mit dem Titel »Der Hausdiener« belegte W. E. B. DuBois, dass die *Emancipation* eine abstrakte Vorstellung bleibt, solange die Hausarbeit für die Schwarzen die Regel ist. »... Der N*«, beharrte DuBois, »wird nicht eher die Freiheit erreichen, als bis dieses verhasste Kennzeichen der Sklaverei und des Mittelalters auf weniger als zehn Prozent reduziert ist.«[257] Die Veränderungen, die durch den zweiten Weltkrieg veranlasst worden waren, sind nur die Andeutung eines Fortschritts. Nach acht langen Jahrzehnten der *Emancipation* waren die Zeichen der Freiheit noch immer so vage und weit entfernte Schattenbilder, dass man sich strecken und angestrengt schielen musste, um etwas von ihnen zu erspähen.

---

255 Lacquelyne Johnson Jackson, »Black Women in a Racist Society«, in Charles Willie u. a. (Hg.), Racism and Mental Health, Pittsburgh 1973, S. 236.

256 Ebd.

257 DuBois, Darkwater, S. 115.

SECHS
Bildung und Befreiung: die Perspektive der Schwarzen Frau

Millionen Schwarzer, unter ihnen besonders die Frauen, waren davon überzeugt, dass die *Emancipation* »die Ankunft des Herrn« sei.[258]

> »Dies war die Erfüllung der Prophezeiungen und Legenden. Es war der Goldene Morgen nach tausend Jahren in Ketten. Es war alles zugleich, wunderbar, vollkommen und verheißungsvoll.[259]
>
> Im Süden war die Freude. Sie erhob sich wie ein Duft – wie ein Gebet. Die Männer standen und zitterten. Schlanke dunkle Mädchen, wild und schön mit ihrem Kraushaar, weinten still vor sich hin; junge Frauen, Schwarz, lohfarben, weiß und golden, hoben ihre bebenden Hände, und alte, gebrochene Mütter, Schwarz und grau, erhoben ihre lauten Stimmen und riefen über die Felder weg zu den Felsen und Bergen hin zu Gott.[260]
>
> Und es erhob sich ein mächtiger Gesang, das Schönste, was diesseits des Meeres geboren wurde. Es war ein neues Lied, ... und seine tiefe klagende Schönheit, seine mächtigen Kadenzen und wilden Appelle wehklagten, pochten und donnerten an das Ohr der Welt eine Botschaft, die von Menschen nur selten ausgesprochen wurde. Es schwoll und erblühte wie Räucherwerk, jung und neu geboren aus einem längst vergangenen Zeitalter, und verwob in sich die alten und neuen Melodien in Worten und Gedanken.«[261]

Als die Schwarzen die lang ersehnte Befreiung von der Sklaverei (*Emancipation*) begrüßten, feierten sie wohl schwerlich die abstrakten Prinzipien der Freiheit. Und wenn man liest, dass »... ein großes menschliches Schluchzen sich gellend in den Wind erhob und seine Tränen über dem Meer vergoss – frei, frei, frei«[262], heißt das nicht, dass die Schwarzen religiösem Wahnsinn

258 DuBois, Black Reconstruction in America, Kapitel V.
259 Ebd. S. 122.
260 Ebd. S. 124.
261 Ebd.
262 Ebd.

seinen Lauf gelassen hätten. Sie wussten genau, was sie wollten: Männer wie Frauen wollten Land, sie wollten das Wahlrecht und verzehrten sich in dem Wunsch nach Schulen.[263]

Viele der vier Millionen Schwarzen, die die *Emancipation* feierten, hatten wie Frederick Douglass als kleines versklavtes Kind erkannt, dass »Wissen ein Kind zum Sklaven untauglich macht«.[264] Und wie der Master von Douglass, so hatten auch die anderen damaligen Sklavenhalter begriffen: »... wenn du einem N* einen Finger reichst, nimmt er die ganze Hand. Bildung verdirbt den besten N* der Welt.«[265] Ungeachtet der Missbilligung seines Masters Hugh, fuhr Frederick Douglass heimlich fort, sich Wissen anzueignen. Bald konnte er alle Worte aus Websters Fibel schreiben und um seine Fähigkeiten weiter zu verbessern, beschäftigte er sich im Dunkel der Nacht mit der Familienbibel und anderen Büchern. Wohl war Frederick Douglass ein außergewöhnlicher Mensch, der zu einem glänzenden Denker, Autor und Redner heranwachsen sollte, aber in seinem Verlangen nach Wissen war er keineswegs eine Ausnahme unter den Versklavten, die immer einen tiefsitzenden Drang nach Bildung an den Tag legten. Viele Versklavte wollten für dieses qualvolle Leben, das sie führten, »untauglich« sein. Jenny Proctor, eine frühere Versklavte, erinnert sich in einem Interview 1930 an Websters Fibel, aus der sie und ihre Freunde heimlich lernten.

> »Keiner von uns war es erlaubt, Bücher zu lesen oder zu versuchen, etwas zu lernen. Sie sagten, wir würden gescheiter als sie selbst, wenn wir irgendetwas lernten; aber wir schlichen herum und bekamen Websters blaueingebundene Fibel in die Hand, versteckten sie, warteten, bis es Nacht war, und zündeten dann einen kleinen Holzspan an und studierten die Fibel. Wir lernten es tatsächlich. Ich kann jetzt ein bisschen lesen und auch schreiben.«[266]

Die Schwarzen mussten erfahren, dass ›die vierzig Morgen und das Maultier‹ der *Emancipation* ein heimtückisches Gerücht waren. Sie mussten um Land kämpfen, sie mussten um die politische Macht kämpfen. Und nach Jahrhunderten des Entzugs von Bildung mussten sie stets auf ihr Recht bedacht sein, ihre tief verwurzelte Sehnsucht nach Bildung zu befriedigen. Wie ihre Brüder und Schwestern im gesamten Süden so beschlossen auch

263 Ebd. S. 123.
264 Douglass, a.a.O., S. 79.
265 Ebd.
266 Watkins und David, a.a.O., S. 18.

die gerade befreiten Schwarzen von Memphis auf einer Versammlung, dass Bildung für sie oberste Priorität hatte. Am ersten Jahrestag der *Emancipation Proclamation* beschworen sie die Lehrer im Norden, sich zu beeilen,

> »... ihre Zelte mitzubringen und sie auf den Feldern aufzuschlagen, an der Straße oder in einem Fort, und nicht auf großartige Häuser zu warten, die in Kriegszeiten hätten errichtet werden müssen ...«[267]

Die mystifizierenden Kräfte des Rassismus haben oft eine irrationale, alles auf den Kopf stellende Logik. Nach der herrschenden Ideologie waren die Schwarzen angeblich zu intellektuellem Fortschritt unfähig. Da sie als Versklavte lebendes Eigentum gewesen waren, galten sie im Vergleich zum *weißen* Prototyp des Menschen nach alledem natürlich als minderwertig. Wenn sie aber tatsächlich biologisch minderwertig gewesen wären, hätten sie weder eine Sehnsucht nach Wissen noch die Fähigkeit, sich dieses anzueignen, haben können. Ergo wäre auch kein Lernverbot notwendig gewesen. Doch haben die Schwarzen in Wirklichkeit immer eine unbändige Ungeduld an den Tag gelegt, wenn es um den Erwerb von Bildung ging.

Die Sehnsucht nach Wissen war immer schon da gewesen. Bereits im Jahr 1787 forderten Schwarze in einer Petition an den Staat Massachusetts das Recht, die freien Schulen in Boston besuchen zu dürfen.[268] Nachdem die Petition abgewiesen worden war, richtete Prince Hall, der Initiator dieser Initiative, eine Schule bei sich zu Hause ein.[269]

Für diese frühe Forderung nach Bildung ist vielleicht die Arbeit einer aus Afrika gebürtigen früheren Versklavten das erstaunlichste Beispiel. Lucy Terry Prince verlangte 1793 mutig, von dem Kuratorium des neu eingerichteten Williams College für Männer angehört zu werden, das ihrem Sohn den Besuch der Schule verweigert hatte. Leider waren dessen rassistische Vorurteile so stark, dass weder Lucy Princes Gedankenführung noch ihre Beredsamkeit die Kuratoren dieser Einrichtung in Vermont beeinflussen konnten. Dennoch verteidigte sie offensiv das Bedürfnis und auch das Recht ihres Volkes auf Bildung. Zwei Jahre später setzte Lucy Terry Prince vor dem höchsten Gerichtshof des Landes erfolgreich das Recht auf eigenes Ackerland durch, und nach erhalten gebliebenen Berichten ist sie

267 Aptheker, A Documentary History, Bd. 1, S. 493.
268 Ebd. S. 19.
269 Ebd.

die erste Frau, die sich je an das Oberste Gericht der Vereinigten Staaten gewandt hat.[270]

1793 war auch das Jahr, in dem eine ehemalige Versklavte, die sich ihre Freiheit erkauft hatte, in New York eine Schule einrichtete, die als Katy Fergusons Armenschule bekannt wurde. Ihre Schüler, die sie aus den Armenhäusern holte, waren Schwarz und *weiß* (achtundzwanzig beziehungsweise zwanzig)[271] und vermutlich sowohl Jungen als auch Mädchen. Vierzig Jahre später trat die junge *weiße* Lehrerin Prudence Crandall unerschütterlich für das Recht der Schwarzen Mädchen ein, ihre Schule in Canterbury in Connecticut zu besuchen. Crandall unterrichtete ihre Schwarzen Schülerinnen so lange, bis sie ins Gefängnis geworfen wurde, weil sie sich geweigert hatte, ihre Schule zu schließen.[272] Margaret Douglass war eine weitere *Weiße*, die in Norfolk in Virginia ins Gefängnis kam, weil sie eine Schule für Schwarze Kinder betrieb.[273]

Die hervorragendsten Beispiele schwesterlicher Solidarität *weißer* Frauen mit Schwarzen Frauen sind mit dem Kampf der Schwarzen um Bildung verbunden. Wie Prudence Crandall und Margaret Douglass riskierte auch Myrtilla Miner buchstäblich ihr Leben, als sie versuchte, jungen Schwarzen Frauen ihre Kenntnisse weiterzugeben.[274] Schon bevor sie 1851 ihr Projekt begann, in Washington D. C. ein Kolleg für Schwarze Lehrerinnen einzurichten, hatte sie in Mississippi Schwarze Schüler*innen unterrichtet – in einem Staat, wo der Unterricht für Schwarze als kriminelles Delikt galt. Nach Myrtilla Miners Tod beschrieb Frederick Douglass seine inneren Zweifel, als sie ihm ihre Pläne zum ersten Mal ankündigte. Bei ihrem ersten Treffen bezweifelte er noch ihre Ernsthaftigkeit, dann aber sah er, dass

> »... das Feuer des Enthusiasmus in ihren Augen leuchtete und der Geist der wahren Märtyrerin in ihrer Seele brannte. Meine Gefühle waren eine Mischung von Freude und Trauer. Das, dachte ich, ist ein weiteres Unternehmen – wild, gefährlich, verzweifelt und unrealistisch und nur dazu da, Misserfolg und Leid zu bringen. Trotzdem war ich vor Bewunderung über die

270 Wertheimer, a.a.O., S. 35–36.

271 Lerner, Black Women in White America, S. 76.

272 Siehe Kapitel 2.

273 Foner, The Life and Writings of Frederick Douglass, Bd. 4, S. 553 (Anm. 16).

274 Ebd. S. 371 ff.

heroische Absicht dieser feinen und zarten Person, die da vor mir stand oder vielmehr vor mir auf und ab ging, tief gerührt.«[275]

Es dauerte nicht lange, bis Douglass erkannte, dass keine seiner Warnungen an sie – nicht einmal die Berichte über die Angriffe gegen Prudence Crandall und Margaret Douglass – ihre Entscheidung, ein Kolleg für Schwarze Lehrerinnen zu gründen, erschüttern konnte.

»Für mich war der Vorschlag verwegen, fast bis an den Rand der Verrücktheit. In meiner Fantasie sah ich schon, wie diese kleine, zarte Frau von der Justiz aufgerieben, auf der Straße beleidigt, ein Opfer der Sklavenhalter-Bosheit und womöglich vom Mob niedergeschlagen wurde.«[276]

Nach Frederick Douglass' Meinung gab es außerhalb des Kreises der Aktivist*innen gegen die Sklaverei relativ wenige *Weiße*, die mit Myrtilla Miners Sache sympathisierten und sie gegen den Mob unterstützen würden. Dies sei, erklärte er, eine Zeit eingeschränkter Solidarität mit den Schwarzen. Und weiter:

»... der Distrikt von Columbia (war) doch die Hochburg der Sklaverei, der Landstrich, der am meisten von den Drahtziehern der Sklaverei beobachtet und bewacht wurde und in dem humanistische Strömungen am schnellsten entdeckt und aufs Schärfste bekämpft wurden.«[277]

Rückblickend jedoch gesteht Douglass, dass er die Tiefe des persönlichen Muts dieser Frau nicht richtig erkannt hatte. Trotz aller schweren Risiken eröffnete Myrtilla Miner im Herbst 1851 ihre Schule, und innerhalb weniger Monate war die Zahl der Schülerinnen von anfangs sechs auf vierzig angewachsen. Leidenschaftlich unterrichtete sie ihre Schwarzen Studentinnen die nächsten sechs Jahre hindurch; gleichzeitig sammelte sie Geld und drängte die Kongressabgeordneten, ihre Bemühungen zu unterstützen. Wie eine Mutter handelte sie gegenüber Waisenmädchen, die sie mit zu sich nach Hause nahm, damit sie ihre Schule besuchen konnten.[278]

Wie Myrtilla Miner kämpfte, um zu lehren, so kämpften ihre Schülerinnen darum, lernen zu dürfen, und sie bekämpften gemeinsam Verbote, Brandstiftungen und Übergriffe rassistischer steinewerfender Banden. Sie

275 Ebd. S. 372.
276 Ebd.
277 Ebd. S. 371.
278 Ebd.

wurden von den Familien der jungen Frauen und von der Abolitionistin Harriet Beecher Stowe unterstützt, die einen Teil ihrer Honorare aus dem Verkauf von *Onkel Toms Hütte* spendete.[279] Myrtilla Miner mag, wie Frederick Douglass beobachtete, »zerbrechlich« gewesen sein, aber letzten Endes war sie immer ungeheuer stark und immer fähig, während der Schulstunden die rassistischen Attacken im Auge zu haben. Eines frühen Morgens jedoch wurde sie durch den Geruch von Rauch und tobenden Flammen abrupt aus dem Schlaf gerissen. Ihr Schulhaus brannte schnell nieder. Obwohl ihre Schule zerstört war, hielt die Begeisterung, die sie geweckt hatte, an, und das *Miner's Teachers College* wurde später zu einem Teil des öffentlichen Bildungswesens im Distrikt von Columbia.[280] »Ich gehe niemals an der *Miner Normal School for colored girls* vorbei«, gestand Frederick Douglass 1883

> »... ohne ein Gefühl des Selbstvorwurfs darüber, dass ich je etwas hatte sagen können, was den Eifer unterdrücken, das Vertrauen erschüttern und den Mut dämpfen musste, den die edle Frau besaß, die diese nach ihr benannte Schule gegründet hatte.«[281]

Schwesterlichkeit zwischen Schwarzen und *weißen* Frauen war tatsächlich möglich, und solange sie auf einem festen Grund ruhte – wie bei dieser bedeutenden Frau und ihren Freund*innen und Studentinnen konnte sie weltbewegende Leistungen erbringen. Myrtilla Miner hielt das Feuer am Brennen, das andere vor ihr, wie die Schwestern Grimke und Prudence Crandall, als ein mächtiges Erbe zurückgelassen hatten. Es kann kein bloßer historischer Zufall gewesen sein, dass so viele *weiße* Frauen, die ihren Schwarzen Schwestern in dieser gefährlichen Zeit beistanden, in den Kampf um Bildung verwickelt waren. Sie müssen begriffen haben, wie sehr die Schwarzen Frauen Wissen brauchten – als eine Orientierungshilfe für die Schritte ihres Volkes und als das Licht, das den Weg in die Freiheit wies.

Die Schwarzen, die schulische Unterweisung erhielten, verbanden fast unvermeidbar ihr Wissen mit dem kollektiven Kampf ihres Volkes um Freiheit. Als in Cincinnati das erste Jahr zu Ende ging, in dem Schwarze die Schule besuchen durften, kamen auf die Frage: »Worüber denkst du am meisten nach?« von den Schülern diese Antworten:

---

279 Flexner, a.a.O., S. 149.
280 Ebd. S. 99–101.
281 Foner, a.a.O., Bd. 4, S. 373.

> »1. Wir wollen … gute Jungen werden, und wenn wir Männer sind, werden wir die armen Versklavten von ihren Fesseln befreien. Und ich bin traurig, weil ich gehört habe, dass ein Schiff aus Tiskilwa mit zweihundert Versklavten untergegangen ist … es grämt mich so sehr, dass ich sofort in Ohnmacht fallen könnte. (sieben Jahre alt)
> 2. Wir studieren, weil wir versuchen wollen, das Joch der Sklaverei zu brechen und die Ketten auseinanderzureißen, und damit die Sklavenhalterei für immer verschwindet (zwölf Jahre alt)
> 3. Gepriesen sei die Sache des Abolitionismus … Meine Mutter und mein Stiefvater, meine Schwester und ich selbst wurden in der Sklaverei geboren. Der Herr ließ die Unterdrückten frei werden. Fahre fort, du glückliche Zeit, auf dass alle Nationen den Herrn erkennen. Wir danken ihm für alle seine Segnungen. (elf Jahre alt)
> 4. Hiermit möchte ich Sie darüber informieren, dass ich zwei Vettern in der Sklaverei habe, die beide das Recht auf Freiheit haben. Sie haben alles getan, was man von ihnen verlangte, und nun will man sie nicht gehen lassen. Man redet davon, dass sie flussabwärts verkauft werden sollen. Wenn es Ihnen so ginge, was würden Sie tun? … (zehn Jahre alt).«[282]

Die letzte der erhalten gebliebenen Antworten kam von einem sechzehn Jahre alten Schüler, der diese neue Schule in Cincinnati besuchte. Sie ist ein außerordentlich faszinierendes Beispiel dafür, auf welche Weise diese Schüler sich ein Gegenwartsverständnis aus der Weltgeschichte zusammentrugen, das ihrer Heimat ebenso nah war wie ihrer Sehnsucht nach Freiheit.

> »5. Lasst uns zurückblicken und betrachten, wie die Briten, Sachsen und Germanen lebten. Sie lernten nicht und hatten keine Kenntnis der Buchstaben. Aber seht doch, einige von ihnen sind unsere besten Männer. Seht euch König Alfred an, und was für ein großer Mann er war. Er kannte anfangs das ABC nicht, aber vor seinem Tod kommandierte er Armeen und Nationen. Er war niemals entmutigt, sondern sah immer nach vorn und lernte umso hartnäckiger. Ich glaube, wenn die Schwarzen wie König Alfred lernen, werden sie bald die Übel der Sklaverei abschaffen. Ich kann nicht einsehen, wie die Amerikaner dieses Land ein Land der Freiheit nennen können, wo es so viele Versklavte gibt.«[283]

---

282 Aptheker, A Documentary History, Bd. 1, S. 157–158.
283 Ebd.

Was das Vertrauen der Schwarzen in das allgemeine Wissen betrifft, hat dieses sechzehnjährige Kind alles gesagt. Dieser unstillbare Wissensdurst war unter den Versklavten im Süden ebenso stark wie unter ihren ›freien‹ Schwestern und Brüdern im Norden. Unnötig zu bemerken, dass die Beschränkungen des Erwerbs der Lese- und Schreibfähigkeit in den Sklavenstaaten wesentlich härter waren als im Norden. Nach der Revolte von Nat Turner 1831 wurde die Gesetzgebung, die die Schulbildung für Schwarze verbot, im gesamten Süden verschärft. Der Wortlaut eines dieser Sklavengesetze war: »Die Sklaven das Lesen und Schreiben zu lehren, führt zu Unzufriedenheit in ihren Gemütern und erzeugt Aufstand und Rebellion.«[284] Mit Ausnahme von Maryland und Kentucky war in allen Südstaaten Bildung für Versklavte absolut verboten.[285] Im gesamten Süden griffen die Sklavenhalter zu Peitsche und Schlagstock, um dem unbezähmbaren Lernwillen der Versklavten zu begegnen. Die Schwarzen wollten Bildung:

> »Die Schärfe des Kampfes der Versklavten um Bildung kam überall zum Vorschein. Frederika Bremer traf auf eine junge Frau, die verzweifelt versuchte, in der Bibel zu lesen. ›Oh, dieses Buch‹, rief sie Fräulein Bremer zu, ›ich wende diese Seiten hin und her, und ich wünschte, ich könnte sie verstehen. Ich versuche es noch und noch, ich wäre so glücklich, wenn ich lesen könnte, aber ich kann es nicht.‹«[286]

Susie King Taylor war Krankenschwester und Lehrerin im ersten Schwarzen Regiment des Bürgerkrieges. In ihrer Autobiografie beschreibt sie ihre beharrlichen Bemühungen, sich während der Sklaverei selbst zu bilden. *Weiße* Kinder, mitfühlende Erwachsene und ihre Großmutter halfen ihr, die Fähigkeit des Lesens und Schreibens zu erwerben.[287] Es gab viele versklavte Frauen, die es wie Susie Kings Großmutter riskierten, ihren Schwestern und Brüdern jenes Schulwissen weiterzugeben, das sie sich heimlich angeeignet hatten. Auch wenn sie ihre Schulstunden in der späten Nacht abhalten mussten, versuchten die Frauen, denen es gelungen war, sich selbst einiges Wissen anzueignen, es mit ihren Leuten zu teilen.[288]

---

284 William Goodell, The American Slave Code, New York (American and Foreign Anti-Slavery Society) 1853, S. 321. Zitiert in Elkins, a.a.O., S. 60.

285 Ebd.

286 Genovese, Roll, Jordan, Roll, S. 565.

287 Lerner, Black Women in White America, S. 27 ff. und S. 99 ff.

288 Ebd. S. 32 ff.

Dies waren einige der frühen Hinweise – im Norden ebenso wie im Süden – auf das in der Zeit nach der *Emancipation* auftretende Phänomen, das DuBois das »Verrücktsein nach Schulen« nannte.[289] Ein anderer Historiker beschreibt den Wissensdurst der ehemaligen Versklavten so:

> »Mit einem Verlangen, das aus dem Jahrhunderte dauernden Entzug geboren war, beteten die ehemaligen Versklavten den Anblick und den Klang des gedruckten Wortes an. Alte Männer und Frauen, die schon am Rande des Grabes standen, konnte man beobachten, wie sie im Dunkel der Nacht beim Licht eines Pinienspans über der Heiligen Schrift saßen und mühsam die heiligen Worte buchstabierten.«[290]

Ein anderer Historiker schreibt:

> »Viele Lehrer berichteten, dass sie unter den N*kindern während des Wiederaufbaus im Süden ein größeres Verlangen zu lernen vorfanden als bei den *weißen* Kindern im Norden.[291]

Über die Hälfte der freiwilligen Lehrer*innen, die sich der vom ›Büro der Freigelassenen‹ organisierten massiven Bildungskampagne anschlossen, waren Frauen. Während des Wiederaufbaus gingen *weiße* Frauen aus dem Norden in den Süden, um ihren Schwarzen Schwestern beizustehen, die fest entschlossen waren, den Analphabetismus unter den Millionen früherer Versklavter auszulöschen. Das Ausmaß dieses Vorhabens hätte Herkules zum Ruhm gereicht: nach DuBois lag der Analphabetismus bei 95 Prozent.[292] In der Geschichtsschreibung über die Wiederaufbauphase und in den historischen Berichten der Frauenrechtsbewegung ist den Erfahrungen der Schwarzen und weißen Frauen bei der Zusammenarbeit im Kampf um Bildung wenig Aufmerksamkeit gewidmet worden. Geht man jedoch von den Artikeln im *Freedman's Record* aus, so ermutigten sich diese Lehrer*innen zweifellos gegenseitig und wurden darüber hinaus noch von ihren Schüler*innen angespornt. In den Beobachtungen der *weißen* Lehrer*innen wird fast durchweg die geradezu starrsinnige Hinwendung der Schwarzen zur Aneignung neuen Wissens erwähnt. Ein *weißer* Lehrer, der in Raleigh in Nord Carolina arbeitete, gestand ein: »Mich überrascht

289 DuBois, Black Reconstruction in America, S. 123.
290 Lerone Bennett, Before the Mayflower, Baltimore 1969, S. 181.
291 Foster, a.a.O., S. 321.
292 DuBois, Black Reconstruction in America, S. 638.

zu sehen, was manche Leute an Entbehrungen auf sich nehmen, um ihre Kinder zur Schule zu schicken.«[293] Materielle Erleichterungen wurden ohne Zögern den Erfordernissen des Bildungsfortschritts geopfert:

> »Einen Stapel Bücher kann man fast in jeder Hütte sehen, selbst wenn keine Möbel, ausgenommen ein schlechtes Bett, ein Tisch und zwei oder drei kaputte Stühle vorhanden sind.[294]

Als Lehrerinnen scheinen die Schwarzen und *weißen* Frauen eine tiefe und intensive gegenseitige Wertschätzung entwickelt zu haben. Eine *Weiße* z.B., die in Virginia arbeitete, war von einer Schwarzen Frau, die gerade aus der Sklaverei kam, immens beeindruckt. Es »kommt mir fast wie ein Wunder vor«, rief diese Frau aus, dass »eine Schwarze, die bis jetzt eine Versklavte gewesen ist, in einem so neuen Beruf erfolgreich ist ...«[295] Die zur Rede stehende Schwarze wiederum brachte in ihren Berichten eine tiefe, aber keineswegs unterwürfige Dankbarkeit gegenüber der Arbeit ihrer »Freund*innen aus dem Norden« zum Ausdruck.[296]

Zur Zeit des Hayes-Betrugs und der Niederlage des ›Radikalen Wiederaufbaus‹ waren die Leistungen auf dem Gebiet der Bildung einer der stärksten Beweise für den Fortschritt dieser potenziell revolutionären Ära. So waren im Nachkriegssüden die Fisk Universität, das Hampton Institut und verschiedene andere Seminare und Universitäten für Schwarze gegründet worden.[297] Ganze 247.333 Schüler besuchten 4.329 Schulen – dies waren gleichzeitig die ersten Bausteine eines öffentlichen Bildungswesens im Süden, von dem sowohl die Schwarzen als auch die *weißen* Kinder profitieren sollten. Obwohl in der Zeit nach dem Wiederaufbau durch den wachsenden Einfluss des Bildungsideals eines ›Jim Crow‹ die Bildungsmöglichkeiten der Schwarzen drastisch reduziert wurden, konnte der Einfluss der Erfahrungen aus dem Wiederaufbau nicht gänzlich ausgelöscht werden. Der Traum vom eigenen Stück Land war vorläufig zerschlagen und die Hoffnung auf politische Gleichheit war geschwunden, aber das Fanal des Wissens war nicht so leicht zu löschen – dies war die Garantie,

293 Lerner, Black Women in White America, S. 102.
294 Ebd. S. 103.
295 Ebd.
296 Ebd. S. 104–105.
297 Franklin, a.a.O., S. 308.

dass der Kampf um Land und politische Macht unerbittlich fortgeführt werden würde.

> »Hätte es für den N* die Schule und das Seminar nicht gegeben, so wäre er in jeder Hinsicht zurück in die Sklaverei getrieben worden ... Seine Führer im Wiederaufbau waren die gebildeten N* aus dem Norden gewesen sowie *weiße* Politiker, Kapitalisten und philanthropische Lehrer. Die Konterrevolution von 1876 vertrieb die meisten von ihnen, ausgenommen die Lehrer. Aber durch die Einrichtung von öffentlichen Schulen und privaten Seminaren und durch die Organisation der N*kirche, hatten sich die N* schon genug Führungsqualitäten angeeignet, um die schlimmsten Pläne der neuen Sklaventreiber zu durchkreuzen.«[298]

Mit Hilfe ihrer verbündeten *weißen* Schwestern erwarben sich die Schwarzen Frauen bei der Errichtung solcher Stützpunkte eine unersetzbare Bedeutung. Die Geschichte des Kampfes der Frauen um Bildung erreichte in den Vereinigten Staaten ihren eigentlichen Höhepunkt, als die Schwarzen und *weißen* Frauen in der Zeit nach dem Bürgerkrieg zusammen die Schlacht gegen den Analphabetismus im Süden schlugen. Ihre Einheit sicherte und festigte eine der produktivsten Hoffnungen nordamerikanischer Geschichte.

298 DuBois, Black Reconstruction in America, S. 667.

SIEBEN
Die Suffragetten um die Jahrhundertwende Der zunehmende Einfluss des Rassismus

»Eines Morgens hatte (Susan B. Anthony) in der Stadt Verabredungen, die es ihr unmöglich machten, die von ihr eingestellte Stenografin zu beschäftigen. Am Frühstückstisch sagte sie mir, dass ich die Stenografin zur Erledigung meiner Post benutzen dürfe, da sie den ganzen Morgen weg sei, und dass sie sie bitten würde, zu mir hoch zu kommen und sich von mir Briefe diktieren zu lassen.
Ich ging die Treppe hoch zu meinem Zimmer und wartete darauf, dass sie hereinkäme, da sie nicht erschien, schloss ich, dass es ihr wohl nicht gepasst hätte, und fuhr fort, meine Briefe in Langschrift zu schreiben. Als Fräulein Anthony zurückkehrte und in mein Zimmer trat, fand sie mich sehr beschäftigt. ›Sehe ich richtig, dass Sie meine Sekretärin nicht beanspruchen wollten? Ich sagte ihr, als Sie hochgingen, dass sie zu Ihnen aufs Zimmer gehen soll. Ist sie etwa nicht gekommen?‹ Ich sagte nein. Darauf erwiderte sie nichts, wandte sich um und ging in ihr Büro. Nach kaum zehn Minuten stand sie wieder in meinem Zimmer. Die Tür war offen, sie kam herein und sagte: ›So, sie ist gegangen.‹ Und ich: ›Wer?‹ Sie: ›Die Stenografin.‹ Ich: ›Gegangen, wohin?‹ ›Nun‹, sagte sie, ›ich ging ins Büro und sagte zu ihr: Sie haben Fräulein Wells nicht gesagt, dass ich Sie gebeten hatte, einige Briefe für sie zu schreiben?‹ Das Mädchen antwortete: Nein, das habe ich nicht. ›Gut, und warum nicht?‹ Darauf das Mädchen: ›Sie mögen es richtig finden, N* als Gleiche zu behandeln, ich aber weigere mich, von einer farbigen Frau ein Diktat aufzunehmen.‹ ›Tatsächlich!‹, sagte Fräulein Anthony. ›Dann brauchen Sie auch von mir kein weiteres Diktat mehr aufzunehmen. Fräulein Wells ist mein Gast, und eine Beleidigung gegen sie ist auch eine Beleidigung gegen mich. Und wenn das Ihre Art ist, so darüber zu denken, brauchen Sie keinen Augenblick länger zu bleiben.‹«[299]

299 Ida B. Wells, Crusade for Justice: The Autobiography of Ida B. Wells, hg. von Alfreda M. Duster, Chicago 1970, S. 228–229.

Dieses Gespräch zwischen Susan B. Anthony und Ida B. Wells, der späteren Gründerin des ersten *Black women's suffrage club*, ereignete sich in jenen »köstlichen Tagen, da ich (Wells) noch zu den Füßen dieser Pionierin und Veteranin der Sache des Frauenstimmrechts saß«[300]. Wells' Bewunderung für Anthonys persönliche Haltung gegenüber dem Rassismus ist ebenso offenbar wie der tiefe Respekt vor den Leistungen dieser Suffragette in der Frauenrechtskampagne. Dennoch zögerte sie nicht, ihre *weiße* Schwester dafür zu kritisieren, dass sie es unterließ, ihren persönlichen Kampf gegen den Rassismus zu einem Gegenstand der öffentlichen Diskussion in der Frauenstimmrechtsbewegung zu machen.

Susan B. Anthony ließ es niemals an Lob für Frederick Douglass mangeln, sie erinnerte unentwegt daran, dass er der erste Mann war, der öffentlich für das Wahlrecht der Frauen eingetreten war. Sie betrachtete ihn als ein Ehrenmitglied auf Lebenszeit in ihrer Stimmrechtsorganisation. Trotzdem ließ sie, wie sie Wells erklärte, Douglass fallen, um die *weißen* Frauen aus dem Süden für die Stimmrechtsbewegung zu gewinnen.

> »Auf unseren Kongressen ... war er ein Ehrengast, der auf unserem Podium saß und zu unserer Versammlung sprach. Als aber ... die Stimmrechtsvereinigung in Atlanta, Georgia, tagte, bat ich Herrn Douglass, nicht zu kommen, da mir die Einstellung im Süden gegenüber der Teilnahme von Schwarzen als Gleiche unter *Weißen* bekannt war. Ich wollte ihn nicht der Demütigung aussetzen, und *ich wollte nicht, dass irgendetwas die weißen Frauen aus dem Süden daran hinderte, in unsere Stimmrechtsvereinigung einzutreten*« (Hervorhebungen von mir).[301]

In diesem heiklen Gespräch mit Ida B. Wells fuhr Anthony damit fort, dass sie auch die Bemühungen verschiedener Schwarzer Frauen, die eine eigene Abteilung in der Stimmrechtsorganisation bilden wollten, zurückgewiesen habe. Sie habe die Feindseligkeit ihrer *weißen* Mitglieder im Süden gegen die Schwarzen nicht wecken wollen, die sich vielleicht von der Organisation zurückgezogen hätten, wenn Schwarze Frauen zugelassen worden wären. »Und Sie glauben, dass es falsch von mir war, so zu handeln?« fragte sie. Ich antwortete ihr kompromisslos mit ja, denn auch wenn sie für das Stimmrecht einen Vorteil erzielt haben mochte, hatte

300 Ebd.
301 Ebd. S. 230.

sie doch gleichzeitig die *weißen* Frauen in ihrer Haltung gegenüber der Rassentrennung bestärkt .[302]

Dieses Gespräch zwischen Ida B. Wells und Susan B. Anthony fand 1894 statt. Anthonys selbsteingestandene Kapitulation vor dem Rassismus »aus Gründen der Zweckmäßigkeit«[303] charakterisiert ihre öffentliche Haltung, die sie bis 1900 einnahm, als sie als Präsidentin der *National American Woman Suffrage Association* zurücktrat. Als Wells Anthony ermahnte, die Neigung der *weißen* Südstaatenfrauen zur Rassentrennung nicht auch noch zu legitimieren, ging es um weit mehr als nur um Anthonys persönliche Haltung. In dieser Periode nahm der Rassismus objektiv zu, und Rechte und Leben der Schwarzen standen auf dem Spiel. Bis 1894 waren der Wahlrechtsentzug für die Schwarzen im Süden, die durch Gesetz geregelte Rassentrennung und die Herrschaft der Lynchjustiz wieder fest etabliert. Mehr als irgendeine andere Zeit nach dem Bürgerkrieg verlangte diese Zeit nach einem konsequenten und grundsätzlichen Protest gegen den Rassismus. Das an Einfluss gewinnende ›Zweckmäßigkeitsargument‹, das Anthony und ihre Kolleginnen benutzten, war im Verhältnis zu den dringenden Forderungen der Zeit eine schwache Rechtfertigung für die Indifferenz der Suffragetten.

1888 wurden in Mississippi eine Reihe von Gesetzen erlassen, die die Rassentrennung legalisierten, und bis 1890 hatte dieser Staat eine neue Verfassung ratifiziert, die die Schwarzen ihres Stimmrechts beraubte.[304] Dem Beispiel von Mississippi folgend entwarfen auch andere Südstaaten neue Verfassungen, die den Verlust des Wahlrechts für die Schwarzen zum Inhalt hatten. Die Verfassung von South Carolina wurde 1898 angenommen, 1901 folgten North Carolina und Alabama und in den Jahren 1902, 1908 und 1918 Virginia, Georgia und Oklahoma.[305]

Ida B. Wells' kompromisslose Kritik an Susan B. Anthonys öffentlicher Indifferenz gegenüber dem Rassismus war gewiss auch durch die herrschenden sozialen Verhältnisse gerechtfertigt, aber sie lag noch etwas tiefer, als die historische Beweisführung für gewöhnlich dringt. Keine

302 Ebd.

303 Siehe Aileen Kraditor (Hg.), Up From the Pedestal: Selected Writings in the History of American Feminism, Chicago 1968. Zur Dokumentation des ›Zweckmäßigkeitsargumentes‹ siehe Teil II, Kapitel 5 und 6.

304 Herbert Aptheker, Afro-American History: The Modern Era, New York 1971, S. 100.

305 Ebd.

zwei Jahre bevor die beiden über Stimmrecht und Rassismus debattierten, hatte Wells einen ersten traumatischen Zusammenstoß mit der Gewalt des rassistischen Mobs erlitten. Die ersten drei Opfer der Lynchjustiz seit den Ausschreitungen von 1866 waren ihre persönlichen Freunde gewesen. Dieses schreckliche Ereignis spornte Wells dazu an, das beschleunigte Auftreten von Lynchmorden in den Südstaaten zu untersuchen und zu enthüllen. Als sie 1893 durch England reiste, um Unterstützung für ihren Kreuzzug gegen die Lynchjustiz zu finden, prangerte sie unerbittlich das Schweigen an, mit dem Hunderte und Tausende von Lynchmorden durch den Mob hingenommen worden waren.

> »In den letzten zehn Jahren sind über tausend Schwarze Männer, Frauen und Kinder auf derart grausame Art durch die Hände des *weißen* Mobs umgekommen. Und der Rest Amerikas hat geschwiegen ... Die Kanzel und die Presse unseres Landes schweigen weiterhin über diese fortgesetzten Gewalttätigkeiten, und die Stimme meiner derart gequälten und misshandelten ›Rasse‹ wird erstickt oder ignoriert, wo immer sie in Amerika für die Forderung nach Gerechtigkeit erhoben wird.«[306]

Wie konnten die *weißen* Suffragetten angesichts der offenen Gewalttätigkeit, von der die Schwarzen während der 90er des neunzehnten Jahrhunderts heimgesucht wurden, guten Glaubens argumentieren, dass sie »um der Zweckmäßigkeit halber« danach »trachten« sollten, »ihr Ziel durch Zugeständnisse in der Frage der Schwarzen zu erreichen«?[307] Die angeblich ›neutrale‹ Haltung, die der Vorstand der NAWSA (National American Women Suffrage Association) einnahm, hat in Wirklichkeit das Anwachsen unverhohlen rassistischer Vorstellungen in den Reihen der Stimmrechtskampagne nur gefördert. Auf dem Kongress der Vereinigung, der 1895 sinnigerweise in Atlanta in Georgia abgehalten wurde, drängte eine der prominentesten Persönlichkeiten der Kampagne für das Stimmrecht den Süden, »... sich das Frauenstimmrecht als eine Lösung des N*problems zu eigen zu machen«[308]. Dieses »N*problem« war, wie Henry Blackwell erklärte, einfach zu lösen, indem man das Wahlrecht an eine Prüfung der Schreib- und Lesefähigkeit band.

306 Wells, a.a.O., S. 100.

307 Ebd. S. 229.

308 Susan B. Anthony und Ida Husted Harper (Hg.), History of Women Suffrage, Rochester 1902, Bd. 4, S. 246.

»Beim Entwicklungsstand unserer komplexen politischen Gesellschaft haben wir heute zwei große Gruppen von analphabetischen Bürgern: im Norden die im Ausland Geborenen; im Süden die Abkömmlinge der afrikanischen ›Rasse‹ und einen beachtlichen Teil der *weißen* Bevölkerung. Die Ausländer und N* als solche wollen wir nicht benachteiligen. Aber in jedem Staat bis auf einen gibt es mehr gebildete *weiße* Frauen als analphabetische Wähler, *weiße* und Schwarze, einheimische und fremde zusammen.«[309]

Ironischerweise war dieses Argument, das die Südstaatler überzeugen sollte, dass das Frauenstimmrecht von großem Vorteil für die *weiße* Vorherrschaft sei, von Henry Blackwell das erste Mal eingebracht worden, als er seine Unterstützung für den Vierzehnten und Fünfzehnten Zusatzartikel bekanntgab. Schon 1867 hatte er einen Appell an »die Gesetzgeber der Südstaaten« gerichtet, worin er ihnen dringend riet, von der Tatsache Notiz zu nehmen, dass die Stimmrechtsverleihung an Frauen die bevorstehende politische Machtergreifung der Schwarzen Bevölkerung verhindern könnte.

»Man betrachte das Ergebnis vom Standpunkt des Südstaatlers aus. Ihre 4.000.000 *weißen* Frauen der Südstaaten würden die 4.000.000 N* und N*innen ausgleichen, und die politische Vorherrschaft der *weißen* ›Rasse‹ bliebe so unverändert erhalten.«[310]

Dieser namhafte Abolitionist versicherte zu diesem Zeitpunkt den Politikern der Südstaaten, dass das Frauenstimmrecht den Norden und den Süden wiedervereinigen könnte. »Das Kapital und die Bevölkerung würden wie der Mississippi zum Golf fließen«, und, was die Schwarzen angeht, »würden sie durch das Gesetz der Natur zu den Tropen hingezogen werden«311. Dasselbe Element, das die Sklaverei zerstört hat, stünde auf der Seite des siegreichen Südens und: »Sie könnten aus der Mitte der gefährlichen Nesseln die Blume der Sicherheit pflücken.«[312]

Blackwell und seine Frau Lucy Stone unterstützten 1867 die Kampagne von Elizabeth Cady Stanton und Susan B. Anthony in Kansas. Dass Stanton und Anthony zu diesem Zeitpunkt die Hilfe eines berüchtigten Demokraten begrüßten, dessen Programm »die Frau zuerst, der N* zuletzt« hieß, war ein Anzeichen dafür, dass sie Blackwells rassistische Denkweise

309 Ebd.
310 Stanton u. a., History of Women Suffrage, Bd. 2, S. 930.
311 Ebd. S. 931.
312 Ebd.

stillschweigend billigten. Darüber hinaus beschrieben sie in ihrer *History of Women Suffrage* die Furcht der Politiker in Kansas vor dem Schwarzen Wahlrecht sehr unkritisch.

> »Die Männer von Kansas sprachen in ihren Reden so: ›Wenn das N*wahlrecht angenommen wird, werden wir von dummen, armseligen Schwarzen aus jedem Staat der Union überflutet werden. Wenn das Frauenstimmrecht durchkommt, werden wir zu uns Leute von Charakter und Position, von Wohlstand und Bildung einladen … Wer kann da noch in seiner Entscheidung zögern, wenn es zwischen den gebildeten Frauen und den dummen N* zu wählen gilt?«[313]

Wie rassistisch diese frühen Stellungnahmen der Frauenbewegung auch aussehen mögen, die fatale Unterordnung unter den Herrschaftsanspruch der *Weißen* vollzog die Frauenstimmrechtskampagne erst im letzten Jahrzehnt des neunzehnten Jahrhunderts. Die zwei Fraktionen Stanton-Anthony und Blackwell-Stone – die sich über den Streit um den Vierzehnten und Fünfzehnten Zusatzartikel voneinander getrennt hatten – wurden 1890 wieder vereint. Nachdem 1892 Elizabeth Cady Stanton ihre Illusionen über die potenzielle Macht des Wahlrechts bei der Befreiung der Frau aufgegeben hatte, überließ sie die Präsidentschaft der *National American Woman Suffrage Association* ihrer Kollegin Susan B. Anthony. Im Laufe des zweiten Jahres von Anthonys Amtsperiode wurde von der NAWSA eine Resolution angenommen, die eine Variante von Blackwells früherer rassistischer und klassenspezifischer Argumentationsweise war.

> »Es wurde beschlossen: Ohne ein Urteil über eine angemessene Qualifikation zum Wählen fällen zu wollen, machen wir auf die bezeichnende Tatsache aufmerksam, dass es in jedem Staat mehr Frauen gibt, die lesen und schreiben können, als die gesamte Zahl der analphabetischen männlichen Wähler; dass es mehr *weiße* Frauen gibt, die lesen und schreiben können, als alle wahlberechtigten N* zusammen; dass es mehr amerikanische Frauen gibt, die lesen und schreiben können, als alle ausländischen Wähler, sodass die Wahlrechtsverleihung an jene Frauen das ärgerliche Problem der Herrschaft des Analphabetismus lösen würde, sei er nun hausgemacht oder ausländischer Herkunft.«[314]

---

313 Ebd. S. 248.
314 Anthony und Harper, History of Women Suffrage, Bd. 4, S. 216 (Anm.).

Diese Resolution schob die Rechte der Schwarzen und eingewanderten Frauen wie auch die Rechte ihrer männlichen Verwandten leichtfertig beiseite. Ferner zielte sie auf einen fundamentalen Betrug an der Demokratie, der nicht länger mit dem Zweckmäßigkeitsargument gerechtfertigt werden konnte. Teil der Argumentationslinie dieser Resolution war ein Angriff gegen die gesamte Arbeiterklasse und die Bereitschaft – bewusst oder unbewusst –, gemeinsame Sache mit den neuen Monopolkapitalisten zu machen, deren wahllose Profitgier keine menschlichen Grenzen kannte.

Anstelle der Verabschiedung dieser Resolution hätten die Suffragetten ebenso gut verkünden können, dass sie, wenn man ihnen als *weißen* Frauen der Mittelschichten und der Bourgeoisie das Wahlrecht gäbe, die drei wesentlichen Elemente der amerikanischen Arbeiterklasse schnell unterwerfen würden: die Schwarzen, die Einwanderer und die ungebildeten weißen Einheimischen. Dies waren die drei Bevölkerungsgruppen, deren Arbeitskraft ausgebeutet und deren Leben von den Morgans, Rockefellers, Mellons und Vanderbilts geopfert wurden – von dieser neuen Klasse von Monopolkapitalisten, die rücksichtslos ihre Industrieimperien aufbauten. Sie hatten die eingewanderten Arbeiter im Norden ebenso unter Kontrolle wie die ehemaligen Versklavten und die armen *weißen* Arbeiter im Süden, die an den neuen Eisenbahnstrecken, in den Bergwerken und in der Stahlindustrie arbeiteten.

Terror und Gewalt zwangen die Schwarzen Arbeiter im Süden, Löhne und Arbeitsbedingungen wie die Versklavten zu akzeptieren, ja häufig sogar noch schlimmere als während der Sklaverei. Vor diesem Hintergrund sind die zunehmenden Lynchmorde und der Plan des gesetzmäßigen Wahlrechtsentzugs im Süden zu sehen. 1893, im Jahr der fatalen NAWSA-Resolution, hob das Oberste Gericht die Verfassung von 1875 auf. Mit diesem Beschluss erfuhr die neue Art der Versklavung, wie sie durch ›Jim Crow‹ und die Lynchjustiz vorangetrieben wurde, ihre juristische Sanktion. Tatsächlich kündigte drei Jahre später das Urteil im Fall Plessy gegen Ferguson die Doktrin des »getrennt aber gleich« an, die im Süden das neue System der ›Rassentrennung‹ begründen sollte.

Für die Entwicklung des modernen Rassismus war das letzte Jahrzehnt des neunzehnten Jahrhunderts die kritische Phase – sowohl für seine wesentlichen institutionellen Stützen als auch für seine flankierende ideologische Rechtfertigung. Es war gleichzeitig die Periode der imperialistischen Expansion auf den Philippinen, nach Hawaii, Kuba und Puerto

Rico. Dieselben Kräfte, die an der Unterdrückung der Völker dieser Länder interessiert waren, waren auch verantwortlich für die sich verschlechternde Lage der Schwarzen und überhaupt der ganzen amerikanischen Arbeiterklasse. Der Rassismus nährte diese imperialistischen Abenteuer und war gleichzeitig selbst durch die imperialistischen Strategien und Apologien bedingt.

Am 12. November 1898 berichtete der *New York Herald* über die US-Präsenz auf Kuba, über die »Rassenausschreitungen« in Phoenix in South Carolina und über das Massaker an Schwarzen in Wilmington in North Carolina. Das Massaker von Wilmington war das mörderischste in einer ganzen Reihe von Attacken organisierter Banden in dieser Zeit. Nach der Aussage eines Schwarzen Geistlichen war Wilmington »Kubas Kindergarten in Fragen der Ethik und einer guten Regierung«[315] ebenso wie es ein Beweis für die abgrundtiefe Heuchelei der US-Außenpolitik auf den Philippinen war.

1899 beeilten sich die Suffragetten, dem habgierigen Monopolkapital den Beweis ihrer ungeteilten Loyalität entgegenzubringen. So wie das Diktat des Rassismus und des Chauvinismus die politische Haltung der NAWSA gegenüber der Klasse der Bediensteten verformt hatte, so akzeptierten sie auch ohne alle Fragen die neuen Machenschaften des US-Imperialismus. Im gleichen Jahr hielt Anna Garlin Spencer auf dem Kongress einen Vortrag mit dem Titel »Die Pflicht der Frauen gegenüber unseren neuen Besitztümern«[316]. Unsere neuen Besitztümer? Während der Diskussion konnte Susan B. Anthony ihren Ärger nicht verbergen – wie sich aber herausstellte, war sie nicht etwa über die Inbesitznahmen selbst verärgert. Sie war

> »außer sich vor Zorn seit dem Moment, als der Vorschlag gemacht worden war, Hawaii und unseren anderen Besitztümern unsere halbbarbarische Regierungsform aufzupfropfen.«[317]

Folglich brachte Anthony voller Zorn die Forderung auf den Tisch, »... dass in unseren neuen Besitztümern die Frauen das Stimmrecht zu denselben Bedingungen erhalten wie die Männer«[318]. Als ob Frauen in Hawaii und

315 Aptheker, A Documentary History, Bd. 2, S. 813.
316 Anthony und Harper, History of Women Suffrage, Bd. 4, S. 328.
317 Ebd. S. 333.
318 Ebd.

Puerto Rico das Recht einfordern sollten, in gleicher Weise wie ihre Männer Opfer des US-Imperialismus zu werden!

Auf diesem Kongress der NAWSA im Jahre 1899 zeigte sich ein aufschlussreicher Widerspruch. Während die Suffragetten ihre »Pflicht gegenüber den Frauen unserer Besitztümer« beschworen, blieb der Appell, eine Resolution gegen ›Jim Crow‹ zu verabschieden, die von einer Schwarzen Frau vorgelegt wurde, gänzlich unbeachtet. Die Schwarze Suffragette Lottie Wilson Jackson war auf dem Kongress zugelassen, weil die Ortsgruppe des gastgebenden Staates Michigan eine der wenigen war, die Schwarze Frauen in die Stimmrechtsvereinigung aufnahmen. Auf ihrer Reise zum Kongress hatte Lottie Jackson unter den entwürdigenden Methoden der ›Rassentrennung‹ in der Eisenbahn gelitten. Ihre Resolution war einfach: »Schwarze Frauen dürfen nicht gezwungen werden, in den Raucherabteilen zu reisen; für sie sind geeignete Sitzgelegenheiten bereitzustellen.«[319]

Als Vorsitzende des Kongresses beendete Susan B. Anthony die Diskussion über die Resolution der Schwarzen Frau. Ihre Bemerkungen bescherten der Resolution eine überwältigende Niederlage:

> »Wir Frauen sind eine hilflose und vom Wahlrecht ausgeschlossene Klasse. Unsere Hände sind gebunden. Solange wir in diesem Zustand sind, ist es nicht unsere Sache, Resolutionen gegen die Eisenbahngesellschaften oder irgendjemand sonst zu verabschieden.«[320]

Die Bedeutung dieses Vorfalls ging weit über die Frage hinaus, ob ein Protestschreiben gegen die rassistischen Methoden der Eisenbahngesellschaft zu verfassen sei oder nicht. Mit der Weigerung, ihre Schwarze Schwester zu verteidigen ließ die NAWSA symbolisch die gesamte schwarze Bevölkerung im Moment ihres intensivsten Kampfes seit der *Emancipation* im Stich. Mit dieser Geste entlarvte sich die Stimmrechtsorganisation definitiv als eine potenziell reaktionäre politische Kraft, die sich den Bedürfnissen *weißer* Vorherrschaft unterordnen würde.

Die Missachtung des Rassenproblems seitens der NAWSA anlässlich der von Lottie Jackson vorgelegten Resolution sollte in der Tat zu offen ausgesprochenen Vorurteilen gegen Schwarze innerhalb der Organisation anreizen. Objektiv gesehen war eine offene Einladung an die Frauen aus dem

319 Ebd. S. 343.

320 Aileen S. Kraditor, The Ideas of the Women Suffrage Movement, New York 1971, S. 143.

Süden ergangen, die nicht bereit waren, ihren Glauben an den Herrschaftsanspruch der *Weißen* aufzugeben. Im besten Fall kam diese zurückhaltende Stellungnahme zu den Kämpfen der Schwarzen um Gleichheit einer Einwilligung in den Rassismus gleich; im schlimmsten Fall war sie der vorsätzliche Aufruf einer einflussreichen Massenorganisation zu Gewaltanwendung und Verwüstung, wie sie von den damaligen Vertreter*innen der *weißen* Vorherrschaft praktiziert wurden.

Susan B. Anthony kann selbstverständlich nicht für die rassistischen Irrtümer in der Frauenstimmrechtsbewegung persönlich verantwortlich gemacht werden. Sie war allerdings um die Jahrhundertwende die prominenteste Persönlichkeit in der Bewegung; und ihre angeblich ›neutrale‹ öffentliche Stellungnahme zum Kampf der Schwarzen um Gleichheit hat faktisch den Einfluss des Rassismus innerhalb der NAWSA gestärkt. Hätte Anthony ernsthaft über die Erkenntnisse ihrer Freundin Ida B. Wells nachgedacht, hätte sie vielleicht erkannt, dass eine neutrale Haltung gegenüber dem Rassismus auch bedeutete, dass Lynchjustiz und tausendfacher Massenmord in der Folge ebenfalls als ein neutrales Problem angesehen würden. 1899 hatte Ida Wells ihre immens umfangreichen Untersuchungen über die Lynchmorde abgeschlossen und ihre tragischen und erschreckenden Ergebnisse veröffentlicht. In den vorhergehenden zehn Jahren hatte es jährlich zwischen ein- und zweitausend offiziell registrierte Lynchmorde gegeben.[321]

1898 hatte Wells großes öffentliches Aufsehen erregt, als sie von Präsident McKinley forderte, eine Bundesuntersuchung im Fall des Lynchmordes an einem Postmeister in South Carolina anzuordnen.[322]

1899, im selben Jahr, als Susan B. Anthony die Niederlage der Resolution gegen ›Jim Crow‹ betrieb, beschuldigte die Schwarze Bevölkerung Präsident McKinley schwer, den Herrschaftsanspruch der *Weißen* zu fördern. In Massachusetts legte der Ortsverband der *Colored National League* McKinley zur Last, während der Herrschaft des Terrors in Phoenix, South Carolina, eine als Einverständnis deutbare Ruhe bewahrt zu haben und nicht eingeschritten zu sein, als in Wilmington, North Carolina, die Schwarzen massakriert wurden. Auf seiner Reise nach Süden warfen sie McKinley vor:

321 Wells, a.a.O., S. 100.
322 Aptheker, A Documentary History, Bd. 2, S. 796–797, S. 798.

> »… Sie predigen ihren lange leidenden Schwarzen Mitbürger*innen Geduld, Fleiß und Mäßigung und Ihren *weißen* Patriotismus, Chauvinismus und Imperialismus.«[323]

Als sich McKinley in Georgia aufhielt, brach der Mob in ein Gefängnis ein, ergriff fünf Schwarze Männer und

> »… fast vor ihren Ohren und vor ihren Augen … wurden sie bestialisch ermordet. Haben Sie sich geäußert? Haben Sie ihre Lippen geöffnet, um ihren Schrecken über dieses furchtbare Verbrechen auszudrücken, … dass die Barbarei noch einmal tobte und vor der ganzen Welt Recht, Ehre und Menschlichkeit ihres Landes über und über mit untilgbarer Schande bedeckte?«[324]

Und es wurde auch kein präsidiales Wort über einen der berüchtigtsten Lynchmorde jener Zeit geäußert – über die Verbrennung von Sam Hose in jenem Jahr in Georgia.

> »An einem stillen Sonntagmorgen wurde er von seinen Verfolgern ergriffen und mit einer unbeschreiblichen, höllischen Grausamkeit zu Tode verbrannt, in Gegenwart von Tausenden der sogenannten besten Leute von Georgia, die das Geschehen bejubelten – Männer, Frauen und Kinder, die nach ihrem christlichen Gottesdienst zu der Verbrennung eines Menschen spazierten wie zu einem Jahrmarktsfest oder dem unschuldigen Genuss und Zeitvertreib eines Feiertages.«[325]

Unzählige historische Dokumente belegen nicht nur die Atmosphäre rassistischer Aggression, sondern auch die machtvollen Kämpfe der Schwarzen Bevölkerung während des ganzen Jahres 1899. Ein besonders ergreifendes Dokument ist der vom *National Afro-American Council* herausgegebene Aufruf an die Schwarzen, den 2. Juni mit Fasten und Beten zu begehen. Diese Erklärung wurde in der *New York Tribune* veröffentlicht und prangerte die ungerechtfertigten wahllosen Verhaftungen an, die Männer und Frauen zu einer leichten Beute des Mobs aus »dummen, boshaften und vom Whisky betrunkenen Männern« machen, die »foltern, hängen, erschießen, schlachten, zerstückeln und verbrennen«[326].

323 Ebd. S. 798.
324 Ebd. S. 798–799.
325 Ebd. S. 790.
326 Ebd. S. 799.

Es ging nicht mehr darum, das Menetekel zu erkennen. Die Herrschaft des Terrors war längst über die Schwarzen gekommen. Wie konnte Susan B. Anthony behaupten, an die Menschenrechte und an politische Gleichheit zu glauben, und gleichzeitig den Mitgliedern ihrer Organisation raten, sich dem Rassismus gegenüber ruhig zu verhalten? Die bürgerliche Ideologie – besonders mit ihren rassistischen Bestandteilen – hat offenbar die Macht, die realen Bilder des Terrors zu verschleiern und bis zur Unkenntlichkeit aufzulösen und die furchtbaren Schreie leidender Menschen in einem kaum noch hörbaren Murmeln und letztendlichem Schweigen vergehen zu lassen.

Als das neue Jahrhundert anbrach, hatten sich Rassismus und Sexismus in einer besorgniserregenden ideologischen Ehe auf eine neue Art verbunden. *Weiße* und Männer, zwei Gruppen, die sich in ihrem Herrschaftsanspruch schon immer sehr nahegestanden hatten, umarmten sich nun offen und konsolidierten ihr Verhältnis. In den ersten Jahren des zwanzigsten Jahrhunderts war der Einfluss rassistischer Ideen stärker als je zuvor. Das intellektuelle Klima – selbst in progressiven Kreisen – schien auf fatale Weise von den irrationalen Vorstellungen einer Überlegenheit der angelsächsischen ›Rasse‹ infiziert. Die verstärkte Förderung rassistischer Propaganda wurde von einer ähnlich beschleunigten Förderung einer Ideologie begleitet, die die Minderwertigkeit der Frauen behauptete. Die Farbigen, ob zu Hause oder in Übersee, wurden als unfähige Barbar*innen dargestellt, die Frauen – und zwar die *weißen* Frauen – wurden noch stärker auf das Bild der Mutter fixiert, deren tiefster Daseinssinn es war, den männlichen Teil der Spezies zu nähren. Die *weißen* Frauen lernten, dass sie als Mütter im Kampf um die Aufrechterhaltung der Vorherrschaft der *Weißen* eine ganz besondere Verantwortung trugen. Schließlich waren sie die ›Mütter der Rasse‹. Obwohl mit dem Begriff ›Rasse‹ angeblich ›menschliche Rasse‹ gemeint war, wurde in der Praxis – besonders als die ›rassenhygienische‹ Bewegung an Popularität zunahm – kaum zwischen ›Rasse‹ und der ›angelsächsischen Rasse‹ unterschieden.

So wie der Rassismus dauerhaftere Wurzeln innerhalb der Frauenorganisationen schlug, so kroch auch der sexistische Kult der Mutterschaft in eben die Bewegung, deren erklärtes Ziel es war, die männliche Vorherrschaft zu beseitigen. In dieser Verbindung stärkten sich Sexismus und Rassismus gegenseitig. Indem sie der herrschenden rassistischen Ideologie die Türen weiter öffnete als je zuvor, hatte sich die Frauenstimmrechtsbewegung für ein Hindernisrennen entschieden, das ihr eigenes Ziel – das Frauenwahlrecht – fortwährend aufs Spiel setzte. Der Kongress der NAWSA von 1901 war der erste nach vielen Jahren, auf dem Susan B. Anthony nicht mehr den Vorsitz innehatte. Auch wenn sie im Jahr davor zurückgetreten war, so war sie doch anwesend und wurde von der neuen Präsidentin Carrie Chapman Catt mit der Bitte vorgestellt, die Begrüßungsansprache zu halten. In Anthonys Äußerungen spiegelte sich der Einfluss der wiederbelebten ›rassenhygienischen‹ Kampagne wider. Für die Frauen, die in der Vergangenheit durch die »Gelüste und Leidenschaften des Mannes«[327] korrumpiert worden seien, sei es nun an der Zeit, behauptete sie, ihre Bestimmung als Retterinnen ihrer »Rasse«[328] zu erfüllen. Es sei abhängig von der

> »… vernünftigen Emanzipation (der Frauen), ob (die ›Rasse‹) gereinigt wird … Es ist die Frau, durch die sie erlöst werden wird. Deshalb fordere ich ihre unverzügliche und bedingungslose Emanzipation von jedweder politischen, gewerblichen und religiösen Unterwerfung.«[329]

Die Hauptrede, gehalten von Carrie Chapman Catt, hob die drei »großen Hindernisse« für das Frauenwahlrecht hervor: Militarismus, Prostitution und

> »… das träge Wachstum der Demokratie als Reaktion auf die aggressiven Bewegungen, die in möglicherweise unkluger Übereilung das Wahlrecht für Ausländer, N* und I* erreicht hatten. Die gefährlichen Verhältnisse, die der Einführung großer Mengen unverantwortlicher Bürger in das politische Gefüge geschuldet zu sein scheinen, haben die Nation eingeschüchtert.«[330]

1903 erfuhr die NAWSA solch einen Ausbruch an rassistischer Argumentationsweise, dass es aussah, als ob die Verfechter der *weißen* Vorherrschaft die Kontrolle über die Organisation errungen hätten. Bezeichnenderweise wurde 1903 der Kongress in den Südstaaten, in New Orleans, abgehalten. Es war kaum ein Zufall, dass die rassistischen Argumente, die die Delegierten vorbrachten, häufig durch die Verteidigung des Mutterschaftskultes ergänzt wurden. So wie Edward Merrick, der Sohn des Richters am Obersten Gerichtshof in Louisiana, von dem »Verbrechen,

---

327 Ida Husted Harper (Hg.), History of Women Suffrage, New York 1902, Bd. 5, S. 5.
328 Ebd.
329 Ebd.
330 Ebd. S. 6.

einer Horde von dummen N*männchen« das Wahlrecht zu verleihen,[331] sprach, forderte Mary Chase, eine Delegierte aus New Hampshire, das Wahlrecht für die Frauen, die »natürlichen Wächterinnen und Beschützerinnen des Herdes«[332].

Auf dem Kongress von 1903 war es Belle Kearney aus Mississippi, die am lautesten die gefährliche Allianz von Rassismus und Sexismus bekräftigte. Ohne Scham nannte sie die Schwarze Bevölkerung im Süden »diese 4.500.000 ehemaligen Sklaven, diese Analphabeten und Halbbarbaren«[333] und beschwor die Verleihung des Wahlrechts an sie als eine »Todeslast«, die der Süden »fast über vierzig Jahre tapfer und großmütig getragen«[334] habe. So unangemessen Booker T. Washingtons Theorie zur Berufsausbildung für Schwarze auch gewesen sein mag, für Kearney waren Tuskegee und ähnliche Schulen »nur dazu da, die Macht des N* zu stärken. Und wenn der Schwarze Mann wegen seiner Fähigkeiten und seines erworbenen Wohlstands für das Gemeinwesen notwendig geworden ist«[335], würde das Ergebnis eine Art Rassenkrieg sein.

> »Der arme *weiße* Mann, durch seine Armut verbittert und durch seine Minderwertigkeit gedemütigt, findet für sich und seine Kinder keinen Platz mehr, so wird es zum Handgemenge zwischen den Rassen kommen.«[336]

Natürlich war solch ein Kampf zwischen *weißen* und Schwarzen Arbeitern nicht unvermeidlich. Die Apologeten des Monopolkapitals waren jedoch entschlossen, rassistische Spaltungen voranzutreiben. Um die gleiche Zeit, als Kearney vor dem Kongress in New Orleans sprach, wurde ein ebensolches Alarmzeichen im US-Senat gegeben. Am 24. Februar 1903 warnte der Senator Ben Tillman aus South Carolina, dass die Seminare und Schulen für Schwarze im Süden zu unerbittlichen ›Rassenkonflikten‹ führen würden. Dazu bestimmt, »diese Leute«, die in seinen Augen »dem fehlenden Bindeglied zum Affen am nächsten stehen«, auszurüsten, um »mit dem *weißen* Nachbarn konkurrieren zu können«, würden diese Schulen

331 Ebd. S. 80.
332 Ebd. S. 81.
333 Papachristou, a.a.O., S. 144.
334 Ebd.
335 Ebd.
336 Ebd.

»… einen Antagonismus zwischen den ärmeren Klassen unter unseren Bürgern und jenen Leuten schaffen, die auf dem Arbeitsmarkt auf derselben Stufe stehen.«[337]

Ferner:

»Es ist nichts unternommen worden, die *Weißen* im Süden zu ermutigen, den angelsächsischen Amerikanern zu helfen und beizustehen, Männern, die die Nachkommen des Volkes sind, das mit Marion und Dumter kämpfte. Sie müssen gegen Armut und Dummheit kämpfen und alles tun, nur um über die Runden zu kommen, und gleichzeitig zusehen, wie die Nordstaatler zu Tausenden und Abertausenden eindringen, um beim Aufbau der afrikanischen Herrschaft zu helfen.«[338]

Im Gegensatz zu Kearneys und Tillmans Behauptungen ereigneten sich ›Rassenkonflikte‹ nicht spontan, sondern waren eher von den Repräsentanten der aufsteigenden ökonomischen Klasse bewusst geplant. Sie mussten die Einheit der Arbeiterklasse im Interesse ihrer ausbeuterischen Absichten verhindern. Die späteren ›Rassenkämpfe‹ – in Atlanta, in Brownsville in Texas, in Springfield in Ohio – waren wie 1898 die Massaker in Wilmington und Phoenix in South Carolina präzise darauf abgestimmt, die Spannungen und Widersprüche innerhalb der diversen Arbeiterschaft anzuheizen.

Belle Kearney informierte auf dem Kongress von New Orleans ihre Schwestern, dass sie einen sicheren Weg gefunden habe, die rassischen Widersprüche in überschaubaren Grenzen zu halten. Sie behauptete, genau zu wissen, wie der sonst unvermeidliche ›Rassenkrieg‹ zu verhindern sei.

»Um dieser unaussprechlichen Gefahr zu entgehen, muss das Stimmrecht an die Frauen verliehen werden, und das Recht auf Wahl muss von Bildung und Besitz abhängig gemacht werden … Das Frauenwahlrecht würde sofort und dauerhaft die *weiße* Vorherrschaft auf ehrlichem Wege sichern; denn, wie eine unbestreitbare Autorität festgestellt hat, gibt es ›in jedem Südstaat, ausgenommen einem, mehr gebildete Frauen als alle die analphabetischen Wähler, *weiße* und Schwarze, einheimische und fremde, zusammen‹.«[339]

---

337 John Hope Franklin und Isidore Starr (Hg.), The Negro Twentieth Century America, New York 1967, S. 68–69.

338 Ebd. S. 40.

339 Papachristou, a.a.O., S. 144.

Der außerordentlich erschreckende Ton von Kearneys Rede darf nicht darüber hinwegtäuschen, dass sie sich auf Theorien stützte, die innerhalb der Frauenstimmrechtsbewegung schon sehr akzeptiert waren. Das statistische Argument war ebenso wie die Forderung nach der Lese- und Schreibfähigkeit schon oft von Delegierten früherer Kongresse der NAWSA vorgebracht worden. In Kearneys Vorschlag wiederum, die Wahlberechtigung von Besitz abhängig zu machen, spiegelten sich die gegen die Arbeiterklasse gerichteten Einstellungen wider, die unglücklicherweise auch in der Frauenwahlrechtsbewegung Fuß gefasst hatten.

Die Rede von Belle Kearney, die sie vor den versammelten Mitgliedern der National *American Woman Suffrage Association* hielt, hat noch eine ironische Pointe. Jahr für Jahr hatten die führenden Suffragetten die Indifferenz der Vereinigung gegenüber der rassischen Gleichheit mit dem Allzweck-Argument der Zweckmäßigkeit gerechtfertigt. Nun wurde das Frauenwahlrecht als das zweckmäßigste Mittel hingestellt, die rassische Vorherrschaft zu erlangen. Die NAWSA war unwissentlich in ihre eigene Falle getappt – in die Falle der Zweckmäßigkeit, die das Wahlrecht erbringen sollte. Nachdem die Kapitulation vor dem Rassismus denkbar geworden war – ausgerechnet an dem historischen Knotenpunkt, an dem die neue und rücksichtslose monopolistische Expansion nach härteren Formen des Rassismus verlangte –, war es unvermeidbar, dass dies bei den Suffragetten im Laufe der Zeit seine bumerangartige Wirkung nicht verfehlte. Die Delegierte aus Mississippi erklärte zuversichtlich:

> »Eines Tages wird der Norden gezwungen sein, im Süden die Erlösung zu suchen ... um der Reinheit des angelsächsischen Blutes, um der Einfachheit seiner gesellschaftlichen und wirtschaftlichen Strukturen willen ... und zur Erhaltung der Heiligkeit seines Glaubens, der unversehrt geblieben ist.«[340]

Nicht eine Unze schwesterlicher Solidarität konnte hier noch entdeckt werden, und es war auch kein Wort mehr für den Sieg über die männliche Vorherrschaft zu hören, auch nicht darüber, wie die Frauen gegebenenfalls zu ihrem Recht kämen. Es ging nicht mehr um das Frauenrecht oder die politische Gleichheit der Frauen, sondern vielmehr um die rassische Überlegenheit der *Weißen*, die um jeden Preis erhalten werden sollte.

---

340 Harper, History of Women Suffrage, Bd. 5, S. 83.

> »Genauso wie der Norden gezwungen sein wird, um des Heils seiner Nation willen, sich dem Süden zuzuwenden, ebenso wird der Süden seine angelsächsischen Frauen als das Mittel erkennen müssen, durch das die Vorherrschaft der *weißen* Rasse über die afrikanische wiedererlangt werden wird ...«[341]

»Dank sei Gott, dass der Schwarze Mann freigelassen wurde!«, rief sie im Brustton rassistischer Arroganz.

> »Ich wünsche ihm alles erdenkliche Glück und allen erreichbaren Fortschritt, aber nicht bei seinen Übergriffen auf das Allerheiligste der angelsächsischen Rasse ...«[342]

341 Ebd.
342 Ebd.

ACHT
Schwarze Frauen und die Klubbewegung

Der *General Federation of Women's Clubs* hätte 1900 seinen zehnten Geburtstag mit einer Stellungnahme gegen den Rassismus innerhalb der eigenen Reihen feiern können. Unglücklicherweise war jedoch sein Standpunkt unzweideutig prorassistisch: Das geschäftsführende Komitee der Konferenz entschied sich, die vom *Boston's Women's Era Club* entsandte Schwarze Delegierte auszuschließen. Unter den Klubs, die von diesem Verband repräsentiert wurden, ragte dieser eine nichtzugelassene Klub durch eine Besonderheit hervor, die von nicht mehr als zwei der *weißen* Frauengruppen in Anspruch genommen werden konnte. Wenn *Sorosis* und der *New England Women's Club* die Pionierorganisationen unter den weißen Frauenklubs waren, so war der *Women's Era Club* (damals fünf Jahre alt) die Frucht der ersten Organisationsbemühungen der Schwarzen Frauen innerhalb der Klubbewegung. Er wurde durch Josephine St. Pierre Ruffin vertreten, die in den Kreisen der *weißen* Klubs in Boston als eine ›kultivierte‹ Frau bekannt war. Sie war die Frau eines Harvard-Absolventen, des ersten Schwarzen Richters im Staate Massachusetts. Das geschäftsführende Komitee des Kongresses ließ sie wissen, sie sei als Delegierte des *weißen* Klubs, dem sie auch angehörte, willkommen. In diesem Fall wäre sie allerdings die sprichwörtliche Ausnahme von der sonst üblichen Regel der Rassentrennung in der *General Federation of Women's Clubs* (GFWC) gewesen. Als Ruffin darauf bestand, den Schwarzen Frauenklub zu vertreten (der übrigens schon ein Zertifikat über die Mitgliedschaft im GFWC erhalten hatte), wurde ihr der Einlass in die Versammlungshalle verwehrt. »Um diese Regelung zu verschärfen, wurde (überdies) der Versuch unternommen, ihr das Abzeichen, das ihr bereits ausgehändigt worden war, von der Brust zu reißen …«[343]

Kurz nach diesem ›Fall Ruffin‹ erschien im Zirkular des Verbandes eine fiktive Geschichte, deren Absicht es war, jene Frauen zu erschrecken,

343 Lerner, Black Women in White America, S. 447–450.

die gegen den unverhohlenen Rassismus in ihrer Organisation protestiert hatten. Nach dem Bericht von Ida B. Wells hatte der Artikel den Titel »Der Einfall der Narren«[344] und beschrieb die Gefahren eines integrierten Klublebens in einer nicht genannten Stadt. Die Präsidentin des nicht beim Namen genannten Klubs hatte eine Schwarze Frau, mit der sie sich befreundet hatte, eingeladen, Mitglied des Klubs zu werden. Aber ach, die Tochter der *weißen* Frau verliebte sich in den Sohn der Schwarzen und heiratete ihn, der, hellhäutig wie seine Mutter, kaum als Schwarzer zu erkennen war. Aber, so teilt der Artikel vertraulich mit, er hatte jenen »unsichtbaren Tropfen« schwarzen Blutes in sich, und als die junge Frau niederkam, gebar sie ein »tiefschwarzes Kind ... Der Schock war so groß, dass sie ihr Gesicht zur Wand drehte und starb«[345]. Jede Schwarze Person hätte erkannt, dass diese Geschichte erfunden war, aber die Zeitungen stürzten sich darauf und verbreiteten die Botschaft, dass integrierte Frauenklubs die *weißen* Frauen in den Untergang führten.

Die erste nationale Konferenz, die von Schwarzen Frauen einberufen wurde, fand fünf Jahre nach der Gründungsversammlung des *General Federation of Women's Clubs* von 1890 statt. Die Organisationserfahrungen der Schwarzen Frauen konnten bis in die Zeit vor dem Bürgerkrieg zurückverfolgt werden; wie ihre *weißen* Schwestern hatten sie an literarischen Gesellschaften und Wohltätigkeitsvereinen mitgewirkt. In erster Linie hatten sie damals ihre Anstrengungen auf die Abschaffung der Sklaverei gerichtet. Aber im Gegensatz zu den *weißen* Frauen in der abolitionistischen Bewegung waren die Schwarzen Frauen weniger durch Nächstenliebe oder moralische Prinzipien motiviert als durch die hautnahen Bedürfnisse ihres Volkes im Überlebenskampf. Die 90er-Jahre des neunzehnten Jahrhunderts waren für die Schwarzen die schwersten seit der Abschaffung der Sklaverei. Die Frauen fühlten sich natürlich verpflichtet, sich an den Widerstandskämpfen ihres Volkes zu beteiligen. Der erste Schwarze Frauenklub wurde als Antwort auf die unkontrollierte Woge von Lynchmorden und auf den wahllosen sexuellen Missbrauch Schwarzer Frauen gegründet.

Es herrscht Übereinstimmung darüber, dass die Ursprünge der *General Federation* der *weißen* Frauen in die Zeit unmittelbar nach dem Bürgerkrieg zurückgehen, als der Ausschluss von Frauen aus dem *New York Press Club*

344 Wells, a.a.O., S. 271.
345 Ebd.

1868 die Gründung eines Frauenklubs zur Folge hatte.[346] Nach der Gründung von *Sorosis* in New York bildeten Frauen in Boston den *New England Women's Club*. Damit war durch die beiden führenden Städte im Norden eine solche Bewegung in Gang gesetzt, dass 1890 ein nationaler Verband gegründet werden konnte.[347] In der kurzen Spanne von zwei Jahren erhielt der *General Federation of Women's Clubs* 190 Tochterorganisationen und über 20.000 Mitglieder.[348] Eine Studentin der feministischen Geschichtswissenschaft erklärt die geradezu magnetische Anziehungskraft dieser Klubs auf die *weißen* Frauen so:

> »Subjektiv stimmten die Klubs mit den Bedürfnissen der Frauen mittleren Alters und aus der Mittelschicht nach Freizeitaktivitäten zwar außerhalb – aber doch in Beziehung zu – ihrer traditionellen Sphäre, überein. Es gab – wie sich bald zeigte – Millionen von Frauen, deren Leben mit den häuslichen und religiösen Pflichten nicht ausgefüllt war. Größtenteils mit wenig Bildung und unfähig oder unwillig, einer bezahlten Arbeit nachzugehen, fanden sie im Klubleben die Lösung ihres persönlichen Dilemmas.«[349]

Die Schwarzen Frauen, im Norden wie im Süden, arbeiteten im Vergleich zu den *weißen* Frauen in einem weit größeren Maße außerhalb des Hauses. 1890 waren von vier Millionen erwerbstätiger Frauen fast eine Million Schwarze.[350] Nicht im entferntesten so viele Schwarze Frauen waren der häuslichen Öde ausgesetzt, die die mittelständischen *weißen* Frauen plagte. Allerdings stammten die leitenden Persönlichkeiten der Schwarzen Klubbewegung nicht aus der Masse der arbeitenden Schwarzen Frauen. Josephine St. Pierre Ruffin z.B. war die Ehefrau eines Richters in Massachusetts. Was diese Frauen von den *weißen* Klubleiterinnen unterschied, war das Bewusstsein von der Notwendigkeit des Kampfes gegen den Rassismus. Die eigene Vertrautheit mit dem alltäglichen Rassismus der US-Gesellschaft verband sie in der Tat enger mit ihren Schwestern aus der Arbeiterklasse, als es die Erfahrung der *weißen* Schwestern aus dem Mittelstand mit dem Sexismus vermochte.

---

346 William L. O'Neill, The Women Movement: Feminism in the United States and England, Chicago 1969, S. 47 ff.

347 Ebd. S. 48.

348 Ebd.

349 Ebd. S. 48–49.

350 Wertheimer, a.a.O., S. 195.

Der Entstehung der Klubbewegung war das erste große Treffen vorausgegangen, das die Schwarzen Frauen als Erwiderung auf die rassistischen Anschläge gegen die Zeitungsverlegerin Ida B. Wells selbstständig organisierten. Nachdem ihr Zeitungsverlag in Memphis von einer rassistischen Rotte zerstört worden war, die ihre Arbeit über Lynchmorde bekämpfte, beschloss Wells, ihren ständigen Wohnsitz in New York zu nehmen. Wie sie in ihrer Autobiografie berichtet, waren zwei Frauen durch die Lektüre ihrer Artikel im *New York Age* über den Lynchmord an dreien ihrer Freunde und die Zerstörung ihrer Zeitung tief bewegt.

> »Zwei farbige Frauen machten sich bei einem Besuch gegenseitig auf meine Enthüllungen aufmerksam und sagten, dass ihrer Meinung nach die Frauen von New York und Brooklyn etwas unternehmen müssten, um meine Arbeit zu würdigen und gegen die Behandlung, die ich erlitten hatte, zu protestieren.«[351]

Victoria Matthews und Maritcha Lyons ergriffen die Initiative zu einer Reihe von Treffen unter den Frauen, die sie kannten, und im Laufe der Zeit hatten sie ein Komitee aus 250 Frauen zusammen, das »die Geister in beiden Städten aufweckte«[352]. Innerhalb weniger Monate hatten sie ein riesiges Treffen organisiert, das im Oktober 1892 in der New Yorker *Lyric Hall* stattfand. Auf dieser Massenversammlung gab Ida B. Wells eine erschütternde Darstellung der Lynchjustiz.

> »Der Saal war überfüllt ... Die führenden Schwarzen Frauen aus Boston und Philadelphia waren eingeladen worden, sich an dieser Demonstration zu beteiligen, und sie kamen. Es war eine hervorragende Truppe versammelt: Frau Gertrude Mossell aus Philadelphia, Frau Josephine St. Pierre Ruffin aus Boston, Frau Sarah Garnett, die Witwe eines unserer größten Männer und Lehrerin an einer Grundschule in New York City, Dr. Susan McKinner aus Brooklyn, unsere führende Ärztin; sie saßen alle auf dem Podium als eine zuverlässige Truppe hinter einem einsamen heimwehkranken Mädchen, das verbannt war, weil es den Versuch unternommen hatte, die Menschenwürde seiner ›Rasse‹ zu verteidigen.«[353]

351 Wells, a.a.O., S. 78.
352 Ebd.
353 Ebd. S. 78–79.

Ida B. Wells erhielt für die Gründung einer neuen Zeitung eine stattliche Summe Geld und – ein Zeichen für den relativen Wohlstand der Organisatorinnen dieser Kampagne – eine Goldbrosche in Form einer Schreibfeder.[354]

Ausgehend von dieser anspornenden Massenversammlung gründeten ihre Initiatorinnen in New York und Brooklyn ständige Organisationen, die sie *Women's Loyal Union* nannten. Nach Ida B. Wells waren dies die ersten Klubs, die ausschließlich von Schwarzen Frauen gegründet und geführt wurden. »Dies war der eigentliche Beginn der Klubbewegung unter den Schwarzen Frauen dieses Landes.«[355] Der *Boston Women's Era Club* – später von der GFWC abgelehnt – war aus einer Versammlung entstanden, zu der Josephine St. Pierre Ruffin anlässlich eines Besuches von Ida B. Wells in Boston aufgerufen hatte.[356] Ähnliche Versammlungen, auf denen Ida B. Wells sprach, führten zu ständigen Klubs in New Bedford, Providence und Newport und später in New Haven.[357] Als Wells 1893 in Washington eine Rede gegen die Lynchjustiz hielt, trat Mary Church Terrell, die spätere Gründungspräsidentin der *National Association of Colored Women's Clubs* zum ersten Mal öffentlich in Erscheinung.[358]

Ida B. Wells war nicht nur das Zugpferd, mit dem die Schwarzen Frauen für die Klubbewegung gewonnen wurden. Sie war auch eine aktive Organisatorin, die den ersten Schwarzen Frauenklub in Chicago ins Leben rief und ihm als Präsidentin vorstand. Nach ihrer ersten Auslandstour gegen die Lynchjustiz assistierte sie Frederick Douglass beim Organisieren einer Protestbewegung gegen die Weltausstellung von 1893. Auf ihr Drängen wurde ein Frauenkomitee gegründet, das Geld für die Veröffentlichung einer Broschüre für die Ausstellung mit dem Titel »Warum das Schwarze Amerika auf der Weltausstellung nicht vertreten ist«[359] sammelte. Nach der Chicagoer Weltausstellung überredete Wells die Frauen, einen ständigen Klub nach dem Vorbild der nordöstlichen Städte zu gründen.[360]

354 Ebd. S. 81.
355 Ebd.
356 Ebd.
357 Ebd.
358 Ebd. S. 83.
359 Ebd. S. 117.
360 Ebd. S. 121.

Einige der Frauen, die von Wells geworben worden waren, kamen aus den wohlhabendsten Schwarzen Familien Chicagos. Frau John Jones z.B. war die Frau »des damals reichsten Schwarzen in Chicago«[361].

Es darf dabei angemerkt werden, dass dieser erfolgreiche Geschäftsmann früher bei der ›Underground Railroad‹ mitgearbeitet und die Kampagne zur Aufhebung der Gesetze über die Schwarzen in Illinois geleitet hatte. Neben den Frauen, die zur aufsteigenden »Schwarzen Bourgeoisie« und zu »den bekanntesten Frauen der Kirche und der Geheimgesellschaften«[362] gehörten, waren unter den fast dreihundert Mitgliedern des Frauenklubs von Chicago auch »Schullehrerinnen, Hausfrauen und Studentinnen«.[363] Eine ihrer ersten Aktivitäten war eine Geldsammlung für die strafrechtliche Verfolgung eines Polizisten, der einen Schwarzen Mann getötet hatte. Die Schwarzen Klubfrauen von Chicago waren dem Kampf für die Befreiung der Schwarzen treu ergeben.

Der bahnbrechende *Boston Women's Era Club* setzte seinen entschiedenen Einsatz für die Verteidigung der Schwarzen, die Ida B. Wells auf seinem ersten Treffen gefordert hatte, emsig fort. Als die *National Conference of the Unitarian Church* eine Resolution gegen die Lynchjustiz ablehnte, brachten die Mitglieder der ›New Era‹ in einem offenen Brief an die führenden Frauen der Kirche ihren entschiedenen Protest zum Ausdruck.

> »Wir, die Mitglieder des ›Women's Era Club‹«, glauben, dass wir im Namen der Schwarzen Frauen von Amerika sprechen ... Als Schwarze Frauen haben wir zu viel gelitten, um blind für die Leiden anderer zu sein, und leiden auch immer noch, wobei es natürlich ist, dass wir gegenüber unserem eigenen Leiden empfindlicher sind als gegenüber fremdem. Wir sind daher der Auffassung, dass es gegenüber uns selbst, gegenüber unseren Möglichkeiten und gegenüber unserer ›Rasse‹ falsch wäre, in einem Fall wie diesem zu schweigen. Wir haben vieles ertragen und, wie wir glauben, mit Geduld; wir haben gesehen, wie unsere Welt in Scherben zerbrach, wie unsere Männer zu Flüchtlingen und Umherreisenden gemacht wurden und wie sie ihre Jugend und ihre Kraft in Fesseln verloren. Wir selbst werden täglich aufgrund unserer ›Rasse‹ behindert und unterdrückt; wir wissen, dass uns jede Gelegenheit zum Fortschritt in Frieden und Glück verweigert wird ... Christliche Männer und Frauen weigern sich konsequent ... uns in ihre Kirchen zu lassen ... unsere

361 Ebd. S. 121–122.
362 Ebd.
363 Ebd.

Kinder ... werden als legitime Opfer beleidigender Handlungen angesehen ... und unsere jungen Mädchen können jederzeit in stinkende, verdreckte Wagen geworfen und ohne Rücksicht auf ihre Bedürfnisse ohne Essen und Obdach gelassen werden.«[364]

Nach einem Hinweis auf die schulische und kulturelle Deprivation, die Schwarze Frauen zu erleiden hätten, rief der Protestbrief zu einem lauten Schrei der Entrüstung gegen die Lynchmorde auf.

»Um der Gerechtigkeit willen, für den guten Namen unseres Landes, erheben wir feierlich unsere Stimme gegen die furchtbaren Verbrechen der Lynchjustiz ... Und wir rufen die Christen von überall her auf, dasselbe zu tun, oder sie werden als Sympathisanten der Mörder gebrandmarkt werden.«[365]

Als die erste *First National Conference of Colored Women* 1895 in Boston einberufen wurde, eiferten die Schwarzen Klubfrauen nicht einfach den *weißen* Strateginnen nach, die fünf Jahre vor ihnen die Klubbewegung gegründet hatten. Sie kamen vielmehr zusammen, um eine Strategie des Widerstandes gegen die aktuellen propagandistischen Anschläge gegen Schwarze Frauen und gegen die fortgesetzte Herrschaft der Lynchjustiz zu beschließen. Als Antwort auf einen Angriff gegen Ida B. Wells seitens des Präsidenten der *Missouri Press Association*, der die Lynchjustiz verteidigte, protestierten die Delegierten gegen diese »schwere Beleidigung der Schwarzen Frauen«[366] und verkündeten dem Land »... ihre einhellige Billigung des Vorgehens (von Wells) in (ihrer) Agitation gegen die Lynchjustiz«[367].

Fannie Barrier Williams, die die *weißen* Frauen aus ihrem Klub in Chicago ausgeschlossen hatten, fasste den Unterschied zwischen der *weißen* Klubbewegung und Schwarzen Klubbewegung wie folgt zusammen. Die Schwarzen Frauen, sagte sie, hätten erkannt, dass der Fortschritt eine ganze Menge mehr beinhaltet, als allgemein mit den Begriffen Kultur, Erziehung und Zusammenhalt umschrieben wird.

»Die Klubbewegung der Schwarzen Frauen wirkt bis in die Tiefenstruktur der gesamten Schwarzen Bevölkerung ... Die Klubbewegung ist nur eines

364 Ebd.
365 Ebd.
366 Ebd. S. 242.
367 Ebd.

der vielen Mittel zur sozialen Emanzipation der Schwarzen Bevölkerung … Die Klubbewegung ist wohlüberlegt … Sie ist keine Modeerscheinung … Sie ist vielmehr die Kraft einer neuen Intelligenz gegen die alte Dummheit, der Kampf eines aufgeklärten Bewusstseins gegen die ganze Brut des sozialen Elends, geboren aus dem Druck und dem Schmerz einer verhassten Vergangenheit.368

Obgleich die Klubbewegung der Schwarzen Frauen untrennbar mit dem Kampf um die Befreiung der Schwarzen verbunden war, nahmen ihre mittelständischen Führerinnen gegenüber der breiten Masse der Schwarzen Bevölkerung leider manchmal eine elitäre Haltung ein. Fannie Barrier Williams z. B. sah in den Klubfrauen »die neue Intelligenz, das aufgeklärte Bewusstsein«[369] ihrer ›Rasse‹.

»Für die *weißen* Frauen bedeuten die Klubs ein Vorwärtskommen der besten Frauen im Interesse der besten Weiblichkeit. Für die Schwarzen Frauen bedeutet der Klub, dass wenige Kompetente Anstrengungen im Interesse der vielen Inkompetenten unternehmen.«[370]

Vor der endgültigen Bildung einer nationalen Organisation der Frauenklubs gab es offenbar unter den führenden Klubfrauen bedauerlicherweise eine gewisse Konkurrenz. Ausgehend von der von Josephine St. Pierre Ruffin einberufenen Bostoner Konferenz von 1895 wurde die *National Federation of Afro-American Women* noch im gleichen Jahr gegründet und Margaret Murray Washington als seine Präsidentin gewählt.[371] Sie vereinigte über dreißig Klubs in zwölf Staaten. 1896 wurde in Washington D. C. die *National League of Colored Women* mit Mary Church Terrell als Präsidentin gegründet. Die beiden konkurrierenden Organisationen verschmolzen jedoch bald in der *National Association of Colored Women's Clubs*, in der Terrell in das höchste Amt gewählt wurde. Die folgenden Jahre hindurch sollten sich Mary Church Terrell und Ida B. Wells innerhalb der Schwarzen Klubbewegung gegenseitig befehden. In ihrer Autobiografie macht Wells Terrell persönlich dafür verantwortlich, dass sie 1899 von der Versammlung der *National Association of Colored Women's Clubs* ausgeschlossen

368 Lerner, Black Women in White America, S. 575–576.
369 Ebd. S. 576.
370 Ebd. S. 575–576.
371 Ebd. S. 444.

wurde, die in Chicago stattfand.[372] Nach Wells war es Terrells Angst um ihre Wiederwahl als Präsidentin, die sie veranlasste, die Zeitungsverlegerin auszuschließen und auf der Konferenz den Kampf gegen die Lynchjustiz, den ihre Rivalin personifizierte, zu bagatellisieren.[373]

Mary Church Terrell war die Tochter eines Versklavten, der nach der *Emancipation* (offizielle Befreiung) seines Vater, dem ehemaligen Sklavenhalter, ein beachtliches Vermögen geerbt hatte. Der Wohlstand ihrer Familie eröffnete ihr einzigartige Bildungsmöglichkeiten. Nach vier Jahren auf dem Oberlin College wurde Terrell die dritte Schwarze Frau im Land mit einem Collegeabschluss.[374] Danach ging sie ins Ausland, um an verschiedenen Universitäten zu studieren. Terrell war erst Oberschullehrerin, später Universitätsprofessorin und die erste Schwarze, die ins Bildungsministerium des Distrikts von Columbia berufen wurde. Hätte sie nach persönlichem Wohlstand oder nach Erfüllung durch eine politische oder akademische Laufbahn getrachtet, sie wäre zweifellos erfolgreich gewesen. Aber ihre Hingabe an die kollektive Befreiung bewog sie, ihr gesamtes Leben als Erwachsene der Befreiung der Schwarzen zu widmen. Mary Church Terrell war mehr als irgendjemand sonst die treibende Kraft, die aus der Klubbewegung der Schwarzen Frauen eine mächtige politische Gruppe formte. Obgleich Ida B. Wells eine ihrer schärfsten Kritikerinnen war, erkannte sie das Gewicht ihrer Rolle innerhalb der Klubbewegung an. Wie sie hervorhob, war »Frau Terrell allen Widrigkeiten zum Trotz die gebildetste Frau unter uns ...«[375]

Wie Mary Church Terrell stammte auch Ida B. Wells aus einer Familie ehemaliger Versklavter. Als ihre Eltern einer Gelbfieber-Epidemie zum Opfer fielen, war Wells noch ein Teenager und hatte fünf jüngere Schwestern und Brüder zu versorgen. Als Antwort auf diese enorme Belastung nahm sie den Beruf einer Lehrerin auf. Ihr hartes persönliches Schicksal konnte sie jedoch nicht davon abhalten, den Weg einer aktiven Kämpferin gegen den Rassismus zu wählen. Schon im jungen Alter von zweiundzwanzig bekämpfte sie die rassistische Diskriminierung, unter der sie als Bahnreisende zu leiden hatte, mit einer Klage gegen die Eisenbahn. Zehn Jahre später gab Ida B. Wells eine eigene Zeitung in Memphis, Ten-

372 Wells, a.a.O., S. 78.
373 Ebd.
374 Lerner, Black Women in White America, S. 206 ff.
375 Wells, a.a.O., S. 260.

nessee, heraus, und nachdem drei ihrer Freunde von einem rassistischen Mob ermordet worden waren, verwandelte sie das Blatt in eine wirksame Waffe gegen die Lynchjustiz. Als die Rassisten ihr Leben bedrohten und die Verlagsräume ihrer Zeitung zerstört hatten, war Wells gezwungen, ins Exil zu gehen, wo sie ihren erstaunlich wirksamen Kreuzzug gegen die Lynchjustiz wiederaufnahm. Sie reiste in den Vereinigten Staaten von Stadt zu Stadt und mobilisierte die Schwarzen und *Weißen* gleichermaßen, mit aller Kraft die Herrschaft der Lynchjustiz zu bekämpfen. Auf ihren Auslandsreisen spornte sie die Europäer*innen an, Solidaritätskampagnen gegen die Lynchmorde an den Schwarzen in den Vereinigten Staaten zu organisieren. Zwei Jahrzehnte später eilte Ida B. Wells im Alter von siebenundfünfzig Jahren zu den Ausschreitungen im Osten von St. Louis. Als sie dreiundsechzig Jahre alt war, leitete sie eine Untersuchung über einen Überfall rassistischer Banden in Arkansas. Und noch am Vorabend ihres Todes war sie so militant wie eh und je, als sie eine Demonstration Schwarzer Frauen gegen die Rassentrennungsmethoden eines großen Hotels in Chicago anführte. Durch ihren langwierigen Kreuzzug gegen die Lynchjustiz war Ida B. Wells zu einer Expertin in den Taktiken der Agitation und der Konfrontation geworden. Aber wenige konnten sich im gesprochenen wie im geschriebenen Wort zugunsten der Befreiung der Schwarzen mit Mary Church Terrell vergleichen. Sie suchte die Freiheit ihres Volkes durch Logik und Überzeugung zu erringen. Eloquent in ihren Schriften, eine überaus beeindruckende Rednerin und eine Meisterin in der Kunst der Diskussionsführung, ließ Terrell nicht davon ab, beharrlich und prinzipienfest die Gleichheit der Schwarzen, das Frauenstimmrecht wie auch die Rechte der arbeitenden Menschen zu vertreten. Wie Ida B. Wells war sie bis zu ihrem Tod mit neunzig Jahren noch aktiv. Eine ihrer letzten Aktivitäten gegen den Rassismus war die Teilnahme an einer Streikpostenkette in Washington, D. C. mit achtundachtzig Jahren.

Ida B. Wells und Mary Church Terrell waren fraglos die zwei herausragenden Schwarzen Frauen ihrer Zeit. Ihre persönliche Fehde, die sich über mehrere Jahrzehnte erstreckte, spielte eine tragische Rolle in der Geschichte der Klubbewegung der Schwarzen Frauen. Waren ihre Verdienste schon allein genommen monumental, so hätten ihre vereinten Bemühungen für ihre Schwestern und für die Schwarzen generell Berge versetzen können.

NEUN
Arbeiterinnen, Schwarze Frauen und die Geschichte der Wahlrechtsbewegung

Im Januar 1868, als Susan B. Anthony die erste Ausgabe der *Revolution* herausbrachte, hatten die Arbeiterinnen, deren Status in der Arbeiterschaft sich unlängst erhöht hatte, angefangen, ihre Rechte offensiv zu verteidigen. Während des Bürgerkrieges hatten mehr *weiße* Frauen als je zuvor außerhalb ihres Heims gearbeitet. 1870 arbeiteten 70 Prozent der weiblichen Arbeitskräfte in Haushalten, und ein Viertel aller nicht in der Landwirtschaft Beschäftigten waren Frauen.[376] In der Bekleidungsindustrie hatten sie schon die Mehrheit erreicht. In dieser Zeit war die Arbeiterbewegung eine rapide zunehmende wirtschaftspolitische Kraft, die aus nicht weniger als zweiunddreißig national organisierten Gewerkschaften bestand.[377]

Innerhalb der Arbeiterbewegung war jedoch der männliche Wille zur Vorherrschaft so stark, dass nur die Zigarrenarbeiter und die Drucker den Frauen die Türen öffneten. Einige Arbeiterinnen hatten allerdings begonnen, sich selbst zu organisieren. Während des Bürgerkrieges und direkt danach bildeten die Näherinnen die größte Gruppe der außer Haus arbeitenden Frauen. Als sie darangingen, sich zu organisieren, sprang der Gewerkschaftsgedanke von New York nach Boston und Philadelphia auf alle wichtigen Städte der gedeihenden Bekleidungsindustrie über. Als 1866 die *National Labor Union* gegründet wurde, waren die Delegierten gezwungen, die Anstrengungen der Näherinnen anzuerkennen. Auf Initiative von William Sylvis beschloss die Versammlung, nicht nur »die Töchter der mühseligen Arbeit im Land«[378] – wie die Näherinnen genannt wurden –, sondern die Frauen allgemein gewerkschaftlich zu organisieren und ihre volle Gleichberechtigung hinsichtlich der Löhne zu unterstützen.[379]

376 Baxandall u. a., a.a.O., S. 83.
377 Ebd.
378 Wertheimer, a.a.O., S. 161.
379 Ebd.

Als 1868 die *National Labor Union* wieder zusammentrat und Sylvis zu seinem Präsidenten wählte, wurde die Versammlung durch die Anwesenheit mehrerer Frauen – unter ihnen Elizabeth Cady Stanton und Susan B. Antony – veranlasst, eine noch entschiedenere Resolution zu verabschieden und den Rechten der Arbeiterinnen generell mit größerer Ernsthaftigkeit zu begegnen als zuvor.

Zur Gründungsversammlung der *National Colored Labor Union* von 1869 waren Frauen eingeladen. Wie die Schwarzen Arbeiter in einer Resolution erklärten, wollten sie nicht »die Fehler, die zuvor unsere *weißen* Mitbürger machten, indem sie die Frauen übergingen«[380], wiederholen. Die Schwarze Arbeiterorganisation, die sich wegen der Ausschlusspolitik der *weißen* Arbeitergruppierungen gebildet hatte, erwies sich in ihrer Praxis als ernsthafter um die Rechte der Arbeiterinnen bemüht als ihre *weißen* Pendants und Vorgänger. Während sich die NLU (National Labor Union) mit der Verabschiedung von Resolutionen zur Gleichheit der Frauen begnügt hatte, wählte die NCLU (National Colored Labor Union) eine Frau – Mary S. Carey[381] – in das Exekutivkomitee, das die Politik der Organisation bestimmte. Susan B. Anthony und Elizabeth Cady Stanton hatten in ihren Erinnerungen kein Wort der Anerkennung für die antisexistischen Verdienste der Schwarzen Arbeiterorganisation. Möglicherweise waren sie zu sehr von dem Kampf um das Wahlrecht absorbiert, um von dieser wichtigen Entwicklung Notiz zu nehmen.

In der ersten Ausgabe von Anthonys *Revolution*, der Zeitung, die von dem rassistischen Demokraten George Francis Train finanziert wurde, war die einzige Botschaft, dass die Frauen das Wahlrecht anstreben sollten. Wäre erst das Frauenstimmrecht Wirklichkeit, so suggerierte die Zeitung, dann wäre für die Frauen das goldene Zeitalter und für die ganze Nation der endgültige Sieg der Sittlichkeit gekommen.

> »Wir werden zeigen, dass das Wahlrecht den Frauen in der Arbeitswelt die gleichen Arbeitsplätze und die gleichen Löhne sichert; dass es ihnen die Schulen, die Universitäten, die Berufe und alle Möglichkeiten und Vorteile

---

380 Philip Foner, Organized Labor and the Black Worker 1619–1973, New York 1973, S. 34 (Anm.).

381 Ebd.

im Leben öffnen wird; dass es in ihrer Hand die sittliche Kraft sein wird, die Flut der Verbrechen und des Elends jeder Art einzudämmen.«[382]

Obwohl ihr Blickfeld oft zu sehr auf das Wahlrecht verengt war, spielte die *Revolution* während der zwei Jahre, die sie erschien, in den Kämpfen der arbeitenden Frauen eine wichtige Rolle. Die Forderung nach dem Acht-Stunden-Tag wurde wiederholt in diesem Blatt erhoben, wie auch die antisexistische Losung ›Gleicher Lohn für gleiche Arbeit‹. Von 1868 bis 1870 konnten sich die Arbeiterinnen – besonders in New York – darauf verlassen, dass *Revolution* über ihre Beschwerden wie auch über ihre Streiks, ihre Strategien und ihre Ziele berichten würde.

Anthonys Engagement für die Arbeitskämpfe der Frauen in der Nachkriegszeit beschränkte sich nicht auf die journalistische Solidarität. Während des ersten Jahres ihrer Zeitung benutzten sie und Stanton die Verlagsräume der *Revolution*, um von dort die Druckerinnen in der *Working Women's Association* zu organisieren. Kurz danach nahm als zweite Gewerkschaft die *National Typographers* Frauen auf, und in den Büroräumen der Revolution richtete sich die *Women's Typographical Union, Local #1* (Ortsgruppe 1 der Druckerinnengewerkschaft) ein.[383] Auf Initiative von Susan B. Anthony wurde später eine zweite Vereinigung der Arbeiterinnen unter den Näherinnen organisiert.

Obwohl Susan B. Anthony, Elizabeth Cady Stanton und ihre Kolleginnen für die Sache der Arbeiterinnen wichtige theoretische Arbeit leisteten, akzeptierten sie die gewerkschaftlichen Prinzipien nie ganz. Wie sie vorher nicht zugestehen mochten, dass die Befreiung der Schwarzen gegenüber ihren eigenen Interessen als *weiße* Frauen zeitweise Priorität haben musste, so konnten sie auch die fundamentalen Prinzipien der Einheit und der Klassensolidarität, ohne die die Arbeiterbewegung machtlos bliebe, nicht ganz begreifen. In den Augen der Suffragetten war ›Frausein‹ das entscheidende Kriterium und von solchem Gewicht, dass es, wenn es nur der Sache der Frauen zugutekam, sogar zulässig war, sich als Streikbrecherinnen herzugeben, wenn die Männer eines Berufszweiges im Streik waren. Susan B. Anthony wurde 1869 aus der Versammlung der *National Labor Union* ausgeschlossen, weil sie die Druckerinnen gedrängt hatte, als Streikbre-

382 »The Ballot-Bread, Virtue, Power«, Revolution, 8. Januar 1868. Zitiert in William L. O'Neill, Every One Was Brave: The Rise and Fall of Feminism in America, Chicago 1971, S. 19.

383 Wertheimer, a.a.O., S. 166, 167.

cherinnen zu arbeiten.[384] Zu ihrer Verteidigung erklärte sie gegenüber der Versammlung, dass

> »... in der Welt, die aus Kapital und Arbeit besteht, den Männern viel Unrecht geschieht, aber dieses Unrecht ist im Vergleich zu dem Unrecht an den Frauen, denen die Tür zu den Gewerben und Berufen vor der Nase zugeschlagen wird, nicht einmal so viel wie ein Sandkorn am Meeresstrand.«[385]

Anthonys und Stantons Haltung in diesem Fall war der gegen die Schwarzen gerichteten Haltung der Suffragetten innerhalb der *Equal Rights Association* erstaunlich ähnlich. So wie Stanton und Anthony die Schwarzen Männer angriffen, als ihnen klar wurde, dass die ehemaligen Versklavten das Wahlrecht vor den *weißen* Frauen erlangen könnten, so schlugen sie in vergleichbarer Weise gegen die Männer in der Arbeiterklasse los. Stanton versteifte sich darauf, der Ausschluss aus der NLU beweise, »... was die Revolution schon immer gesagt hat, nämlich dass die Männer der arbeitenden Klassen immer die schlimmsten Feinde des Frauenwahlrechts sein werden«.[386]

›Frausein‹ war das Kriterium, aber nicht jede Frau schien geeignet zu sein. Die Schwarzen Frauen blieben – wie sollte es auch anders sein – in der langwierigen Kampagne für das Frauenwahlrecht im Grunde unberücksichtigt. Was die *weißen* Arbeiterinnen betrifft, waren die führenden Suffragetten anfangs wahrscheinlich von den Organisationserfolgen und der Militanz ihrer Schwestern aus der Arbeiterklasse beeindruckt. Wie sich jedoch herausstellte, nahmen sich die Arbeiterinnen des Wahlrechts für Frauen keineswegs enthusiastisch an. Auch wenn Susan B. Anthony und Elizabeth Cady Stanton mehrere führende Gewerkschafterinnen überzeugen konnten, gegen den Wahlrechtsentzug für Frauen zu protestieren, war die Masse der Frauen viel zu sehr mit ihren unmittelbaren Problemen beschäftigt – Löhne, Arbeitszeit und Arbeitsbedingungen –, um für eine Sache zu kämpfen, die ihnen schrecklich abstrakt vorkommen musste. Anthony meinte:

384 »Proceedings, National Labor Union, August 1869«, Workingman's Advocate Bd. VI, Nr. 5 (4. September 1869). Zitiert in Baxandall u. a., a.a.O., S. 109–114.

385 Ebd. S. 113.

386 O'Neill, Everyone was Brave, S. 20.

> »Der besondere Vorteil, den die Arbeiter dieser Republik besitzen, ist, dass der Sohn des niedrigsten Bürgers, ob *weiß* oder Schwarz, die gleichen Chancen wie der Sohn des reichsten im Land hat.«[387]

Susan B. Anthony hätte eine solche Behauptung niemals aufstellen können, wenn sie mit der Realität der Arbeiterfamilien vertraut gewesen wäre. Die Arbeiterinnen wussten nur zu gut, dass ihre Väter, Brüder, Ehemänner, die das Wahlrecht ausübten, auch weiterhin von ihren reichen Dienstherren elendig ausgebeutet wurden. Die politische Gleichheit öffnete nicht das Tor zur wirtschaftlichen Gleichheit.

»Die Frauen wollen Brot und nicht das Wahlrecht«[388] war der Titel einer von Susan B. Anthony oft gehaltenen Rede, mit der sie mehr Arbeiterinnen für den Kampf um das Wahlrecht zu gewinnen hoffte. Wie schon der Titel andeutete, hatte sie gegenüber der Tendenz der Arbeiterinnen, sich auf ihre unmittelbaren Nöte zu konzentrieren, eine kritische Haltung. Es war jedoch nur natürlich, dass jene handfeste Lösungen für ihre unmittelbaren wirtschaftlichen Probleme erstrebten. Und sie wurden selten von dem Versprechen der Suffragetten berührt, dass das Wahlrecht sie ihren Männern gleichmachen werde – ihren ausgebeuteten, leidenden Männern. Sogar die Mitglieder der »Vereinigung der Arbeiterinnen«, die von Anthony von ihrem Zeitungsbüro aus organisiert worden war, entschieden sich, vom Kampf um das Frauenstimmrecht abzusehen. »Frau Stanton bemüht sich um eine Wahlrechtsvereinigung aus dem Kreis der Arbeiterinnen«, erläuterte die erste Vizepräsidentin der *Working Women's Association*.

> »Es wurde darüber abgestimmt, doch es fand sich keine Mehrheit. Die Gesellschaft hatte zeitweise aus über hundert Arbeiterinnen bestanden, da aber nichts unternommen wurde, ihre Lebensbedingungen in der Praxis zu verbessern, zogen sie sich nach und nach zurück.«[389]

Schon früh in ihrer Laufbahn als Frauenrechtsführerin war Susan B. Anthony zu dem Urteil gekommen, dass das Wahlrecht das wahre Geheimnis der Emanzipation der Frauen enthalte und dass der Sexismus weit unterdrückerischer sei als die Klassenunterschiede und der Rassismus. In Anthonys

387 Ida Husted Harper, The Life and Work of Susan B. Anthony, Indianapolis 1898, Bd. 2. Zitiert in Miriam Schneir, Feminism: The Essential Historical Writings, New York 1972. S. 139–140.

388 Schneit, a.a.O., S. 138–142.

389 »Proceedings, National Labor Union ...«. Zitiert in Baxandall u.a., a.a.O., S. 111.

Augen war »die hassenswerteste Oligarchie, die je auf dieser Erde errichtet worden ist«,[390] die Herrschaft des Mannes über die Frau.

> »Eine Oligarchie des Besitzes, wo die Reichen die Armen regieren, eine Oligarchie des Wissens, wo die Gebildeten die Dummen regieren, sogar eine Oligarchie der ›Rasse‹, wo die Angelsachsen die Afrikaner beherrschen, kann noch ertragen werden; aber eine Oligarchie des Geschlechts, die Väter, Brüder, Ehemänner und Söhne zu Oligarchen über die Mutter und die Schwestern, über die Ehefrau und die Töchter jedes Haushaltes macht, welche alle Männer zu Herrschern und alle Frauen als Untertanen bestimmt, trägt Zwietracht und Rebellion in jedes Haus der Nation.«[391]

Stantons unerschütterlich feministische Haltung war gleichzeitig eine getreue Widerspiegelung bürgerlicher Ideologie. Und es lag vielleicht auch an den blind machenden Wirkungen dieser Ideologie, dass sie nicht begreifen konnte, dass die Frauen der Arbeiterklasse und die Schwarzen Frauen gleichermaßen durch die Ausbeutung der Klasse und durch die Unterdrückung der Rasse, die beide nicht nach dem Geschlecht fragten, mit ihren Männern aufs Tiefste verbunden waren. Natürlich musste das sexistische Verhalten ihrer Männer entschieden bekämpft werden, aber der wirkliche Feind – ihr gemeinsamer Feind – war der Boss, der Kapitalist oder wer auch immer für die elenden Löhne und die untragbaren Arbeitsbedingungen oder für die rassistische und sexistische Diskriminierung in der Arbeitswelt verantwortlich war.

Die Arbeiterinnen schrieben die Forderung nach dem Wahlrecht erst dann massenhaft auf ihre Fahnen, als im frühen zwanzigsten Jahrhundert ihr eigener Kampf spezifische Gründe für die Forderung nach dem Wahlrecht hervorgebracht hatte. Als die Frauen der Bekleidungsindustrie in New York während des Winters 1909/1910 in den Streik traten, der als die ›Erhebung der 20 000‹ bekannt wurde, gewann das Wahlrecht eine spezifische Relevanz für die Kämpfe der Arbeiterinnen. Nun begannen die Gewerkschaftsführerinnen damit zu argumentieren, dass die Arbeiterinnen mit dem Wahlrecht bessere Löhne und verbesserte Arbeitsbedingungen fordern könnten und dass das Frauenwahlrecht so eine wirksame Waffe im Klassenkampf sein könnte. Nachdem ein Brand in der New Yorker *Triangle*

---

390 »Susan B. Anthony's Constitutional Argument« (1873). Zitiert in Kraditor, Up From The Pedestal, a.a.O., S. 249.

391 Ebd.

Shirtwaist Company das Leben von 146 Frauen gefordert hatte, wurde auf dramatische Weise die Notwendigkeit von Gesetzen zum Verbot der lebensgefährlichen Arbeitsbedingungen der Frauen deutlich. Mit anderen Worten – die Frauen brauchten das Wahlrecht, um ganz einfach ihr nacktes Leben zu sichern.

Der Gewerkschaftsbund der Frauen – die *Women's Trade Union League* – trieb die Bildung von Wahlrechtsvereinigungen der Lohnarbeiterinnen voran. Ein leitendes Mitglied der *New York Suffrage League*, Leonora O'Reilly, entwickelte aus dem Standpunkt der Arbeiterklasse eine machtvolle Argumentationskette für das Wahlrecht der Frauen. Sie zielte in ihren Schlussfolgerungen nicht nur gegen die Politiker, die dem Frauenwahlrecht feindlich gegenüberstanden, sondern sie stellte auch die Rechtmäßigkeit des herrschenden Mutterkultes infrage.

> »Sie mögen uns erzählen, dass unser Platz zu Hause sei. In diesen Vereinigten Staaten müssen aber 8.000.000 von uns hinausgehen, um unser tägliches Brot zu verdienen, und wir sind hier, um Ihnen zu sagen, dass wir in den Spinnereien, in den Bergwerken, in den Fabriken und in den Kaufhäusern, in denen wir arbeiten, nicht den Schutz haben, den wir benötigten. Sie haben für uns Gesetze gemacht, und die Gesetze, die sie gemacht haben, sind für uns nicht gut gewesen. Jahr um Jahr haben sich in jedem Staat die Arbeiterinnen an die Legislative gewandt und versucht, ihre Notlage zu beschreiben ...«[392]

Nun aber, erklärten Leonora O'Reilly und ihre Schwestern aus der Arbeiterklasse, wollten sie um das Wahlrecht kämpfen – und sie wollten es in der Tat als eine Waffe benutzen, um jene Gesetzgeber ihrer Ämter zu entheben, deren Loyalität dem großen Geschäft galt. Die Arbeiterinnen forderten das Wahlrecht als zusätzliche Unterstützung im laufenden Klassenkampf. Diese neue Perspektive innerhalb der Kampagne um das Frauenwahlrecht belegt den zunehmenden Einfluss der sozialistischen Bewegung. Und es waren tatsächlich die Sozialistinnen, die der Frauenstimmrechtsbewegung neue Energie gaben und die die Vision des Kampfes hochhielten, die aus den Erfahrungen ihrer Schwestern aus der Arbeiterklasse geboren war.

Von den acht Millionen arbeitender Frauen im ersten Jahrzehnt des zwanzigsten Jahrhunderts waren mehr als zwei Millionen Schwarz. Als Frauen, die unter den kombinierten Nachteilen ihres Geschlechts, ihrer

392 Harper, History of Women Suffrage, Bd. 5, S. 352.

Klasse und ihrer Rasse litten, hatten sie besonders starke Gründe für die Forderung nach dem Wahlrecht. In die Frauenwahlrechtsbewegung war jedoch der Rassismus so tief eingedrungen, dass die Türen für die Schwarzen Frauen niemals wirklich geöffnet wurden. Die Ausschlussmethoden der NAWSA konnten die Schwarzen Frauen allerdings nicht gänzlich abhalten, ihre Forderungen nach dem Wahlrecht zu erheben. Ida B. Wells, Mary Church Terrell und Mary McCleod Bethune gehörten zu den bekanntesten Schwarzen Suffragetten.

Margaret Murray Washington, eine führende Persönlichkeit in der *National Association of Colored Women* bekannte, »... mich persönlich hat das Frauenwahlrecht nachts nie wachgehalten ...«[393]

Diese beiläufige Gleichgültigkeit kann sehr wohl eine Reaktion auf den rassistischen Standpunkt der *National American Woman Suffrage Association* gewesen sein, denn Washington behauptete auch:

> »Schwarze Frauen ebenso wie Schwarze Männer sind sich darüber im Klaren, dass, wenn es jemals überall für alle Rassen gleiche Gerechtigkeit und fairen Schutz vor den Gerichten geben soll, Frauen wie Männer die gleiche Chance haben müssen, ihren Präferenzen durch ihre Wahlstimme Ausdruck zu verleihen.«[394]

Washington weist darauf hin, dass die National *Association of Colored Women's Clubs* eine Stimmrechtsabteilung eingerichtet habe, die die Mitglieder mit Wissen über die Regierungsgeschäfte versehen sollte, »... damit die Frauen darauf vorbereitet sind, mit ihrer Stimme intelligent und weise umzugehen«.[395] Die gesamte Klubbewegung der Schwarzen Frauen war von dem Geist des Frauenwahlrechts erfüllt. Trotz der Ablehnung, die ihnen von der NAWSA entgegengebracht wurde, setzten sie sich weiterhin für das Frauenwahlrecht ein. Als die *Black Northeastern Federation of Clubs* 1919 die Aufnahme in die NAWSA beantragte – also nur ein Jahr vor dem Sieg – war die Antwort des Vorstands eine Wiederholung der Ablehnung, wie sie ein Vierteljahrhundert zuvor die Schwarzen Suffragetten um Susan B. Anthony erhalten hatten. In der Mitteilung an den Regionalverband, dass seine Bewerbung nicht berücksichtigt werden könne, erklärte die Vorsitzende der NAWSA:

393 Lerner, Black Women in White America, S. 446.
394 Ebd.
395 Ebd.

»Wenn die Nachricht, die Nationale Amerikanische Vereinigung habe gerade eine Organisation von 6.000 schwarzen Frauen aufgenommen, in diesem höchst kritischen Augenblick wie ein Lauffeuer durch die gesamten Südstaaten geht, sind die Feinde mit ihren Bemühungen am Ziel – die Niederlage des Zusatzartikels wäre sicher.«[396]

Dennoch unterstützten die Schwarzen Frauen den Kampf um das Wahlrecht bis zuletzt.

Im Gegensatz zu ihren *weißen* Schwestern genossen die Schwarzen Suffragetten die Unterstützung vieler Männer aus den eigenen Reihen. Und wie für das neunzehnte Jahrhundert Frederick Douglass der hervorstechendste männliche Fürsprecher der Gleichberechtigung der Frauen war, so ragte im zwanzigsten Jahrhundert W. E. B. DuBois als der führende männliche Verfechter des Frauenwahlrechts hervor. In einem satirischen Artikel anlässlich des Suffragettenmarsches 1913 in Washington beschreibt DuBois die *weißen* Männer, die gepfiffen, aber auch geprügelt hatten – sodass es über hundert Verletzte gab – als die Erhalter der »glorreichen Tradition der angelsächsischen Männlichkeit«.[397]

»War das nicht glorreich? Willst du nicht vor Scham im Boden versinken, weil du bloß ein Schwarzer Mann bist, wenn derart große Taten von den Führern der Zivilisation vollbracht werden? Bringt dich das nicht dazu, ›dich deiner Rasse zu schämen‹? Erweckt es nicht den Wunsch in dir, ›weiß zu sein‹?«[398]

DuBois beendet den Artikel mit einer ernsthaften Notiz, indem er eine der *weißen* Demonstrantinnen zitiert, die gesagt hatte, dass die Schwarzen Männer ausnahmslos respektvoll gewesen seien. Von den Tausenden, die Zuschauer der Parade gewesen waren, »... war auch nicht einer von ihnen laut oder unflätig ... der Unterschied zwischen ihnen und diesen unverschämten, dreisten *weißen* Männern war bemerkenswert«[399].

Diese Parade, die ihre verständnisvollsten männlichen Zuschauer unter den Schwarzen hatte, war von ihren *weißen* Organisatorinnen streng nach rassistischen Kriterien aufgestellt worden. Sie hatten sogar Ida B. Wells angewiesen, ihre Gruppe aus Illinois zu verlassen und mit der separaten

---

396 Kraditor, The Ideas of the Women Suffrage Movement, S. 169.
397 W. E. B. DuBois, A.B.C. of Color, New York 1963, S. 56.
398 Ebd. S. 57.
399 Ebd. S. 58.

Schwarzen Gruppe zu marschieren – aus Rücksicht gegenüber den *weißen* Frauen aus dem Süden.

> »Dieses Ansinnen wurde bei der Vorbesprechung des Blockes aus Illinois öffentlich geäußert, und während Frau Barnett (Ida B. Wells) sich im Raum umschaute und nach Unterstützung Ausschau hielt, diskutierten die Damen über die Frage, ob dem Prinzip oder der Zweckmäßigkeit Vorrang zu geben sei, wobei die meisten von ihnen offenbar glaubten, dass sie keine Voreingenommenheit gegen das Wahlrecht bei den Südstaatlerinnen schüren dürften.«[400]

Ida B. Wells war jedoch nicht bereit, sich den rassistischen Anweisungen zu beugen, und schlüpfte in ihre Gruppe aus Illinois, als die Parade schon begonnen hatte.

Als männlicher Verfechter des Frauenstimmrechts wurde W. E. B. DuBois weder von *weißen* noch von Schwarzen Männern ausgestochen. Seine Militanz, seine Eloquenz und der grundsätzliche Charakter seiner zahlreichen Appelle veranlassten viele seiner Zeitgenoss*innen, in ihm den bedeutendsten Verteidiger der politischen Gleichheit der Frauen seiner Zeit zu sehen. DuBois' Appelle waren nicht nur wegen ihrer Klarheit und ihrer Überzeugungskraft beeindruckend, sondern auch wegen ihres relativen Mangels an den üblichen Untertönen männlichen Überlegenheitsdenkens. In seinen Reden und Schriften begrüßte er die zunehmend führende Rolle der Schwarzen Frauen, die »... sich leise, aber voller Kraft zu einer intellektuellen Führungsschicht ihrer ›Rasse‹ entwickeln«.[401] Während für andere Männer diese aufstrebende Macht der Frauen ein deutliches Alarmsignal gewesen wäre, zog DuBois den entgegengesetzten Schluss, dass diese Situation die Ausdehnung des Wahlrechtes auf die Schwarzen Frauen besonders dringlich mache. »Die Verleihung des Wahlrechts an diese Frauen wird nicht einfach unsere Stimmen in der Nation verdoppeln«, sondern sie wird auch zu »einem stärkeren und gesünderen politischen Leben führen«.[402]

1915 erschien in *The Crisis* DuBois' Aufsatz »Das Frauenwahlrecht: Ein Symposium der führenden Intelligenz des Schwarzen Amerikas«[403]. Es war

400 Kraditor, The Ideas of the Women Suffrage Movement, S. 168.

401 Editorial, The Crisis, IV (September 1912) 234. Zitiert in Aptheker, A Documentary History, Bd. 1, S. 56.

402 Ebd. S. 56–57.

403 The Crisis, X (August 1915), 178-192. Zitiert in Aptheker, A Documentary History, Bd. 1, S. 94–116.

die Mitschrift eines Forums, an dem unter anderen Richter*innen, Minister, Universitätsprofessor*innen, gewählte Persönlichkeiten des öffentlichen Lebens, Kirchenführer*innen und Lehrer*innen teilgenommen hatten. Charles W. Chesnutt, Reverend Francis J. Grimke, Benjamin Brawley und Richter Robert H. Terrell waren einige der vielen männlichen Vertreter des Frauenwahlrechts, die auf diesem Symposium sprachen. Zu den Frauen gehörten Mary Church Terrell, Anna Jones und Josephine St. Pierre Ruffin.

Die große Mehrheit der am Forum für das Frauenstimmrecht teilnehmenden Frauen waren Mitglieder der *National Association of Colored Women*. In ihren Verlautbarungen beriefen sie sich überraschend selten auf die ›besondere Natur‹ der Frauen, ihre Häuslichkeit und ihre angeborene Moral, die – wie es die verbreitete Argumentation der *weißen* Suffragetten war – ihren besonderen Anspruch auf das Wahlrecht bedingten. Es gab aber eine krasse Ausnahme. Nannie H. Burroughs, Lehrerin und Kirchenführerin, trieb die These von der weiblichen Sittlichkeit so weit, dass sie die absolute Überlegenheit der Schwarzen Frau über ihren Mann behauptete. Die Frauen benötigten die Wahl, weil – so erklärte Burroughs – ihre Männer diese wertvolle Waffe »verschachert und verkauft« hätten.

> »Die N*in ... braucht das Wahlrecht, um durch seinen weisen Gebrauch zurückzugewinnen, was der N* durch seinen Missbrauch verloren hat. Sie braucht es, um ihre ›Rasse‹ zu erlösen ... In moralischer Hinsicht ist ein Vergleich mit den Männern ihrer ›Rasse‹ abzulehnen. Sie trägt die Last der Kirche und der Schule und noch eine ganze Menge mehr als nur den wirtschaftlichen Anteil zu Hause.«[404]

Unter den ungefähr ein Dutzend teilnehmenden Frauen maßte sich allein Burroughs eine Auffassung an, die auf dem doppelbödigen Argument basierte, dass die Frauen moralisch überlegen seien (was andererseits stillschweigend einbegriff, dass sie ansonsten dem Mann unterlegen waren). Mary Church Terrell sprach über »Das Frauenwahlrecht und der Fünfzehnte Zusatzartikel«, Anna Jones über »Das Frauenwahlrecht und die soziale Reform«, und Josephine St. Pierre Ruffin beschrieb ihre eigenen historischen Erfahrungen in der Frauenrechtskampagne. Andere konzentrierten sich in ihren Beiträgen auf die Arbeiterinnen, auf die Schulbildung der Kinder und auf die Aktivitäten der Klubs. In den abschließenden

404 Ebd. S. 108 ff.

Bemerkungen ihres Beitrags über »Frauen und Schwarze Frauen« fasste Mary Talbot die Bewunderung, die den Schwarzen Frauen während des Symposiums zuteilwurde, wie folgt zusammen:

> »Durch ihre spezifische Stellung hat die Schwarze Frau deutliche Fähigkeiten der Beobachtung und des Urteils erreicht – eben jene Art von Fähigkeiten, die heute besonders nötig sind, um ein ideales Land zu errichten.«[405]

Die Schwarzen Frauen waren mehr als bereitwillig gewesen, jene »klaren Fähigkeiten der Beobachtung und des Urteils« zur Schaffung einer massenübergreifenden Bewegung für die politischen Rechte der Frauen beizusteuern. Aber sie waren bei jeder Gelegenheit von den Führerinnen der *blütenweißen* Frauenwahlrechtsbewegung betrogen, verächtlich gemacht und ausgeschlossen worden. Für die Suffragetten wie für die Klubfrauen waren die Schwarzen Frauen nichts weiter als eine zu vernachlässigende Größe, wenn wieder einmal um die Unterstützung der Südstaatlerinnen mit *weißer* Gesichtsfarbe geworben werden sollte. Der Frauenstimmrechtsbewegung scheinen jedoch all diese Konzessionen an die Frauen aus den Südstaaten letztendlich wenig gebracht zu haben. Als die Stimmen für den Neunzehnten Zusatzartikel ausgezählt wurden, befanden sich die Südstaaten noch immer in der Opposition, und es wäre ihnen fast gelungen, den Artikel zu verhindern.

Nach dem langersehnten Sieg der Frauenwahlrechtsbewegung wurden die Schwarzen Frauen im Süden mit Gewalt an der Ausübung des ihnen gerade erteilten Rechtes gehindert. Die gewalttätigen Ausbrüche des Ku-Klux-Klans brachten den Schwarzen Frauen und ihren Kindern in Orten wie Orange County, Florida, üble Misshandlungen und Tod. In anderen Orten wurden sie etwas friedlicher an der Ausübung ihres Rechtes gehindert. In Americus, Georgia, z. B.

> »... gingen mehr als 250 Schwarze Frauen zu den Wahlurnen, um zu wählen, aber sie wurden entweder dazu gebracht umzukehren oder aber der Wahlhelfer nahm ihre Stimmzettel nicht an«[406].

Aus den Reihen der Bewegung, die so inbrünstig um das Wahlrecht gekämpft hatte, war kaum eine Stimme des Protestes zu hören.

---

405 Ebd. S. 104.
406 Ebd. S. 314–315.

ZEHN
Die Kommunistinnen

Als 1848 *Das Kommunistische Manifest* von Karl Marx und Friedrich Engels herauskam, war Europa der Schauplatz unzähliger revolutionärer Erhebungen. Einer der Teilnehmer der Revolution von 1848, der Artillerieoffizier und enge Mitarbeiter von Marx und Engels, Joseph Weydemeyer, wanderte in die Vereinigten Staaten ein und gründete die erste marxistische Organisation in der Geschichte dieses Landes.[407] Als Weydemeyer 1852 die *Proletarian League* aufbaute, befand sich unter den Mitgliedern der Gruppe offenbar keine Frau. Wenn überhaupt eine Frau dort tätig war, dann ist sie schon lange der geschichtlichen Anonymität anheimgefallen. Die nächsten paar Jahrzehnte hindurch waren die Frauen in ihren eigenen Arbeiterinnenorganisationen, in der Bewegung gegen die Sklaverei und in der sich entwickelnden Kampagne für ihre eigenen Rechte aktiv. Aber bei allen diesen Zielen und Zwecken scheinen sie abseits von der marxistisch-sozialistischen Bewegung gestanden zu haben. Wie die *Proletarian League* waren die *Workingmen's National Association* und der *Communist Club* ausschließlich von Männern beherrscht. Sogar die *Socialist Labor Party* war überwiegend männlich.[408]

Als die *Socialist Party of America* 1901 gegründet wurde, hatte die Zusammensetzung der sozialistischen Bewegung angefangen, sich zu verändern. Da die allgemeine Forderung nach der Gleichberechtigung der Frauen stärker geworden war, wurden die Frauen zunehmend vom Kampf für soziale Veränderungen angezogen. Sie begannen, auf ihr Recht zu pochen, sich am Kampf gegen die unterdrückerischen Strukturen der Gesellschaft zu beteiligen. Von 1900 an sollte die marxistische Linke den mehr oder weniger großen Einfluss ihrer weiblichen Anhänger zu spüren bekommen.

407 William Z. Foster, History of the Communist Party of the United States, 1900–1912, New York 1952, S. 28 ff.

408 Ebd. Kapitel 5.

Die *Socialist Party of America* (im Folgenden ›Sozialistische Partei‹), wichtigste Vertreterin des Marxismus über zwei Jahrzehnte, unterstützte den Kampf für die Gleichheit der Frau. Tatsächlich war sie viele Jahre die einzige Partei, die das Frauenwahlrecht forderte.[409] Dank solcher sozialistischer Frauen wie Pauline Newman und Rose Schneiderman wurde eine Wahlrechtsbewegung aus der Arbeiterklasse geschaffen und das jahrzehntelange Monopol der Mittelstandsfrauen in der Massenbewegung für das Wahlrecht gebrochen.[410] 1908 setzte die Sozialistische Partei eine nationale Frauenkommission ein. Am 8. März desselben Jahres organisierten die Sozialistinnen aus dem Osten New Yorks eine Massendemonstration für gleiches Wahlrecht, deren Jahrestag seitdem als der Internationale Frauentag rund um die Welt gefeiert wird.[411] Als 1919 die *Communist Party of America* gegründet wurde (eigentlich waren zwei Parteien gegründet worden, die sich später vereinigten), waren frühere sozialistische Genossinnen unter ihren ersten Parteiführer*innen und -aktivist*innen: »Mother« Ella Reeve Bloor, Anita Whitney, Margaret Prevey, Kate Sadler Greenhalgh, Rose Pastor Stokes und Jeanette Pearl waren allesamt Kommunistinnen, die vorher zum linken Flügel der Sozialistischen Partei gehört hatten.[412]

Obwohl die *International Workers of the World* keine politische Partei waren – und in der Tat die Organisation politischer Parteien ablehnten –, waren sie die zweite wesentliche Kraft bei der Gründung der *Communist Party of America*: Die IWW (*Industrial Workers of the World*), allgemein bekannt als die ›Wobblies‹, wurde im Juni 1905 gegründet. Die IWW bezeichnete sich selbst als Industriearbeitergewerkschaft und erklärte, dass es zwischen Kapitalistenklasse und den Arbeiter*innen, die sie beschäftigte, niemals ein harmonisches Verhältnis geben könne. Das oberste Ziel der Wobblies war der Sozialismus und ihre Strategie war der unerbittliche Klassenkampf. Als »Big Bill« Haywood jene erste Versammlung einberief, saßen auf dem Podium zwei führende Gewerkschafterinnen: »Mother« Mary Jones und Lucy Parsons.

Während beide, die Sozialistische Partei und die IWW, Frauen in ihre Reihen aufnahmen und sie ermunterten, leitende Funktionen zu über-

409 Bruce Nancis, »Socialism and Women in the United States, 1900–1912«, Socialist Revolution, Nr. 27, Bd. VI, Nr. 1 (Januar–März 1976), S. 85.

410 Wertheimer, a.a.O., S. 281–284.

411 Foster, History of the Communist Party, S. 113.

412 Ebd. S. 125.

nehmen und Agitatorinnen zu werden, war es nur die IWW, die sich der ergänzenden Politik des offenen Kampfes gegen den Rassismus annahm. Unter der Führung von Daniel DeLeon erkannte die Sozialistische Partei die spezifische Unterdrückung der Schwarzen nicht an. Obwohl die Mehrheit der Schwarzen in der Landwirtschaft arbeitete – als Pachtbauern, als Pächter und als Landarbeiter –, erklärten die Sozialist*innen, dass für ihre Bewegung nur die Proletarier relevant seien. Selbst der hervorragende Parteiführer Eugen Debs vertrat die Meinung, dass die Schwarzen als Gruppe keine umfassende Hilfe bei ihrem Kampf um Gleichheit und Freiheit verlangen könnten. Da das vornehmliche Interesse der Sozialist*innen der Kampf zwischen Kapital und Arbeit war, behauptete Debs, »haben wir dem N* nichts Spezifisches anzubieten«.[413] Die *Industrial Workers of the World* hatten als Hauptziel, die lohnarbeitende Klasse zu organisieren und revolutionäres, sozialistisches Klassenbewusstsein zu entwickeln. Im Gegensatz zur Sozialistischen Partei richtete jedoch die IWW ihre Aufmerksamkeit deutlich auch auf die spezifischen Probleme der Schwarzen. Nach Mary White Ovington

> »... gibt es zwei Organisationen im Land, die gezeigt haben, dass sie sich für die volle Gleichberechtigung der N* einsetzen. Die erste ist die *National Association for the Advancement of Colored People* ... Die zweite Organisation, die die ›Rassentrennung‹ bekämpft, sind die *Industrial Workers of the World*. Die IWW waren immer an der Seite des N*.«[414]

Helen Holman war eine Schwarze Sozialistin und die Anführerin der Kampagne für ihre inhaftierte Parteiführerin Kate Richards O'Hare. Als Schwarze jedoch war Helen Holman in den Reihen der Sozialistische Partei eine Seltenheit. Die Anzahl der in der Industrie arbeitenden Schwarzen Frauen vor dem 2. Weltkrieg war unbedeutend. Folglich wurden sie von den Werbern für die Partei beinahe übersehen. Die Vernachlässigung der Schwarzen Frauen war eine der misslichen Erbschaften der Sozialist*innen, die die *Communist Party of America* (im Folgenden ›Kommunistische Partei‹) überwinden musste.

Nach Auffassung des kommunistischen Führers und Historikers William Z. Foster »war die Partei in den frühen zwanziger Jahren des zwanzigsten Jahrhunderts ... gegenüber den spezifischen Forderungen der N*innen in

413 Foster, The Negro People, S. 403.
414 Foner, Organized Labor and the Black Worker, S. 107.

der Industrie nachlässig«[415]. Während des nächsten Jahrzehntes jedoch wurde den Kommunist*innen das Problem des Rassismus in der US-Gesellschaft bewusst. Sie entwickelten eine ernsthafte Theorie des Befreiungskampfes der Schwarzen und bildeten einen stabilen aktiven Kern im allumfassenden Kampf gegen den Rassismus.

Lucy Parsons

Lucy Parsons bleibt eine der wenigen Schwarzen Frauen, deren Name in den Chroniken der amerikanischen Arbeiterbewegung auftaucht. Fast überall jedoch wird sie vereinfachend als die »ergebene Ehefrau« des Haymarket-Märtyrers Albert Parsons bezeichnet. Sicherlich war Lucy Parsons eine der militantesten Verteidigerinnen ihres Mannes, aber sie war gleichzeitig weit mehr als eine treue Ehefrau und zornige Witwe, die ihren Mann verteidigen und rächen wollte. Wie Carolyn Asbaugh in der unlängst erschienenen Biografie über sie bestätigt,[416] umspannte ihr journalistischer und agitatorischer Einsatz für die Arbeiterklasse insgesamt einen Zeitraum von mehr als sechzig Jahren. Lucy Parsons' Engagement in den Arbeitskämpfen begann fast zehn Jahre vor dem Haymarket-Massaker und hielt danach noch weitere fünfundfünfzig Jahre an. Ihre politische Entwicklung erstreckt sich von dem jugendlichen Eintreten für den Anarchismus bis zur Mitgliedschaft in der Kommunistischen Partei in reiferen Jahren.

Die 1853 geborene Lucy Parsons wurde schon 1877 in der Sozialistischen Arbeiterpartei aktiv. In den nächsten Jahren veröffentlichte der *Socialist,* die Zeitung dieser anarchistischen Organisation, ihre Artikel und Gedichte. Auch an der Organisierung der *Chicago Working Women's Union* war Parsons aktiv beteiligt.[417] In der Folge der von der Polizei angestifteten Ausschreitungen am 1. Mai 1886 auf dem Chicagoer Haymarket wurde ihr Mann als einer der acht radikalen Arbeiterführer von der Polizei verhaftet. Lucy Parsons initiierte sofort eine militante Kampagne zur Befreiung der Haymarket-Gefangenen. Durch ihre Reisen im ganzen Land wurde sie als prominente Arbeiterführerin und führende Anarchistin bekannt. Ihr Ruf ließ sie allzu oft zu einer Zielscheibe der Repression werden. In Columbus,

415 Foster, History of the Communist Party, S. 264.

416 Carlyn Asbaugh, Lucy Parsons: American Revolutionary, Chicago 1976 (Veröffentlicht im Auftrag der Illinois Labor History Society).

417 Ebd. S. 30–33.

Ohio, z.B. verbot der Bürgermeister eine Rede, die sie verabredungsgemäß im Monat März dort halten sollte, und ihre Weigerung, das Verbot zu akzeptieren, führte dazu, dass die Polizei sie ins Gefängnis warf.[418] In einer Stadt nach der anderen

> »wurden im letzten Augenblick die Säle für sie geschlossen, standen Detektive in jeder Ecke der Versammlungsräume, hielt sie die Polizei unter ständiger Beobachtung«[419].

Sogar als ihr Mann hingerichtet wurde, verhaftete die Chicagoer Polizei Lucy Parsons mit ihren beiden Kindern, und einer von ihnen machte die Bemerkung: »Diese Frau ist mehr zu fürchten als tausend Meuterer.«[420]

Obwohl sie eine Schwarze war – eine Tatsache, die sie wegen der Gesetze gegen die ›Rassenmischung‹ (*Anti-miscegenation laws*) oft verbergen musste – und obwohl sie eine Frau war, waren für Lucy Parsons der Rassismus und der Sexismus von der allumfassenden Ausbeutung der Arbeiterklasse durch die Kapitalisten überschattet. Da sie Opfer der kapitalistischen Ausbeutung seien, sollten die Schwarzen und die Frauen nicht weniger als die Weißen und die Männer ihre ganze Energie dem Klassenkampf widmen. In ihren Augen litten die Schwarzen und die Frauen nicht unter besonderen Formen von Unterdrückung, und sie sah deshalb keine wirkliche Notwendigkeit für eine ausdrücklich gegen den Rassismus und den Sexismus gerichtete Massenbewegung. Geschlecht und Rasse waren nach Lucy Parsons' Theorie von den Unternehmern manipulierte Existenzbedingungen, die die noch schärfere Ausbeutung von Frauen und Schwarzen zu rechtfertigen suchten. Dass die Schwarzen der Brutalität der Lynchjustiz ausgesetzt waren, führte sie auf die Armut zurück, die diese Gruppe von allen Arbeitern am verletzbarsten mache. »Ist wirklich jemand so dumm«, fragte Parsons 1886, »anzunehmen, dass diese Welle an schändlichen Gewalttaten über den N* hereinbrach, weil er Schwarz ist?«[421]

> »Nicht im Geringsten. Sondern, weil er arm ist. Weil er abhängig ist. Weil er einer ärmeren Klasse angehört als sein *weißer* lohnarbeitender Bruder im Norden.«[422]

418 Ebd. S. 112.
419 Ebd. S. 117.
420 Ebd. S. 136.
421 Ebd. S. 65–66.
422 Ebd. S. 66.

Lucy Parsons und »Mother« Mary Jones waren die beiden ersten Frauen, die sich der radikalen Arbeiterorganisation – den *International Workers of the World* – anschlossen. Sie genossen beide in der Arbeiterbewegung große Achtung und wurden eingeladen, mit Eugene Debs und Big Bill Haywood im Präsidium der Gründungsversammlung der IWW 1905 zu sitzen. In der Ansprache, die Lucy Parsons vor den Kongressteilnehmer*innen hielt, richtete sie ihre besondere Aufmerksamkeit auf die Unterdrückung der Arbeiterinnen, die nach ihrer Meinung von den Kapitalisten in der Absicht manipuliert wurden, die Löhne der gesamten Arbeiterklasse zu drücken.

> »Wir, die Frauen dieses Landes, haben kein Wahlrecht, auch wenn wir wünschten, es ausüben zu können ... aber wir haben unsere Arbeit ... Wo immer Löhne gedrückt werden sollen, missbraucht die kapitalistische Klasse die Frauen dazu.«[423]

In dieser Zeit, in der die Notlage der Prostituierten faktisch ignoriert wurde, sprach Parsons auf der IWW-Versammlung auch für »meine Schwestern, die ich nachts sehe, wenn ich in Chicago aus dem Haus gehe«[424].

In den Zwanzigerjahren begann Lucy Parsons an den Kämpfen der jungen Kommunistischen Partei teilzunehmen. Wie viele andere war sie von der proletarischen Revolution in Russland tief beeindruckt und gewann die Zuversicht, dass auch die Arbeiterklasse in den Vereinigten Staaten von Amerika siegreich sein könnte. Als die Kommunisten und andere fortschrittliche Kräfte 1925 die *International Labor Defense* (Internationale Arbeiterhilfe = US-amerikanische Sektion der Roten Hilfe) gründeten, wurde Parsons eine aktive Mitarbeiterin dieser Gruppe. Sie kämpfte für die Freiheit von Tom Mooney in Kalifornien, für die ›Neun von Scottsboro‹ in Alabama und für den jungen Schwarzen Kommunisten Angelo Hemdon, den die Polizei von Georgia eingesperrt hatte.[425] Den Forschungen ihrer Biografin zufolge wurde Lucy Parsons 1939 formelles Mitglied der

423 Ebd. S. 217.

424 Ebd.

425 Eine kurze Beschreibung des Tom-Mooney-Falles kann bei Foster nachgelesen werden, History of the Communist Party, S. 131 und S. 380. Den Fall der Scottsboro Neun siehe bei Foster, History of the Communist Party, S. 286 und Foster, The Negro People, S. 482–483. Den Fall von Angelo Herndon: History of the Communist Party, S. 288, und The Negro People, S. 461 und S. 183.

Kommunistischen Partei.[426] Als sie 1942 starb, wurde im *Daily Worker* ihrer gedacht als

> »... einer Verbindung zwischen der gegenwärtigen Arbeiterbewegung und den großen historischen Ereignissen von 1880 ... Sie war eine der wahrhaft großen Frauen Amerikas, furchtlos und der Arbeiterklasse ergeben.«[427]

Ella Reeve Bloor

Geboren 1862, war »Mother« Bloor eine außerordentlich geschickte Organisatorin der Arbeiterbewegung sowie eine Agitatorin für die Rechte der Frau, die Gleichheit der Schwarzen und für Frieden und Sozialismus. Bald nach ihrer Gründung trat sie der Sozialistischen Partei bei. In der Folgezeit wurde sie zu einer führenden Sozialistin und zu einer lebenden Legende für die Arbeiterklasse im ganzen Land. Sie fuhr als Anhalterin von einem Ende der Vereinigten Staaten bis zum anderen und war Herz und Seele unzähliger Streiks. Die Straßenbahnfahrer von Philadelphia hörten als erste ihre Streikreden. In anderen Teilen des Landes waren es die Bergarbeiter, Textilarbeiter*innen und Pachtbäuer*innen, die aus ihrem außergewöhnlichen Rednertalent Nutzen zogen. Noch im Alter von zweiundsechzig Jahren fuhr Mother Bloor per Anhalter von einem Staat zum anderen.[428]

Im Alter von achtundsiebzig Jahren veröffentlichte »Mother« Bloor die Geschichte ihres Lebens als Organisatorin der Arbeiterbewegung von ihren vorsozialistischen Tagen bis zu der Zeit ihrer Mitgliedschaft in der Kommunistischen Partei. Als klassenbewusste Sozialistin war sie sich nicht ausdrücklich über die spezifische Unterdrückung der Schwarzen im Klaren. Als Kommunistin jedoch focht Mother Bloor manchen Strauß gegen die zahlreichen Äußerungen des Rassismus und nötigte andere, ihrem Beispiel zu folgen. 1929 z.B., als die Internationale Arbeiterhilfe in Pittsburgh in Pennsylvania tagte,

> »... hatten wir für alle Delegierten im Monogahala-Hotel Zimmer gemietet. Als wir spät nachts mit fünfundzwanzig N* unter den Delegierten ankamen, sagte uns der Manager des Hotels, dass sie zwar über Nacht bleiben könnten,

---

426 Asbaugh, a.a.O., S. 261.
427 Ebd. S. 267.
428 Joseph North, »Communist Women«, Political Affairs Bd. LI, Nr. 3 (März 1971), S. 31.

> aber am nächsten Morgen unverzüglich verschwinden müssten. Am nächsten Morgen stimmten wir darüber ab, dass der ganze Kongress in das Hotel verlegt werden sollte. Wir marschierten mit Transparenten zum Hotel mit der Forderung ›keine Diskriminierung‹. Wir reihten uns in der Lobby auf, die zu diesem Zeitpunkt mit Zeitungsleuten, Polizisten und Neugierigen gefüllt war …«[429]

In den frühen Dreißigerjahren sprach »Mother« Bloor auf einer Versammlung in Loup City, Nebraska, zur Unterstützung von Frauen, die gegen die Geflügelfarmbesitzer streikten. Die Streikversammlung wurde wegen der anwesenden Schwarzen Teilnehmer*innen von einer rassistischen Bande mit brutaler Gewalt angegriffen. Als schließlich die Polizei kam, wurde »Mother« Bloor zusammen mit einer Schwarzen und deren Ehemann verhaftet. Die Schwarze Frau war Floyd Booth, Vorstandsmitglied des örtlichen Antikriegskomitees, der Ehemann war im ›Arbeitslosenrat‹ dieser Stadt aktiv.

Als die ansässigen Bauern genügend Geld für die Kaution gesammelt hatten, um die Freilassung von »Mother« Bloor zu erwirken, wies sie diese Hilfe zurück und erklärte, sie werde nicht eher gehen, als bis die beiden Booths sie begleiten könnten.[430]

> »Ich fühlte, dass ich die Kaution nicht annehmen und die beiden Schwarzen Genossen im Gefängnis lassen konnte, in einer so gefährlichen, von bitterem Hass auf die N* durchsetzten Atmosphäre.«[431]

In dieser Zeit organisierte »Mother« Bloor auch eine US-Delegation für die Internationale Frauenkonferenz in Paris. Vier Frauen in der Delegation waren Schwarze:

> »Capitola Tasker, Pächterin in Alabama, hoch gewachsen und graziös, war die Seele der ganzen Delegation; Lulia Jackson, von den Bergleuten in Pennsylvania gewählt; eine Frau, die die Mütter der ›Scottsboro Boys‹ vertrat, und Mabel Byrd, eine glänzende junge Wissenschaftlerin, die die Universität von Washington mit Auszeichnung verlassen hatte und einen Sitz im Internationalen Arbeiterbüro in Genf innehatte.«[432]

---

429 Ella Reeve Bloor, We Are Many: An Autobiography, New York 1940, S. 224.
430 Ebd. S. 250.
431 Ebd.
432 Ebd. S. 254.

Auf der Konferenz von 1934 in Paris war Capitola Tasker eine der drei US-Frauen, die in das geschäftsführende Komitee des Kongresses gewählt wurden – zusammen mit »Mother« Bloor und der Repräsentantin der Sozialistischen Partei. Mabel Byrd, die Schwarze Universitätsabsolventin, wurde als eine der Konferenzsekretärinnen gewählt.[433]

Lulia Jackson, die Schwarze Repräsentantin der pennsylvanischen Bergarbeiter, ging als eine der führenden Persönlichkeiten aus der Pariser Frauenkonferenz hervor. In ihrer überzeugenden Antwort an die pazifistische Fraktion der Versammlung legte sie dar, dass die Unterstützung des Krieges gegen den Faschismus das einzige Mittel sei, einen glaubwürdigen Frieden zu garantieren. In der Diskussion hatte sich eine entschiedene Pazifistin beschwert:

> »Ich glaube, dass in diesem (Antikriegs-)Manifest viel zu viel vom Kämpfen die Rede ist. Es heißt, gegen den Krieg kämpfen, für den Frieden kämpfen – kämpfen, kämpfen, kämpfen ... Wir sind Frauen, wir sind Mütter – wir wollen nicht kämpfen. Wir wissen, dass wir zu unseren Kindern lieb sind, auch wenn sie böse sind, und dass wir sie mit Liebe gewinnen und nicht, indem wir sie bekämpfen.«[434]

Lulia Jacksons Gegenargument war konsequent und klar:

> »Meine Damen, es wurde gerade gesagt, dass wir nicht kämpfen dürfen, dass wir lieb und nett zu unseren Feinden sein sollen, zu jenen, die den Krieg wollen. Ich kann dem nicht zustimmen. Jede von uns kennt die Ursache des Krieges – es ist der Kapitalismus. Wir können aber nicht diesen bösartigen Kapitalisten das Abendessen geben und sie ins Bett bringen wie unsere Kinder. Wir müssen sie bekämpfen.«[435]

Wie »Mother« Bloor in ihrer Autobiografie berichtet, »lachten und applaudierten alle, sogar die Pazifistinnen«[436], und das Antikriegsmanifest wurde von der gesamten Versammlung angenommen.

Als Capitola Tasker – die Schwarze Pächterin aus Alabama – vor den Konferenzteilnehmerinnen sprach, verglich sie den europäischen Faschismus mit dem rassistischen Terror, unter dem das Schwarze Volk in den USA

---

433 Ebd.
434 Ebd. S. 255.
435 Ebd.
436 Ebd.

zu leiden hatte. Nachdem sie lebhaft die Morde beschrieben hatte, die in den Südstaaten von Banden verübt wurden, machte sie die Delegierten in Paris auf die gewalttätige Unterdrückung der Pachtbäuer*innen in Alabama aufmerksam, die sich zu organisieren versuchten. Ihre eigene Opposition zum Faschismus war deshalb so tief verankert, erläuterte Capitola Tasker, weil sie selbst schon Opfer seiner verheerenden Übergriffe geworden war. Sie schloss ihre Rede mit dem Lied der Pächter – dem »sharecroppers' song« –, das sie der Situation anpasste:

> Wie der Baum, der am Wasser steht:
> Wir werden nicht weichen –
> Wir sind gegen Krieg und Faschismus
> Wir werden nicht weichen.[437]

Als die US-Delegation per Schiff zurückkehrte, gab Capitola Tasker, wie »Mother« Bloor berichtet, ein bewegendes Zeugnis ihrer Pariser Erfahrungen:

> »Mutter, wenn ich wieder in Alabama und draußen bei unserer mit Baumwolllappen geflickten alten Hütte bin, dann werde ich dastehen und zu mir sagen, Capitola, bist du wirklich drüben in Paris gewesen und hast alle diese wunderbaren Frauen gesehen und diese großartigen Reden gehört, oder war das alles nur ein Traum, dass du drüben gewesen bist? Und wenn es sich herausstellt, dass das wirklich kein Traum gewesen ist, also Mutter, dann werde ich mich sofort aufmachen und in das ganze Land hinausposaunen, was ich drüben gelernt habe, und ihnen erzählen, wie die Frauen auf der ganzen Welt gegen diese Art des Terrors, den wir im Süden haben, und gegen den Krieg kämpfen.«[438]

»Mother« Bloor und ihre Genossinnen in der Kommunistischen Partei kamen zu dem Schluss, dass die Arbeiterklasse ihre historische Rolle als revolutionäre Kraft nicht erfüllen kann, wenn die Arbeiter*innen nicht schonungslos gegen das gesellschaftliche Gift des Rassismus kämpfen. Die lange Liste der erstaunlichen Leistungen, die mit dem Namen Ella Reeve Bloor verbunden sind, zeigt, dass die *weiße* Kommunistin eine prinzipientreue Bündnispartnerin der Befreiungsbewegung der Schwarzen war.

---

437 Ebd. S. 256.
438 Ebd.

Anita Whitney

Als Anita Whitney 1867 in einer reichen Familie in San Francisco geboren wurde, hätte niemand vermutet, dass sie eines Tages die Vorsitzende der Kommunistischen Partei Kaliforniens sein würde. Vielleicht war es ihre Bestimmung, eine politische Aktivistin zu werden, denn gleich nach ihrem Abschluss in Wellesley, einem vornehmen Frauencollege in New England, volontierte sie als Sozialarbeiterin in den Wohlfahrtseinrichtungen und wurde bald zu einer der aktivsten Verfechterinnen des Frauenwahlrechts.

Nach Kalifornien zurückgekehrt, schloss sich Whitney der *Equal Suffrage League* an und wurde in dem Moment zur Vorsitzenden gewählt, als ihr Staat als der sechste der Nation das Wahlrecht auf die Frauen ausdehnte.[439]

1914 trat Anita Whitney in die Sozialistische Partei ein. Trotz der verhältnismäßig indifferenten Haltung ihrer Partei gegenüber den Kämpfen der Schwarzen, unterstützte sie die Aktivitäten gegen den Rassismus. Als in der Francisco Bay Area eine Ortsgruppe der *National Association for the Advancement of Colored People* gegründet wurde, willigte Whitney enthusiastisch ein, als Mitglied im geschäftsführenden Vorstand zu arbeiten.[440] Da sie die Auffassungen des linken Flügels der Sozialistischen Partei teilte, schloss sie sich jenen an, die 1919 die *Communist Labor Party* aufbauten.[441] Kurz darauf verschmolz diese Gruppierung mit der *Communist Party of America.*

1919 war das Jahr der berüchtigten antikommunistischen Überfälle, die durch den Justizminister A. Mitchell Palmer in Gang gesetzt worden waren. Anita sollte eines der vielen Palmer-Opfer werden. Sie wurde davon in Kenntnis gesetzt, dass eine Rede, die sie vor den Klubfrauen des Oakland-Zentrums der *California Civic League* halten wollte, von der Behörde verboten worden war. Trotz offiziellen Verbots sprach sie am 18. November 1919 über »Das N*problem in den Vereinigten Staaten«.[442] Ihre Ausführungen waren streng auf die Lynchjustiz konzentriert.

> »Seit 1890, dem Beginn der statistischen Erhebungen bei uns, haben sich in den Vereinigten Staaten 3.228 Lynchmorde ereignet, darunter 2.500 an

---

439 Al Richmond, Native Daughter: The Story of Anita Whitney, San Francisco (Anita Whitney 75. Anniversary Committee) 1942; siehe Kapitel 4.
440 Ebd. S. 70.
441 Ebd. S. 78.
442 Ebd. S. 94.

> Schwarzen Männern und 50 an Schwarzen Frauen. Ich wollte, ich könnte es hier bei der bloßen Benennung der Fakten und Ziffern belassen, aber ich fürchte, dass wir uns die ganze Barbarei dieser Situation vor Augen führen müssen, um unseren Teil dazu beizutragen, dass diese Schande aus der Geschichte unseres Landes getilgt wird.«[443]

Sie fuhr fort, indem sie ihr aus *weißen* Klubfrauen bestehendes Publikum fragte, ob sie wüssten, dass »ein Schwarzer einmal gesagt habe, wenn ihm Texas und die Hölle gehörten, dann zöge er es vor, Texas zu vermieten und in der Hölle zu leben ...«[444] Seine Überlegung, erklärte sie mit ernster Stimme, sei auf die Tatsache gegründet, dass Texas für sich in Anspruch nehmen könnte, die drittgrößte Anzahl an durch einen rassistischen Mob verübten Morden in den gesamten Südstaaten aufzuweisen (nur Georgia und Mississippi könnten mit noch mehr prahlen).

1919 war es immer noch eine Seltenheit, dass eine *weiße* Person an andere *Weiße* appellierte, sich gegen die Geißel der Lynchjustiz zu erheben. Die rassistische Propaganda im Allgemeinen und das wiederholte Herbeizitieren des Mythos' vom Schwarzen Vergewaltiger im Speziellen hatten zu der gewünschten Spaltung und Entfremdung geführt. Selbst in fortschrittlichen Kreisen zögerten die *Weißen* oft, sich gegen die Lynchjustiz auszusprechen, die als eine unglückselige Reaktion auf sexuelle Übergriffe von Schwarzen an *weißen* Frauen im Süden gerechtfertigt wurde. Anita Whitney war eine der *Weißen*, deren Einsichten trotz der Stärke der vorherrschenden rassistischen Propaganda ungetrübt blieben. Und sie war gewillt, die sich aus ihrem antirassistischen Standpunkt ergebenden Risiken zu tragen. Obwohl es klar war, dass man sie verhaften würde, entschied sie sich, vor den *weißen* Klubfrauen von Oakland über die Lynchjustiz zu reden. Tatsächlich wurde sie nach Beendigung ihrer Rede in Haft genommen und vor Gericht des ›kriminellen Syndikalismus'‹ beschuldigt. Whitney wurde später schuldig gesprochen und zu einer Gefängnisstrafe in San Quentin verurteilt, wo sie einige Wochen bis zu ihrer Entlassung aufgrund der eingelegten Berufung verblieb. Erst 1927 wurde Anita Whitney vom Gouverneur von Kalifornien begnadigt.[445]

443 Ebd. S. 95.
444 Ebd. S. 95–96.
445 Ebd. S. 139.

Als *weiße* Frau des zwanzigsten Jahrhunderts war Anita Whitney tatsächlich eine Pionierin im Kampf gegen den Rassismus. Zusammen mit ihren Schwarzen Genoss*innen sollten sie und andere, die ihr gleich waren, die Strategie der Kommunistischen Partei zur Befreiung der Arbeiterklasse entwickeln. Der Kampf um die Befreiung der Schwarzen wurde zu einem zentralen Bestandteil dieser Strategie. 1936 wurde Anita Whitney Vorsitzende der Kommunistischen Partei Kaliforniens und bald darauf auch in das Zentralkomitee der Partei gewählt.

> »Einmal wurde sie gefragt: ›Anita, was hältst du von der Kommunistischen Partei? Was bedeutet sie dir?‹ – ›Nun‹, lächelte sie ungläubig, ein bisschen gehemmt von solch einer merkwürdigen Frage. ›Ja, nun ... sie hat meinem Leben Sinn gegeben. Die Kommunistische Partei ist die Hoffnung der Welt.‹«[446]

Elizabeth Gurley Flynn

Als Elizabeth Gurley Flynn 1964 im Alter von vierundsiebzig Jahren starb, war sie als Sozialistin und Kommunistin fast sechzig Jahre aktiv gewesen. Erzogen von Eltern, die Mitglieder der Sozialistischen Partei waren, entdeckte sie schon in jungen Jahren ihre eigene Beziehung zum Kampf der Sozialist*innen gegen die Bourgeoisie. Die junge Elizabeth war noch nicht sechzehn, als sie ihre erste öffentliche Rede für den Sozialismus hielt. Auf der Grundlage ihrer Lektüre von Mary Wollstonecrafts *Verteidigung der Rechte der Frau* und August Bebels *Die Frau und der Sozialismus* hielt sie 1906 im Sozialistischen Klub von Harlem eine Rede zu dem Thema »Was der Sozialismus den Frauen bringt«[447]. Zwar hatte sich ihr recht patriarchaler Vater zuerst gesträubt, Elizabeth das Reden in der Öffentlichkeit zu erlauben, seine Meinung dann jedoch aufgrund des enthusiastischen Empfangs, der ihr in Harlem bereitet wurde, geändert.

Als Begleiterin ihres Vaters wurde sie mit der politischen Agitation auf der Straße – der typischen Taktik der Radikalen dieser Zeit – vertraut. Bald darauf erlebte Elizabeth Gurley Flynn ihre erste Festnahme – wegen ›Redens ohne Erlaubnis‹ wurde sie mit ihrem Vater ins Gefängnis verbracht.[448]

---

446 Ebd. S. 198.
447 Elizabeth Gurley Flynn, The Rebel Girl: An Autobiography, New York 1973 S. 53.
448 Ebd. S. 62.

Als Elizabeth Gurley Flynn sechzehn war, hatte ihre Laufbahn als Agitatorin für die Rechte der Arbeiterklasse bereits begonnen. Ihre erste Aufgabe war die Verteidigung von Big Bill Haywood, gegen den die Kupferindustrie ein abgekartetes Spiel in Form eines Strafprozesses aufgezogen hatte. Auf ihren Reisen westwärts, die sie für die Verteidigung Haywoods unternahm, beteiligte sie sich an den Kämpfen der IWW in Montana und Washington.[449] Nach zwei Jahren der Mitgliedschaft in der Sozialistischen Partei wurde Elizabeth Gurley Flynn eine führende IWW-Funktionärin.

Sie trat aus der Sozialistischen Partei aus, weil sie davon »überzeugt (war), dass sie im Vergleich zu dieser Basisbewegung, die sich über das ganze Land verbreitete, steril und sektiererisch war«.[450]

Mit einer Fülle von Streikerfahrungen, einschließlich zahlreicher Zusammenstöße mit der Polizei, im Rücken ging Elizabeth Gurley Flynn 1912 nach Lawrence, Massachusetts, als dort die Textilarbeiter*innen in den Streik traten. Die Gründe für die Klagen der Arbeiter*innen von Lawrence waren einfach und zwingend und wurden von Mary Heaton Vorse so beschrieben:

> »Die Löhne waren in Lawrence so niedrig, dass fünfunddreißig Prozent der Leute unter sieben Dollar die Woche verdienten. Weniger als ein Fünftel bekam bis zu zwölf Dollar die Woche. Sie waren nach Nationalitäten getrennt. Sie sprachen über vierzig Sprachen und Dialekte, vereint waren sie nur durch ihr dürftiges Leben und die Tatsache, dass ihre Kinder starben. Von jeweils fünf Kindern unter einem Jahr starb eins ... Nur einige wenige andere Städte in Amerika hatten höhere Sterblichkeitsraten. Und das waren allesamt Industriestädte.«[451]

Von allen Redner*innen, die auf der Streikversammlung sprachen – so berichtete Vorse in *Harpers Weekly* –, machte Elizabeth Gurley Flynn den nachhaltigsten Eindruck auf die Arbeiter*innen. Es waren ihre Worte, die sie zum Durchhalten anspornten.

> »Wenn Elizabeth Gurley Flynn sprach, nahm die Erregung der Menge sichtbare Gestalt an. Wie sie dastand, jung, mit ihren irisch blauen Augen, das magnolienweiße Gesicht in einer Wolke von schwarzem Haar, war sie das

449 Richard 0. Boyer, »Elizabeth Gurley Flynn«, Masses and Mainstream (May 1952), S. 7.

450 Ebd. S. 12.

451 Mary Heaton Vorse, A Footnote to Folly: Reminiscences, New York 1935, S. 3–4.

Bild der jugendlichen Revolutionärin. Sie störte sie auf, wirbelte sie hoch mit ihrem Appell zur Solidarität. ... Es war, als sei ein Feuer in die Zuhörer*innen gefahren, etwas Bewegendes und Machtvolles, das Gefühl, dass die Befreiung der Menschen möglich war.«[452]

Als reisende Streikagitatorin für die IWW arbeitete Elizabeth Gurley Flynn manchmal mit Frank Little, einem bekannten Führer der Native Americans, zusammen. 1916 z.B. vertraten beide während der Streiks im Mesabi-Eisengebiet in Minnesota die Wobblies.

Kaum ein Jahr später erfuhr Elizabeth, dass Frank Little in Butte, Montana, gelyncht worden war. Der Angriff des Mobs war erfolgt, nachdem er vor den streikenden Arbeiter*innen in dieser Gegend eine agitatorische Rede gehalten hatte.

»Sechs maskierte Männer kamen nachts in das Hotel, brachen die Tür auf, rissen Frank aus dem Bett, schleppten ihn zu einem Eisenbahnviadukt am Rande der Stadt und erhängten ihn dort.«[453]

Einen Monat nach Frank Littles Tod wurde eine Massenanklage gegen 168 Personen erhoben, weil sie sich verschworen hätten, »die Ausführung bestimmter Gesetze der Vereinigten Staaten zu behindern ...«[454] Elizabeth Gurley Flynn war die einzige Frau unter den Angeklagten und Ben Fletcher, ein Hafenarbeiter aus Philadelphia und ein Führer der IWW, der einzige Schwarze, der in der Anklage genannt wurde.[455]

Beurteilt man Elizabeth Gurley Flynn nach ihren autobiografischen Reflexionen, so war ihr von Beginn ihrer politischen Laufbahn an die besondere Unterdrückung, unter der das Schwarze Volk litt, gegenwärtig. Ihr Bewusstsein von der Bedeutung des antirassistischen Kampfes wurde zweifellos durch ihre Einbindung in die IWW gestärkt. Die Wobblies erklärten öffentlich, dass

»... es in den Vereinigten Staaten nur eine Arbeiterorganisation gibt, die die farbigen Arbeiter zu absolut den gleichen Bedingungen wie die *weißen* aufnimmt – die *Industrial Workers of the World* ... In der IWW haben Schwarze Arbeiter, Männer wie Frauen, den gleichen Stand wie jeder andere Arbeiter.«[456]

452 Ebd. S. 9.
453 Flynn, a.a.O., S. 232.
454 Ebd. S. 233.
455 Ebd. Siehe auch Foster, History of the Communist Party, S. 116.
456 Foner, Organized Labor and the Black Worker, S. 198.

Die IWW war allerdings eine syndikalistische Organisation, die sich auf die Industriearbeiter*innen konzentrierte, die – aufgrund der rassistischen Diskriminierung – immer noch überwiegend *weiß* waren. Die winzige Minderheit der Schwarzen Industriearbeiter umfasste praktisch keine Frauen, da diese von den industriellen Berufen absolut ausgeschlossen blieben. Tatsächlich arbeiteten die meisten Schwarzen Arbeiter*innen immer noch in der Landwirtschaft oder als Hausbedienstete. So konnte folglich auch nur ein Teil der Schwarzen Bevölkerung durch eine Industriearbeitergewerkschaft erreicht werden – es sei denn, die Gewerkschaft hätte sich nachhaltig für die Eingliederung der Schwarzen in die Industrie eingesetzt.

Elizabeth Gurley Flynn wurde 1938 aktives Mitglied der Kommunistischen Partei[457] und zeigte sich bald als eine der führenden Persönlichkeiten dieser Organisation. Sie arbeitete sehr eng mit Schwarzen Kommunist*innen wie Benjamin Davis und Claudia Jones zusammen und entwickelte so ein neues Bewusstsein von der zentralen Rolle der Befreiung der Schwarzen innerhalb des allumfassenden Kampfes für die Emanzipation der Arbeiterklasse. 1948 veröffentlichte Elizabeth Gurley Flynn in *Political Affairs*, dem theoretischen Organ der Partei, einen Artikel zur Bedeutung des Internationalen Frauentages. Sie führte dort aus:

> »Recht auf Arbeit, auf Ausbildung, Aufstieg und gleiches Rentenalter, auf den Schutz von Gesundheit und auf Sicherheit, auf angemessene Einrichtungen der Kinderpflege – dies bleiben die dringendsten Forderungen der organisierten Arbeiterinnen und aller, die gezwungen sind, sich zu plagen, besonders die N*innen …«[458]

Bei ihrer Kritik an der Ungleichheit zwischen den weiblichen und den männlichen Kriegsveteran*innen erinnerte sie ihre Leser*innen daran, dass die Schwarzen Kriegsveteraninnen noch viel schlimmer zu leiden hatten als ihre *weißen* Schwestern. Tatsächlich seien die Schwarzen Frauen mit einer dreifachen Kette der Unterdrückung gefesselt.

> »Jede Ungleichheit und jede Behinderung, die die *weißen* Amerikanerinnen zu spüren bekommen, ist für die N*innen tausendmal schlimmer, da sie dreifach ausgebeutet werden – als N*innen, als Arbeiterinnen und als Frauen.«[459]

457 Flynn, The Rebel Girl. Siehe die Anm. 10 des Hg.

458 Elizabeth Gurley Flynn, »1948 – A Year of Inspiring Anniversaries for Women«, Political Affairs, Bd. XXVII, Nr. 3 (März 1948), S. 264.

459 Ebd. S. 262.

Die gleiche Analyse der ›dreifachen Gefährdung‹ wurde später auch von den Schwarzen Frauen vorgebracht, die in der frühen Phase der gegenwärtigen Frauenbewegung Fuß zu fassen suchten.

Während Elizabeth Gurley Flynn in ihrer ersten Autobiografie *I Speak My Own Piece* (oder *The Rebel Girl*) faszinierende Einblicke in ihre eigenen Erfahrungen als Agitatorin des IWW gibt, beweist sie in ihrem zweiten Buch *The Alderson Story* (oder *My Life as a Political Prisoner*) eine neue politische Reife und ein tiefer begründetes Wissen über den Rassismus.

Als die Kommunistische Partei in der McCarthy-Zeit ständigen Angriffen ausgesetzt war, wurde Elizabeth Gurley Flynn zusammen mit drei anderen Frauen in New York verhaftet und angeklagt, »den gewaltsamen Sturz der Regierung zu lehren und zu verteidigen«.[460]

Die anderen Frauen waren Marian Bachrach, Betty Gannet und Claudia Jones, eine Schwarze aus Trinidad, die als junges Mädchen in die Vereinigten Staaten eingewandert war. Im Juni 1951 wurden die vier Kommunistinnen von der Polizei in die New Yorker Frauenhaftanstalt gebracht. Das »einzige angenehme Ereignis«, das »unseren Aufenthalt hier erhellte«, war die Geburtstagsfeier, die Elizabeth, Betty und Claudia für eine Inhaftierte veranstalteten. Ein neunzehnjähriges Schwarzes Mädchen, »entmutigt und einsam«, hatte zufällig erwähnt, dass der nächste Tag ihr Geburtstag sein würde.[461] Es gelang den drei Frauen, über den Kommissar einen Kuchen zu besorgen.

> »Wir machten aus Seidenpapier Kerzen für den Kuchen, deckten den Tisch so schön wie möglich mit Papierservietten und sangen ›Happy Birthday‹. Wir hielten ihr Tischreden, und sie weinte vor Überraschung und Glück. Am nächsten Tag erhielten wir von ihr den folgenden Brief:
> Liebe Claudia, Betty und Elizabeth. Ich habe mich über das, was Sie an meinem Geburtstag für mich getan haben, sehr gefreut. Ich weiß wirklich nicht, wie ich Ihnen danken soll ... Der gestrige Tag war einer der besten meines Lebens. Ich glaube, auch wenn Sie Kommunisten sind, dass Sie die besten Menschen sind, denen ich je begegnet bin. Der Grund, warum ich in diesem Brief die Kommunisten erwähne, ist einfach der, dass die Leute die Kommunisten nicht mögen, weil sie meinen, Kommunisten seien gegen die Amerikaner, ich denke aber nicht so. Ich glaube, dass Sie die nettesten Leute

460 Elizabeth Gurley Flynn, The Alderson Story: My Life As a Political Prisoner, New York 1972, S. 9.
461 Ebd. S. 17.

sind, die ich in meinem ganzen neunzehn Jahre alten Leben getroffen habe, und ich werde Sie nie vergessen, wo immer ich auch sein werde ... Ich hoffe, dass Sie aus dieser heiklen Lage herauskommen und dass Sie nie mehr an einen Ort wie diesen zurückmüssen.«[462]

Nachdem die drei Frauen gemäß des *Smith-Acts* (auch: Alien Registration Act) verhört worden waren (Marian Bachrachs schlechte Gesundheit hatte zu einer Abtrennung ihres Falles geführt), wurden sie für schuldig erklärt und verurteilt, eine Zeitlang in der Bundesbesserungsanstalt für Frauen in Alderson, Virginia, zu bleiben. Kurz bevor sie ankamen, wurde das Gefängnis vom Gericht angewiesen, die Rassentrennung in seinen Einrichtungen aufzuheben. Ein anderes Opfer des Smith-Acts – Dorothy Rose Blumenberg – hatte schon als eine der ersten *weißen* Gefängnisinsassinnen einen Teil ihrer dreijährigen Haft mit Schwarzen Frauen zusammen abgesessen. »Wir fühlten uns beide amüsiert und geschmeichelt, dass die Kommunist*innen in dieser Weise bei der Integration in den Gefängnissen halfen.«[463] Elizabeth Gurley Flynn betont jedoch, dass die gesetzliche Aufhebung der Rassentrennung in den Gefängnissen noch nicht zu der Aufhebung der rassischen Diskriminierung führte. Den Schwarzen Frauen wurden weiterhin die härtesten Arbeiten zugewiesen – »auf der Farm, in der Konservenfabrik, bei den Instandhaltungsarbeiten und im Schweinestall, bis er abgeschafft wurde«.[464]

Als Funktionärin der Kommunistischen Partei hatte Elizabeth Gurley Flynn ein tiefes Interesse am Befreiungskampf der Schwarzen entwickelt und erkannt, dass der Widerstand der Schwarzen nicht immer politischem Bewusstsein entspringt. Sie beobachtete unter den Gefangenen in Alderson, dass

»... es unter den N*innen eine größere Solidarität gab, die ohne Zweifel ein Resultat des Lebens draußen war, besonders im Süden. Ich hatte den Eindruck, dass sie von besserem Charakter waren, im Großen und Ganzen stärker und zuverlässiger, mit weniger Neigung zu Geschwätz oder zum Bespitzeln als die *weißen* Insassinnen.«[465]

---

462 Ebd. S. 17-18.
463 Ebd. S. 32.
464 Ebd. S. 176.
465 Ebd. S. 180.

Sie schloss mit den Schwarzen Frauen im Gefängnis leichter Freundschaft als mit den *weißen* Insassinnen. »Offen gesagt, ich traute den N*innen mehr als den *weißen* Frauen. Sie waren beherrschter, weniger hysterisch, weniger verdorben, und waren reifer.«[466] Und umgekehrt hatten die Schwarzen Frauen vor Elizabeth mehr Achtung. Vielleicht empfanden sie instinktiv für diese *weiße* Kommunistin ein Gefühl von Verwandtschaft im Kampf.

Claudia Jones

Geboren in Trinidad, als es noch zu Britisch Westindien gehörte, wanderte Claudia Jones schon als junges Mädchen mit ihren Eltern in die Vereinigten Staaten ein. Später gehörte sie zu den zahllosen Schwarzen im ganzen Land, die sich der Bewegung zur Befreiung der ›Neun von Scottboro‹ anschlossen. Durch ihre Mitarbeit im *Scottsboro Defense Committee* lernte sie Mitglieder der Kommunistischen Partei kennen und trat voller Enthusiasmus dieser Organisation bei.[467]

Als junge Frau Mitte Zwanzig übernahm sie die Verantwortung für die Frauenkommission der Partei und wurde als Funktionärin zum Symbol für den Kampf der kommunistischen Frauen im ganzen Land. Unter den vielen Artikeln, die Claudia Jones in der Zeitschrift *Political Affairs* veröffentlichte, war einer der hervorragendsten vom Juni 1949 zum Thema »Keine weitere Vernachlässigung der Probleme der N*in«.[468] In diesem Aufsatz wollte sie mit ihrer Darstellung der Schwarzen Frau die gewöhnlichen patriarchalen Vorstellungen von der natürlichen Rolle der Frau widerlegen. Die führende Funktion der Schwarzen Frau, hob Jones hervor, sei für den Befreiungskampf ihres ›Volkes‹ schon immer unentbehrlich gewesen. In der orthodoxen Geschichtsschreibung werde z.B. selten die Tatsache erwähnt, dass »die Streiks der Pachtbauern in den Dreißigerjahren von den N*innen ausgelöst wurden«[469]. Ferner erläuterte sie:

> »In der Zeit vor dem CIO (Congress of Industrial Organisations) spielten die N*innen in den Streiks und in anderen Kämpfen für die Anerkennung der Prinzipien der Industriegewerkschaften eine bedeutende Rolle – sowohl als

466 Ebd.
467 North, a.a.O., S. 29.
468 Wiederabdruck dieses Artikels in Political Affairs, Bd. LIII, Nr. 3 (März 1974).
469 Ebd. S. 33.

> Arbeiterinnen als auch als Frauen von Arbeitern –, und zwar in solchen Industriezweigen wie der Auto-, Konserven-, Stahlindustrie u.a. Noch unlängst zeigte sich die Militanz der gewerkschaftlich organisierten N*innen bei den Streiks in den Konservenfabriken und noch mehr im Tabakarbeiterstreik, bei dem sich Führerinnen wie Moranda Smith und Velma Hopkins als überragende Gewerkschafterinnen erwiesen.«[470]

Claudia Jones tadelte die Fortschrittlichen (*Progressives*), besonders die Gewerkschafter*innen, weil sie es versäumten, die Bemühungen der Schwarzen Hausbediensteten um Selbstorganisierung, anzuerkennen. Da die Mehrheit der Schwarzen Hausbediensteten immer noch in den Privathaushalten beschäftigt sei, folgert sie, habe das paternalistische Verhalten gegenüber den Dienstmädchen die herrschende gesellschaftliche Bestimmung der Schwarzen Frauen als Gruppe beeinflusst.

> »Die fortgesetzte Degradierung der N*innen zur Hausarbeit hat dazu beigetragen, den Chauvinismus gegen alle N*innen zu perpetuieren und zu intensivieren.«[471]

Jones scheute sich nicht, ihre eigenen *weißen* Freund*innen und Genoss*innen daran zu erinnern, dass »sich zu viele Fortschrittliche und sogar einige Kommunisten der Ausbeutung der N* als Bedienstete schuldig machen«.[472] Und sie machten sich zudem manchmal schuldig, weil sie sich »an der Verunglimpfung ihrer Dienstmädchen beteiligten, wenn sie mit ihren bürgerlichen Nachbarn oder in der eigenen Familie über sie sprachen«.[473] Claudia Jones war durch und durch Kommunistin, eine dezidierte Kommunistin, die glaubte, dass allein der Sozialismus die Befreiung der Schwarzen Frauen, der Schwarzen insgesamt und überhaupt der diversen Arbeiterklasse verspräche. Daher war ihre Kritik von dem konstruktiven Verlangen durchdrungen, ihre *weißen* Mitarbeiter*innen und Genoss*innen dazu zu bewegen, sich selbst von rassistischem und sexistischem Verhalten zu befreien. Und was die Partei betraf, meinte sie:

> »In unseren ... Klubs müssen wir eine intensive Diskussion über die Rolle der N*innen führen, um unsere Parteimitglieder mit einem klaren Verständnis

470 Ebd.
471 Ebd. S. 35.
472 Ebd.
473 Ebd.

von der Notwendigkeit des Kampfes am Arbeitsplatz und in den Wohngebieten auszurüsten.«[474]

Wie schon so viele Schwarze Frauen vor ihr, machte auch Claudia Jones geltend, dass die *weißen* Frauen in der fortschrittlichen Bewegung – und unter ihnen besonders die *weißen* Kommunistinnen – gegenüber den Schwarzen Frauen eine besondere Verantwortung trügen.

»Die ökonomische Beziehung zwischen der N*in und der *weißen* Frau, die das ›Herrin-Magd‹-Verhältnis verewigt, nährt chauvinistisches Verhalten und macht es deshalb für *weiße* fortschrittliche Frauen und für Kommunistinnen so notwendig, bewusst alle Äußerungen des *weißen* Chauvinismus, ob offen oder verdeckt, zu bekämpfen.«[475]

Als Claudia Jones aufgrund des Smith-Acts zum Gefängnisaufenthalt in der Bundesbesserungsanstalt für Frauen in Alderson verurteilt wurde, eröffnete sich ihr ein wahrer Mikrokosmos der rassistischen Gesellschaft, die sie natürlich ohnehin schon gut kannte. Obwohl das Gefängnis gerichtlich angewiesen war, die Rassentrennung in seinen Einrichtungen aufzuheben, wurde sie der ›Hütte für Schwarze‹ zugewiesen und dadurch von ihren *weißen* Genossinnen Elizabeth Gurley Flynn und Betty Gannet getrennt. Elizabeth Gurley Flynn litt unter dieser Trennung besonders stark, da sie und Claudia Jones nicht nur Genossinnen, sondern auch enge Freundinnen waren. Als Claudia Jones im Oktober 1955 aus dem Gefängnis entlassen wurde – zehn Monate nach Ankunft der Kommunistinnen in Alderson –, freute sich Elizabeth für ihre Freundin und war sich doch der Qual bewusst, die Claudias Abwesenheit für sie bedeuten würde.

»Mein Fenster lag nach der Straße hin, und ich konnte sie weggehen sehen. Sie wandte sich noch einmal um, um mir zuzuwinken – hochgewachsen, schlank, wunderschön, in goldenes Braun gekleidet –, dann war sie weg. Das war der schlimmste Tag im Gefängnis. Ich war so einsam.«[476]

An dem Tag, als Claudia das Alderson verließ, schrieb Elizabeth Gurley Flynn ein Gedicht mit dem Titel »Abschiedsgruß für Claudia«:

474 Ebd. S. 41.
475 Ebd. S. 35.
476 Flynn, The Alderson Story, S. 118.

Näher und näher kam der Tag, liebe Genossin,
Wo ich mich trauernd von dir trennen musste,
Tag um Tag schlich durch mein banges Herz
Dunkel die ahnende Sorge.

Nie wieder dich den Pfad herunterschreiten zu sehen,
Nie wieder deine lächelnden Augen, dein strahlend Antlitz,
Nie wieder dein fröhliches schallendes Lachen zu hören,
Nie wieder von deiner Liebe umgeben zu sein an diesem schlimmen Ort.

Wie du mir fehlen wirst, das weiß kein Wort zu sagen,
Ich bin allein, meine Gedanken ungeteilt, beschwerlich die Tage,
Fühl ich mich beraubt und leer an diesem grauen, öden Morgen,
meine künftige Einsamkeit ahnend, umgeben von Gefängnispfaden.

Manchmal ist mir, als seist du nie im Alderson gewesen,
So voller Leben, so abgelöst von hier scheinst du zu sein.
So stolz beim Gehen, Sprechen, Arbeiten, im Wesen,
Gleicht deine Gegenwart hier einem schwindenden Fiebertraum.

Doch wie die Sonne durch Nebel und Dunkelheit bricht,
Fühl ich die plötzliche Freude, dass du gegangen bist,
dass du wieder durch die Straßen von Harlem gehst,
dass wenigstens für dich heute die Freiheit gekommen ist.

Stark will ich sein in unserem gemeinsamen Bekenntnis, liebe Genossin,
Selbst in mir ruhen will ich, unseren Ideen treu und fest,
Stark will ich sein, damit ich Geist und Seele vor dem Gefängnis bewahre,
Ermuntert und begeistert durch dein allzeit liebend Bild in mir.[477]

Bald nachdem Claudia Jones aus dem Alderson entlassen worden war, musste sie unter dem Druck des McCarthyismus in die Verbannung nach England gehen. Sie setzte noch für einige Zeit ihre politische Arbeit fort und gab die Zeitschrift *West Indian Gazette* heraus. Aber ihre angegriffene Gesundheit verschlechterte sich zusehends, sodass sie bald darauf einer Krankheit erlag.

477 Ebd. S. 211.

ELF
Vergewaltigung und Rassismus
Der Mythos vom Schwarzen Vergewaltiger

Einige der abscheulichsten Symptome gesellschaftlichen Niedergangs werden erst dann als ernstzunehmende Probleme erkannt, wenn sie derartig epidemische Ausmaße angenommen haben, dass sie jeder Lösung zu trotzen scheinen. Zu ihnen gehört die Vergewaltigung. In den Vereinigten Staaten gehört die Vergewaltigung heute zu den am schnellsten anwachsenden Gewaltverbrechen.[478] Nach Jahren des Schweigens, des Leidens und unter falscher Anklage geführter Prozesse werden die sexuellen Angriffe explosionsartig als eine der aussagekräftigsten Funktionsstörungen der gegenwärtigen kapitalistischen Gesellschaft erkennbar. Das ansteigende öffentliche Interesse gegenüber der Vergewaltigung hat in den Vereinigten Staaten unzählige Frauen ermuntert, über zurückliegende Erfahrungen mit tatsächlichen und versuchten Angriffen offen zu reden. Im Ergebnis ist eine furchterregende Tatsache ans Licht gekommen: Erschreckend wenig Frauen können von sich behaupten, dass sie nicht irgendwann in ihrem Leben Opfer eines versuchten oder durchgeführten sexuellen Angriffs geworden sind.

In den Vereinigten Staaten und in anderen kapitalistischen Ländern waren in der Regel die Gesetze gegen Vergewaltigung ursprünglich zum Schutz der Männer aus den Oberschichten, deren Töchter und Frauen angegriffen werden könnten, erlassen worden. Was mit den Frauen der Arbeiterklasse geschah, war gewöhnlich für die Gerichte von wenig Belang. Eine Folge davon ist, dass bemerkenswert wenig *weiße* Männer wegen sexueller Gewalt, die sie an diesen Frauen verübten, belangt wurden. Während diese Vergewaltiger selten vor Gericht gebracht wurden, richtete sich die Anklage wegen Vergewaltigung unterschiedslos gegen die Schwarzen – ob sie nun schuldig oder unschuldig waren. Im Ergebnis waren von den 455 Männern,

478 Nancy Gager und Cathleen Schurr, Sexual Assault: Confronting Rape in America, New York 1976, S. 1.

die in der Zeit von 1930 bis 1967 auf Grund von Vergewaltigungsdelikten verurteilt wurden, 405 Schwarze.[479]

In der Geschichte der Vereinigten Staaten ragt unter den Kunstgriffen des Rassismus die betrügerische Anklage wegen Vergewaltigung als einer der schrecklichsten hervor. Wann immer die wiederkehrenden Wellen von Gewalt und Terror gegen die Schwarze Gemeinschaft eine überzeugende Rechtfertigung brauchten, wurde der Mythos vom Schwarzen Vergewaltiger heraufbeschworen. Dass die Schwarzen Frauen sich von der Bewegung gegen Vergewaltigung auffällig abseits gehalten haben, mag teilweise an der Indifferenz dieser Bewegung gegenüber der willkürlichen Anklage wegen Vergewaltigung liegen, die oft genug als Auftakt für rassistische Ausschreitungen herhalten musste. Zu viele Unschuldige sind in den Gaskammern und den Zellen für Lebenslängliche geopfert worden, als dass sich die Schwarzen Frauen ohne Weiteres jenen anschließen könnten, die so oft bei Polizisten und Richtern ihre Unterstützung suchten. Außerdem wurde ihnen selbst, als Opfer von Vergewaltigungen, von jenen Männern in Uniform und Robe wenig oder gar kein Mitgefühl entgegengebracht. Berichte über Angriffe von Polizisten gegen Schwarze Frauen – sodass die Vergewaltigungsopfer mitunter eine zweite Vergewaltigung erleiden mussten – hört man zu oft, um sie als Verdrehung der Wahrheit abtun zu können. »Selbst zu der Zeit, als die Bürgerrechtsbewegung am stärksten war, erklärten in Birmingham« z.B.

> »... junge Aktivistinnen, dass niemand die Schwarzen Frauen davor schütze, von der Birminghamer Polizei vergewaltigt zu werden. Erst unlängst im Dezember 1974 berichtete in Chicago eine Siebzehnjährige, dass sie von zehn Polizisten gemeinschaftlich vergewaltigt worden sei. Einige der Männer wurden vom Dienst suspendiert, aber zu guter Letzt wurde die ganze Sache unter den Teppich gekehrt.«[480]

In der frühen Phase der heutigen Bewegung gegen die Vergewaltigung haben nur wenige feministische Theoretikerinnen die spezifischen Umstände untersucht, in denen sich Schwarze Frauen als Opfer von Vergewaltigung

479 Michael Meltsner, Cruel and Unusual: The Supreme Court and Capital Punishment, New York 1973, S. 75.

480 »The Racist Use of Rape and the Rape Charge«. Erklärung einer Gruppe sozialistischer Frauen an die Frauenbewegung, Louisville, Ky. (Socialist Women's Caucus) 1974, S. 5–6.

befanden. Die Schwarzen Frauen, die von *weißen* Männern systematisch missbraucht und vergewaltigt werden, sind historisch eng an die Schwarzen Männer gebunden, die aufgrund rassistischer Manipulationen bei Vergewaltigungsanklagen verstümmelt und ermordet wurden. Dieser Zusammenhang wird erst jetzt langsam in seiner wirklichen Tragweite erkannt. Wann immer die Schwarzen Frauen gegen Vergewaltigung kämpften, haben sie gewöhnlich gleichzeitig das abgekartete Spiel der Vergewaltigungsanklage gegen die Schwarzen Männer als eine tödliche rassistische Waffe bloßgestellt. Eine besonders hellsichtige Autorin sieht das so:

> »Der Mythos vom Schwarzen Vergewaltiger der *weißen* Frauen ist ein Zwilling des Mythos von der schlechten Schwarzen Frau – beide haben das Ziel, die fortgesetzte Ausbeutung der Schwarzen Männer und Frauen zu entschuldigen und zu fördern. Die Schwarzen Frauen erspürten diese Beziehung sehr klar und standen früh in der vordersten Front des Kampfes gegen die Lynchjustiz.«[481]

Gerda Lerner, die Autorin dieser Zeilen, ist eine der wenigen *weißen* Frauen, die in den frühen Siebzigerjahren systematisch Vergewaltigungen und die Wechselwirkung von Rassismus und Sexismus auf die Schwarze Frau in voller Tiefe erforschten. Der Fall der Joann Little[482], im Sommer 1975 verhandelt, illustriert Lerners These. Sie war unter Mordanklage vor Gericht gebracht worden. Die junge Frau wurde beschuldigt, einen *weißen* Wächter in einem Gefängnis, dessen einzige weibliche Insassin sie war, getötet zu haben. Während ihrer Aussage schilderte Joann Little, wie der Wächter sie in der Zelle vergewaltigt und sie ihn in Notwehr mit dem Eispickel, mit dem er sie bedrohte, erstochen hatte. Im ganzen Land wurde ihr Fall von Einzelpersonen wie auch von den Organisationen der Schwarzen Gemeinschaften und der neuen Frauenbewegung leidenschaftlich unterstützt. Der Freispruch für sie wurde als ein bedeutender Sieg gefeiert, der durch diese massive Kampagne möglich geworden war. Unmittelbar nach ihrem Freispruch gab Joann Little verschiedene eindringliche Appelle für einen Schwarzen Mann namens Delbert Tibbs heraus, der unter der falschen Anklage der Vergewaltigung an einer *weißen* Frau verurteilt worden war und in Florida seine Hinrichtung erwartete.

---

481 Lerner, Black Women in White America, S. 193.

482 Siehe Angela Davis, »JoAnne Little – The Dialectics of Rape«. Ms. Magazine, Bd. III, Nr. 12 (Juni 1975).

Viele Schwarze Frauen antworteten auf Joann Littles Appell, um auf diese Art Delbert Tibbs zu unterstützen. Aber nur wenige *weiße* Frauen – und insbesondere nur wenige organisierte Gruppen aus der Bewegung gegen Vergewaltigung – folgten ihrem Vorschlag, sich für die Freiheit dieses schwarzen Mannes einzusetzen der in eklatanter Weise Opfer des Rassismus im Süden geworden war.

Selbst als Joann Littles Hauptverteidiger bekanntgab, dass er Delbert Tibbs verteidigen werde, wagten es nur wenige *weiße* Frauen, für seine Verteidigung einzutreten. Erst 1978, nachdem alle Anklagepunkte gegen Tibbs abgewiesen worden waren, begannen auch *weiße* Anti-Vergewaltigungsaktivist*innen zunehmend, sich für den Fall einzusetzen. Ihr ursprünglicher Widerstand jedoch war eine jener historischen Erfahrungen, die in den Schwarzen Frauen den Verdacht erhärteten, dass die Bewegung gegen Vergewaltigung an ihren spezifischen Bedürfnissen weitgehend vorbeiging.

Dass sich die Schwarzen Frauen nicht massenhaft der Bewegung gegen Vergewaltigung angeschlossen haben, bedeutet jedoch nicht, dass sie Maßnahmen gegen Vergewaltigung generell ablehnten. Noch vor Ende des neunzehnten Jahrhunderts hatten die Pionierinnen der Schwarzen Klubs eine der ersten organisierten öffentlichen Kundgebungen gegen sexuellen Missbrauch gestartet. Die achtzig Jahre alte Tradition ihres organisierten Kampfes gegen Vergewaltigung spiegelt das tiefe und verbreitete Leid der Schwarzen Frauen wider, die mit sexueller Gewalt bedroht wurden. Einer der markantesten historisch gewordenen Züge des Rassismus war immer die Anmaßung der *weißen* Männer, besonders jener, die ökonomische Macht ausübten, dass sie auf den Geschlechtsverkehr mit Schwarzen Frauen ein unbestreitbares Recht hätten.

Die Sklaverei war auf sexuellen Missbrauch ebenso angewiesen wie auf die Peitsche und die Geißel. Die übermäßigen sexuellen Triebe, ob sie nun bei einzelnen der *weißen* Männer vorhanden waren oder nicht, haben dem Wesen nach mit der faktisch institutionalisierten Vergewaltigung nichts zu tun. Die sexuelle Zwangsherrschaft war vielmehr eine wesentliche Dimension in der sozialen Beziehung zwischen dem Sklavenherrn und der versklavten Frau. Mit anderen Worten: Das Recht, das die Sklavenbesitzer und ihre Agenten auf die Körper der versklavten Frauen beanspruchten, war der direkte Ausdruck der von ihnen angemaßten Besitzrechte an den Schwarzen insgesamt. Das verbriefte Recht auf Vergewaltigung entsprang der gnadenlosen wirtschaftlichen Beherrschung, die das furchtbare Markenzeichen der Sklaverei war, und förderte zugleich ihr Fortbestehen.[483]

Das Prinzip des institutionalisierten sexuellen Missbrauchs an Schwarzen Frauen war so stark, dass es die Abschaffung der Sklaverei überlebte. Gemeinschaftliche Vergewaltigung, begangen vom Ku-Klux-Klan und anderen terroristischen Organisationen der Zeit nach dem Bürgerkrieg, wurde zu einer offenen politischen Waffe gegen die Befreiungsbewegung der Schwarzen. Während der Ausschreitungen in Memphis 1866 z.B. wurden die Morde der gewalttätigen Banden durch konzentrierte sexuelle Angriffe gegen Schwarze Frauen ergänzt. Später machten viele Schwarze Frauen vor dem Komitee des Kongresses Zeugenaussagen über die grausamen gemeinschaftlichen Vergewaltigungen der Banden, die sie zu erleiden hatten.[484] Die folgende Aussage, die sich auf ähnliche Ereignisse während der Ausschreitungen 1871 in Meridian, Mississippi. bezieht, stammt von einer Frau namens Ellen Parton:

> »Ich wohne in Meridian; ich wohne seit neun Jahren hier; mein Beruf: Waschen, Bügeln und Putzen; Mittwochnacht war die letzte Nacht, wo sie in mein Haus kamen; mit ›sie‹ meine ich kleinere und größere Gruppen von Männern; sie kamen am Montag, am Dienstag und am Mittwoch; Montagnacht sagten sie uns, sie kämen nicht, um uns Böses zu tun; Dienstagnacht kamen sie, weil sie nach Waffen suchten; ich sagte ihnen, dass keine da seien, und sie sagten, sie glaubten mir; Mittwochnacht kamen sie und brachen den Kleiderschrank und die Koffer auf und vergewaltigten mich; acht von ihnen waren im Haus; ich weiß nicht, wie viele noch draußen waren …«[485]

Natürlich hat sich der sexuelle Missbrauch an Schwarzen Frauen nicht immer in einer solch offenen und öffentlichen Gewalttätigkeit manifestiert. Da ist das tägliche Drama des Rassismus in den unzähligen anonymen Zusammenstößen zwischen Schwarzen Frauen und *weißen* Tätern – Männern, die von der Natürlichkeit ihrer Handlungen überzeugt sind. Ideologisch sanktioniert wurden derartige Angriffe von Politikern, Wissenschaftlern, Journalisten und Literaten, die die Schwarze Frau als promiskuitiv und ohne Moral darstellten. Sogar die hervorragende Schriftstellerin Gertrude Stein beschreibt eine ihrer Schwarzen Frauenfiguren als im Besitze der

483 Siehe Kapitel 1.
484 Aptheker, A Documentary History, Bd. 2, S. 552 ff.
485 Lerner, Black Women in White America, S. 185–186.

»... schlichten, promiskuitiven Unmoral des Schwarzen Volkes«.[486] Dass sich diese Haltung auf die *weißen* Männer der Arbeiterklasse übertragen hat, war einer der größten Triumphe in der Entwicklung der rassistischen Ideologie.

Der Rassismus hat immer seine Stärke aus der Fähigkeit gezogen, den sexuellen Zwang zu fördern. Zwar waren die Schwarzen Frauen das Hauptziel dieser Angriffe, doch auch die *weißen* Frauen hatten zu leiden. Da die *weißen* Männer davon überzeugt waren, dass sie auf Schwarze Frauen ungestraft sexuelle Angriffe verüben durften, konnte das Verhältnis zu den Frauen ihrer eigenen ›Rasse‹ hiervon nicht unbeeinträchtigt bleiben. Der Rassismus hat immer die Vergewaltigung ermutigt, und die *weißen* Frauen in den Vereinigten Staaten bekamen zwangsläufig das Echo dieser Angriffe zu spüren. Das ist eine der vielen Formen, wie der Rassismus den Sexismus nährt und die *weißen* Frauen zu indirekten Opfern der auf ihre Schwarzen Schwestern gerichteten Unterdrückung macht.

Die Erfahrungen des Vietnamkrieges belegen ein weiteres Mal, in welchem Ausmaß der Rassismus Vergewaltigung provoziert. Weil in die Köpfe der US-Soldaten gehämmert worden war, dass sie gegen eine minderwertige ›Rasse‹ kämpften, konnte ihnen auch beigebracht werden, dass die Vergewaltigung vietnamesischer Frauen eine notwendige militärische Pflicht sei. Sie konnten sogar angewiesen werden, die Frauen mit ihrem Penis »zu suchen«[487]. Es war die ungeschriebene Taktik der US-Militärführung, die Vergewaltigung systematisch zu fördern, da sie eine extrem effektive Waffe des Terrors gegen die Massen war. Wo sind die Tausenden und Abertausenden Vietnamveteranen, die Zeugen oder Teilnehmer dieses Terrors waren? In welchem Ausmaß haben diese brutalen Erfahrungen ihre Haltung gegenüber den Frauen im Allgemeinen geprägt? Während es völlig falsch wäre, die Vietnamveteranen als Haupttäter bei Sexualverbrechen zu bezeichnen, kann es kaum einen Zweifel daran geben, dass die schrecklichen Auswirkungen der Vietnam-Erfahrung auch heute noch alle Frauen in den Vereinigten Staaten zu spüren bekommen.

Es ist eine schmerzliche Ironie, dass einige der Anti-Vergewaltigungs-Theoretiker*innen, die die Rolle ignorieren, die der Rassismus beim Anreiz zur Vergewaltigung spielt, ohne Zögern behaupten, die Schwarzen Männer neigten besonders zu Gewalttätigkeiten gegen Frauen. In ihrer außeror-

---

486 Gertrude Stein, Three Lives, New York 1970, 1909[1], S. 86.
487 Eisen-Bergman, a.a.O., Teil I, Kapitel 5.

dentlich eindrucksvollen Studie über Vergewaltigung weist Susan Brownmiller nach, dass die jahrhundertelange Unterdrückung dem Schwarzen Mann viele der ›legitimen‹ Äußerungen männlicher Vorherrschaft unzugänglich gemacht habe. Folglich müssten sie ihre Zuflucht in der offenen sexuellen Gewalt suchen. In ihrer Beschreibung der »Ghettobewohner« beharrt Brownmiller darauf, dass

> »die Speisesäle für Führungskräfte und die Bergtouren zum Mount Everest gewöhnlich für diejenigen nicht erreichbar sind, die die Subkultur der Gewalt bilden. Der Zugang zum weiblichen Körper – durch Gewalt – liegt jedoch in ihrem Machtbereich.«[488]

Als Brownmillers *Against Our Will: Men, Women and Rape* erschien, wurde es in einigen Kreisen überschwänglich gelobt. Das *Time Magazin*, das sie zu einer der zehn Frauen des Jahres kürte, nannte das Buch »... die rigoroseste und provokanteste wissenschaftliche Arbeit, die bislang aus der feministischen Bewegung hervorgegangen ist«[489]. In anderen Kreisen jedoch wurde das Buch wegen seines Beitrages zur Wiederbelebung des alten Mythos vom Schwarzen Vergewaltiger entschieden kritisiert.

Es kann nicht geleugnet werden, dass Brownmillers Buch ein bahnbrechender Beitrag zur Literatur über Vergewaltigung ist. Leider sind jedoch viele ihrer Argumente von rassistischen Vorstellungen durchdrungen. Charakteristisch für diese Sichtweise ist ihre Neuinterpretation des Lynchmordes an dem vierzehnjährigen Emmett Till 1953. Nachdem dieser Junge einer *weißen* Frau in Mississippi nachgepfiffen hatte, wurde sein

---

488 Susan Brownmiller, Against Our Will: Men, Women and Rape, New York 1975, S. 194. – Bei der deutschen Ausgabe handelt es sich um einen veränderten Text, der sich nicht mehr der Auseinandersetzung, wie sie Angela Davis mit dem amerikanischen Text führte, stellt. Deshalb mussten die Zitate aus der amerikanischen Ausgabe neu übersetzt werden und der Einheitlichkeit halber auch die übrigen Stellenhinweise auf die amerikanische Ausgabe bezogen bleiben. Identisch sind mit der neuen deutschen Ausgabe, Gegen unseren Willen. Vergewaltigung und Männerherrschaft, Ffm 1980 (1978‹): Anm. 11: S. 194 mit S. 157; Anm. 17: S. 213 mit S. 140; Anm. 18: S. 175 mit S. 139; Anm. 65: S. 248-249 findet man auf S. 220–221 so stark verändert, dass man glauben möchte, Brownmiller habe die Kritik von Angela Davis geahnt. Die übrigen Zitate und Stellenhinweise müssen in der amerikanischen Ausgabe nachgeschlagen werden. Dies gilt auch für die in die deutsche Ausgabe nicht aufgenommenen Kapitel »Two Studies in American History (Indians, Slavery, Addendum: The Cliometricians)« und »A Question of Race«.

489 »A Dozen Who Made a Difference«, Time, Bd. 107, Nr. 1 (5. Januar 1976), S. 20.

verstümmelter Körper auf dem Grund des Flusses Tallahatchie gefunden. »Tills Verhalten«, sagt Brownmiller, »war mehr als nur ein dummer Jungenstreich.«[490]

> »Emmett Till wollte seinen Schwarzen Kameraden zeigen, dass er – und folglich: dass sie – eine *weiße* Frau bekommen konnte(n), und Carolyn Bryant war das nächste brauchbare Objekt. Um es deutlich zu sagen, es wurde die Verfügbarkeit von weißen Frauen überprüft ... Und was ist mit dem wölfischen Pfeifen, Tills Zeichen von unreifem Draufgängertum? ... Das war kein kleiner süßer Begeisterungspfiff oder ein melodischer Beifall für einen wohlgeformten Knöchel ... Es war eine vorsätzliche Beleidigung knapp vor dem physischen Angriff, und eine letzte Warnung an Carolyn Bryant, dass dieser Schwarze Junge, Till, es sich in den Kopf gesetzt hatte, sie zu besitzen.«[491]

Obgleich Brownmiller die sadistische Bestrafung von Emmett Till verurteilt, bleibt der Schwarze Jugendliche nichtsdestotrotz der schuldige Sexist, der fast genauso schuldig ist wie seine *weißen* rassistischen Mörder. Im Übrigen, so argumentiert sie, waren beide Parteien, Till wie auch seine Mörder, ausschließlich an ihren Besitzrechten gegenüber Frauen interessiert.

Unglücklicherweise ist Brownmiller unter den zeitgenössischen Autor*innen, die zum Thema Vergewaltigung schreiben, nicht die einzige, die unter dem Einfluss des Rassismus steht. Das Gleiche gilt auch für Jean MacKellar und ihr Buch *Rape: The Bait and the Trap*:

> »Die Schwarzen, aufgewachsen unter den harten Bedingungen der Ghettos, lernen, dass sie das, was sie haben wollen, nur bekommen, wenn sie sich dessen bemächtigen. Gewalt ist das Gesetz im Spiel ums Überleben. Frauen sind leichte Beute: Um eine Frau zu bekommen, muss man sie zwingen.«[492]

MacKellar ist von der rassistischen Propaganda so vollständig manipuliert, dass sie die unerhörte Behauptung aufstellt, 90 Prozent aller in den Vereinigten Staaten gemeldeten Vergewaltigungen seien von Schwarzen Männern verübt worden.[493] Da sogar die vom FBI veröffentlichte Quote

---

490 Brownmiller, a.a.O., S. 247.

491 Ebd.

492 Jean MacKellar, Rape: The Bait and the Trap, New York 1975, S72

493 Ebd. »Insgesamt kommen auf jede angezeigte Vergewaltigung, deren Täter ein weißer Mann ist, neun Schwarze. Die Schwarzen Männer, die ungefähr ein Zehntel der männlichen US-Bevölkerung ausmachen, sind in 90 Prozent der angezeigten Vergewaltigungen verwickelt.«

nur bei 47 Prozent liegt,[494] fällt es schwer anzunehmen, dass MacKellars Behauptung nicht als absichtliche Provokation gemeint ist.

Die meisten neueren Forschungen zur Vergewaltigung in den USA haben das Auseinanderklaffen zwischen den tatsächlich begangenen sexuellen Angriffen und den bei der Polizei angezeigten bestätigt. Nach Susan Brownmiller z.B. liegt das Verhältnis der angezeigten zu den tatsächlichen Vergewaltigungen bei eins zu fünf bis eins zu zwanzig.[495] In einer Arbeit der *New York Radical Feminists* wird geschlossen, dass die Rate der angezeigten Vergewaltigungen bei nur fünf Prozent liegt.[496] In der gegenwärtigen Literatur über Vergewaltigung ist nichtsdestotrotz oft die Tendenz zu bemerken, den im ›Polizeibericht geführten Vergewaltiger‹ mit dem ›typischen Vergewaltiger‹« gleichzusetzen. Wenn sich dieses Denkmuster durchsetzt, wird es praktisch unmöglich sein, die realen sozialen Ursachen der Vergewaltigung aufzudecken.

Diana Russels *Politics of Rape* verstärkt unglücklicherweise die allgemeine Vorstellung von dem typischen Vergewaltiger, dem Schwarzen Mann – oder, falls er weiß ist, dem Armen oder dem Mann aus der Arbeiterklasse. Ihr Buch trägt den Untertitel *The Victim's Perspective* und basiert auf einer Reihe von Interviews mit Vergewaltigungsopfern aus der San Francisco Bay Area. Von den zweiundzwanzig Fällen, die sie beschreibt, waren in zwölfen – also mehr als der Hälfte – Schwarze, Chicanos oder Native Americans die Vergewaltiger. Es ist aufschlussreich, dass in den ursprünglich fünfundneunzig Interviews, die sie führte, Schwarze Männer nur zu 26 Prozent als Täter genannt wurden.[497] Falls dieser dubiose Selektionsprozess nicht genügt, den tiefen Verdacht des Rassismus zu wecken, bedenke man den Ratschlag, den sie den *weißen* Frauen anbietet:

> »Wenn einige Schwarze Männer in der Vergewaltigung von *weißen* Frauen einen Akt der Rache oder einen gerechtfertigten Ausdruck ihrer Feindseligkeit gegenüber den *Weißen* sehen, so glaube ich, ist es für *weiße* Frauen gleichermaßen angebracht, den Schwarzen Männern weniger Vertrauen zu schenken, als es viele bislang tun.«[498]

494 Brownmiller a.a.O., S. 213.
495 Ebd. S. 175.
496 Noren Conell und Cassandra Wilson (Hg.), Rape: The First Sourcebook for Women der New Yorker Radikalen Feministen, New York 1974, S. 151.
497 Diana Russell, The Politics of Rape: The Victim's Perspective, New York 1975.
498 Ebd. S. 163.

Brownmiller, MacKellar und Russel sind gewiss geschickter als die früheren Ideolog*innen des Rassismus. Aber ihre Schlussfolgerungen legen tragischerweise den Vergleich zu solchen wissenschaftlichen Apologeten des Rassismus wie Winfried Collins nahe, der 1918 ein Buch mit dem Titel *The Truth About Lynching and the negro in the South* veröffentlichte (worin sich der Autor dafür ausspricht, dass der Süden für die ›weiße Rasse‹ sicherer werden muss):

> »Die zwei wesentlichen Charakterzüge des N* sind der vollkommene Mangel an Keuschheit und die völlige Unkenntnis dessen, was Wahrhaftigkeit ist. Die geschlechtliche Laxheit des N*, die in der Zivilisation der *Weißen* als unmoralisch, ja sogar als kriminell betrachtet wird, mag in seiner ursprünglichen Heimat eine Tugend gewesen sein. Dort entwickelte die Natur starke sexuelle Leidenschaften in ihm, um die hohe Todesrate auszugleichen.«[499]

Collins nimmt seine Zuflucht zu pseudobiologischen Argumenten, während Brownmiller, Russell und MacKellar Umwelteinflüsse bemühen, aber letztendlich kommen sie alle in ihrer Analyse zu dem gleichen Ergebnis, dass Schwarze Männer in besonders starkem Maße motiviert seien, sexuelle Gewalttätigkeiten an Frauen zu begehen.

Eine der frühesten theoretischen Arbeiten zum Thema Vergewaltigung und ›Rasse‹ im Rahmen der gegenwärtigen feministischen Bewegung ist Shulamith Firestones *The Dialectic of Sex: The Case for Feminist Revolution*. Der Rassismus sei als solcher, so behauptet Firestone, eigentlich eine Verlängerung des Sexismus. Ausgehend von der biblischen Vorstellung, dass »die Rassen nichts weiter als verschiedene Eltern und Geschwister der Menschenfamilie«[500] seien, entwickelt sie eine Konstruktion, worin sie den *weißen* Mann als Vater, die *weiße* Frau als Mutter und die Schwarzen als die Kinder bestimmt. Indem sie Freuds Theorie vom Ödipuskomplex auf die Ebene der ›Rassen‹ überträgt, unterstellt Firestone den Schwarzen Männern ein unkontrollierbares Verlangen nach sexuellen Beziehungen mit *weißen* Frauen, als wollten sie den Vater töten und mit der Mutter

499 Winfield H. Collins, The Truth About Lynching and the Negro in the South (In Which the Author Pleads that the South Be Made Safe for the White Race), New York 1918, S. 94–95.

500 Shulamith Firestone, The Dialectic of Sex: The Case for Feminist Revolution, New York 1971, S. 103. Dt. Übersetzung, Frauenbefreiung und sexuelle Revolution, Ffm 1981 (1975).

schlafen.[501] Außerdem müsse der Schwarze Mann, um »ein Mann zu werden«,

> »... die Bindung zur *weißen* Frau lösen, und er wird dann, wenn überhaupt, mit ihr nur noch Kontakt haben, um sie zu erniedrigen. Hinzu kommt, dass er – aufgrund seines bohrenden Hasses und seiner Eifersucht auf ihren Besitzer, den *weißen* Mann – nach ihr wie nach einem Objekt jagt, nur um diesem *Weißen* eins auszuwischen.«[502]

Wie Brownmiller, MacKellar und Russell erliegt auch Firestone der alten rassistischen Sophisterei, nach der das Opfer schuldig ist. Ob nun bewusst oder unbewusst, ihre Ausführungen haben die Wiederbelebung des schäbigen Mythos vom Schwarzen Vergewaltiger gefördert. Ferner hindert sie ihre geschichtliche Kurzsichtigkeit zu begreifen, dass die Charakterisierung des Schwarzen Mannes als Vergewaltiger die offene Aufforderung des Rassismus an die *weißen* Männer verstärkt, sich selbst der Körper der Schwarzen Frauen geschlechtlich zu bedienen. Das erdichtete Bild vom Schwarzen Mann als Vergewaltiger hat immer auch sein untrennbares Gegenstück verstärkt: Das Bild von der Schwarzen Frau als chronisch promiskuitiv. Hat sich erst die Vorstellung verfestigt, dass der Schwarze Mann unwiderstehlichen, tierhaften sexuellen Begierden ausgeliefert sei, so ist gleich die gesamte ›Rasse‹ mit dieser Bestialität behaftet. Wenn die Schwarzen Männer nach den *weißen* Frauen als Sexualobjekte gieren, dann müssen auch die Schwarzen Frauen die sexuellen Annäherungsversuche der *weißen* Männer begrüßen. Und da die Schwarzen Frauen als ›leichte Mädchen‹ und Huren gelten, entbehrt ihr Ruf nach Hilfe gegen Vergewaltigung folglich der nötigen Legitimation.

In den zwanziger Jahren erklärte ein bekannter Politiker aus den Südstaaten, dass es so etwas wie »ein anständiges Schwarzes Mädchen« über vierzehn Jahren nicht gäbe.[503] Wie sich herausstellte, hatte dieser *weiße* Mann zwei Familien: eine mit seiner *weißen* Ehefrau und eine mit einer Schwarzen. Walter White, ein hervorragender Kämpfer gegen die Lynchjustiz und Generalsekretär der NAACP, beschuldigte zu Recht diesen Mann, »... seine eigenen moralischen Verfehlungen erklären und entschuldigen

---

501 Ebd. S. 103 ff.
502 Ebd. S. 105.
503 Walter White, Rope and Faggot: A Biography of Judge Lynch, New York 1929, S. 66.

zu wollen, indem er die Immoralität der Frauen einer ›minderwertigen Rasse‹ betonte«[504].

Ein Schwarzer Schriftsteller der Gegenwart, Calvin Hernton, ist fatalerweise einer ähnlichen falschen Auffassung über die Schwarze Frau erlegen. In seiner Studie *Sex and Racism* beharrt er darauf, dass »… die N*in während der Sklaverei begann, ein sich selbst herabsetzendes Bild von sich zu entwickeln, nicht nur von sich als Frau, sondern auch von sich als Mensch«[505]. Nach Herntons Analyse wurde die N*in »durch die Erfahrung der unaufhörlichen sexuellen Unmoral im *weißen* Süden«

> »›promiskuitiv und flatterhaft‹ und konnte ›einfach genommen werden‹. So kam sie dazu, sich faktisch selbst so zu sehen, wie sie der Süden sah und behandelte, da sie keine andere Moral hatte, mit der sie ihre Weiblichkeit hätte ausstatten können.«[506]

Herntons Analyse durchdringt nirgends den ideologischen Schleier, der ein Resultat der Bagatellisierung der an den Schwarzen Frauen verübten sexuellen Gewalttätigkeiten ist. Er geht in die Falle, das Opfer für die grausame Strafe, die es jahrhundertelang gezwungen war zu ertragen, schuldig zu sprechen.

In der gesamten Geschichte dieses Landes haben schwarze Frauen ein kollektives Bewusstsein für ihre sexuelle Viktimisierung entwickelt. Sie haben auch erkannt, dass sie dem sexuellen Missbrauch an ihnen keinen ausreichenden Widerstand entgegensetzen können, wenn sie nicht gleichzeitig die betrügerischen Anklagen wegen Vergewaltigung als Vorwand für Lynchmorde bekämpfen. Das Vertrauen auf die Vergewaltigung als Instrumentarium des *weißen* patriarchalen Terrors ist einige Jahrhunderte älter als die Einrichtung der Lynchjustiz. Während der Sklaverei waren Lynchmorde an Schwarzen selten – aus dem einfachen Grund, dass die Sklavenbesitzer*innen nicht willens waren, ihren wertvollen Besitz zu zerstören. Sie peitschten, aber sie lynchten nicht. Zusammen mit der Auspeitschung war die Vergewaltigung eine furchtbar effiziente Methode, die Schwarzen Frauen wie auch ihre Schwarzen Männer in Schach zu halten. Sie war die routiniert angewandte Waffe der Unterdrückung.

504 Ebd.
505 Calvin Hernton, Sex and Racism in America, New York 1965, S. 125.
506 Ebd. S. 124.

In der Zeit vor dem Bürgerkrieg gab es Lynchmorde, überwiegend jedoch an *weißen* Abolitionisten, für die ja niemand bares Geld ausgegeben hatte. Nach William Lloyd Garrisons *Liberator* wurden in den beiden auf 1836 folgenden Jahrzehnten über dreihundert *weiße* Personen gelyncht.[507] Die Lynchmorde nahmen mit zunehmender Stärke und wachsendem Einfluss der Antisklavereikampagne zu.

> »Als die Sklavenhalter sahen, dass trotz ihrer verzweifelten Versuche, diese Kräfte in Schach zu halten, die Schlacht verloren ging, suchten sie umso mehr ihre Zuflucht bei Strick und Scheiterhaufen.«[508]

Walter White kommt zu dem Schluss: »... der Lynchmob betrat die Bühne als strammer Verteidiger der Profite der Sklavenhalter«[509].

Mit der *Emancipation* der Versklavten besaßen die Schwarzen für die ehemaligen Sklavenhalter keinen Marktwert mehr, und »... das Geschäft mit der Lynchjustiz wurde umgestaltet«[510]. Als Ida B. Wells die ersten Recherchen zu ihrer ersten Broschüre gegen die Lynchjustiz machte, die sie 1895 unter dem Titel *A Red Record* veröffentlichte, errechnete sie, dass in der Zeit von 1865 bis 1895 über zehntausend Lynchmorde verübt worden waren.

> »Es sind weder alle noch fast alle Morde, die während der vergangenen dreißig Jahre von *weißen* Männern verübt wurden, ans Licht gekommen, aber die Statistiken, die von *Weißen* erstellt und aufrechterhalten wurden und nicht bezweifelbar sind, zeigen, dass während dieser Jahre mehr als zehntausend N* ohne formelles Gerichtsurteil und eine gesetzliche Hinrichtung kaltblütig ermordet worden sind. Und als Beweis für die absolute Straflosigkeit, mit der der *weiße* Mann sich unterstehen kann, einen N* zu töten, belegen die gleichen Berichte, dass bis jetzt während all dieser Jahre und für all diese Morde nur drei *weiße* Männer angeklagt, schuldig gesprochen und hingerichtet worden sind. Da kein *weißer* Mann wegen Mordes an Schwarzen gelyncht worden ist, sind diese drei Hinrichtungen die einzigen Beispiele der Todesstrafe, die wegen der Ermordung von N* über *weiße* Männer verhängt worden ist.«[511]

507 White, a.a.O., S. 91.
508 Ebd. S. 92.
509 Ebd. S. 86.
510 Ebd. S. 94.
511 Ida 13. Wells-Barnett, On Lynching, New York 1969, S. 8.

In Verbindung mit diesen Lynchmorden und ihren zahllosen Barbareien wurde der Mythos vom Schwarzen Vergewaltiger heraufbeschworen. Er konnte nur innerhalb der irrationalen Welt der rassistischen Ideologie seine schreckliche Überzeugungskraft erlangen. Wie irrational dieser Mythos auch sein mag, er war keine plötzliche Verirrung. Im Gegenteil, der Mythos vom Schwarzen Vergewaltiger war eine klare politische Erfindung. Wie Frederick Douglass hervorhebt, wurden während der Sklaverei die Schwarzen Männer nicht pauschal als Vergewaltiger bezeichnet. Den gesamten Bürgerkrieg hindurch gab es tatsächlich keinen einzigen Schwarzen Mann, der wegen der Vergewaltigung einer *weißen* Frau öffentlich angeklagt worden wäre.[512] Wenn die Schwarzen einem animalischen Drang zur Vergewaltigung ausgeliefert wären, legt Douglass dar, dann wären doch sicher diese mutmaßlichen Vergewaltigungsinstinkte aktiviert worden, als die *weißen* Frauen allein und schutzlos waren, während ihre Männer in der konföderierten Armee kämpften.

Auch in der Zeit unmittelbar nach dem Bürgerkrieg erschien das drohende Gespenst des Schwarzen Vergewaltigers noch nicht auf der Bühne der Geschichte. Inzwischen hatte sich jedoch die Lynchjustiz, die während der Sklaverei nur den *weißen* Abolitionisten galt, als eine politisch wertvolle Waffe erwiesen. Bevor die Lynchjustiz als eine allgemein akzeptierte Einrichtung etabliert werden konnte, mussten ihre barbarischen Schrecken überzeugend gerechtfertigt werden. Dies waren die Umstände, unter denen der Mythos vom Schwarzen Vergewaltiger ausgeheckt wurde, denn die Verdächtigung als Vergewaltiger hatte sich als überzeugendster unter allen Rechtfertigungsversuchen für den Lynchmord an Schwarzen erwiesen. Die Lynchjustiz, die ihrerseits durch fortgesetzte Vergewaltigung von Schwarzen Frauen ergänzt wurde, entwickelte sich zu einem wesentlichen Bestandteil der Nachkriegsstrategie des rassistischen Terrors. Auf diesem Wege war die brutale Ausbeutung der Schwarzen gewährleistet und ihre politische Beherrschung nach dem Verrat an der Idee der Reconstruction (dem Wiederaufbau der Vereinigten Staaten nach dem Bürgerkrieg und der Abschaffung der Sklaverei) gesichert.

Während der ersten großen Lynchwelle gab es bezeichnenderweise jene Propaganda, die zur Verteidigung der *weißen* Frau vor den ununterdrückba-

512 Frederick Douglass, »The Lesson of the Hour« (Flugblatt von 1894), Wiederabdruck unter dem Titel »Why is the Negro Lynched« in Foner, The Life and Writings of Frederick Douglass, Bd. 4, S. 498–499.

ren Vergewaltigungsinstinkten des Schwarzen Mannes aufrief, noch nicht. Wie Frederick Douglass beobachtete, wurde das ungesetzliche Töten von Schwarzen meist als Präventivmaßnahme beschrieben, um einen Aufstand der Schwarzen Massen zu verhindern.[513]

In dieser Zeit war die politische Funktion der Bandenmorde noch nicht verdeckt. Die Lynchjustiz war eine unverhohlene Vorbeugemaßnahme, um zu gewährleisten, dass die Schwarzen ihre Bürgerrechte und die ökonomische Gleichheit nicht erreichten. »Während dieser Zeit«, hebt Douglass hervor,

> »... wurde zur Rechtfertigung der Morde an N* angegeben, es gäbe N*konspirationen, N*aufstände, N*pläne, alle *Weißen* zu ermorden, N*absichten, die Stadt niederzubrennen und überhaupt gewalttätig zu werden ..., aber niemals wurde von Angriffen der N* gegen *weiße* Frauen und Kinder gesprochen oder auch nur geflüstert.«[514]

Später, nachdem sich all diese Konspirationen, Komplotte und Erhebungen als Hirngespinste erwiesen hatten, wurde die öffentliche Rechtfertigung der Lynchjustiz modifiziert. Erst in der Zeit nach 1872, in den Jahren des Aufstiegs von Selbstjustiz-Gruppen wie dem Ku-Klux-Klan und den *Knights of the White Camellia*, wurde ein neuer Vorwand ausgeheckt. Die Lynchmorde wurden als eine notwendige Maßnahme gegen eine Schwarze Vorherrschaft über die *Weißen* dargestellt – mit anderen Worten, für die Sicherung der *weißen* Vorherrschaft.[515]

Nach dem Verrat an der Idee der Reconstruction, der noch vom Entzug des Wahlrechts für Schwarze flankiert wurde, war das Gespenst der Schwarzen Vorherrschaft als Vorwand für die Lynchjustiz überholt. Mit der Herausbildung der Struktur der Nachkriegswirtschaft und der Verfestigung der verschärften Ausbeutung der Schwarzen stieg die Anzahl der Lynchmorde trotzdem weiterhin kontinuierlich an. Frederick Douglass' Erklärung der politischen Motive, die der Herausbildung des Mythos vom Schwarzen Vergewaltiger zugrunde lagen, ist die glänzende Analyse eines sich neuen historischen Bedingungen anpassenden ideologischen Prozesses.

---

513 Ebd. S. 501.
514 Ebd.
515 Ebd.

»Die Zeiten haben sich geändert, und die Ankläger der N* haben es für nötig befunden, sich mit ihnen zu ändern. Um sich diesen neuen Zeiten anzupassen, sind sie gezwungen, sich neue Anklagen auszudenken. Die alten Beschuldigungen greifen nicht mehr. Mit ihnen ist die gute Meinung des Nordens und der Menschheit nicht mehr zu haben. Ehrliche Leute glauben nicht länger, dass es irgendeinen Grund zur Furcht vor der Vorherrschaft der N* gibt. Die Zeiten und die Ereignisse haben diese alten Zufluchtsstätten der Lügen hinweggefegt. Sie waren einst mächtig. Sie leisteten ihre Arbeit zu ihrer Zeit mit furchtbarer Kraft und Wirkung, aber jetzt werden sie als unnütz beiseite geworfen. Die Lüge hat ihre Fähigkeit zu täuschen verloren. Die veränderten Bedingungen haben eine härtere, stärkere und wirksamere Rechtfertigung der Barbarei der Südstaaten notwendig gemacht, und seitdem müssen wir nach meiner Theorie mit einer noch schockierenderen und verheerenderen Anklage rechnen, als es die der Vorherrschaft der N* oder die der N*-Aufstände war.«[516]

Diese »noch schockierendere und verheerendere Anklage« lautete selbstverständlich auf Vergewaltigung. Die Lynchjustiz wurde nun als eine Maßnahme dargestellt und begründet, mit der Anschläge Schwarzer Männer auf *weiße* Frauen in den Südstaaten gerächt würden. Ein Apologet der Lynchjustiz beharrte darauf, dass es notwendig sei, einen Weg zu finden, um »... außerordentlichen Bedingungen mit außerordentlichen Mitteln zu begegnen – deshalb die Lynchjustiz, um die N* im Süden in Schach zu halten«[517].

Obwohl der Mehrheit der Lynchmorde noch nicht einmal die Beschuldigung der Vergewaltigung zugrunde lag, wurde der rassistische Aufschrei über Vergewaltigungen eine weit verbreitete Erklärung, die wesentlich effektiver war als die beiden vorherigen Versuche, Gewalttätigkeiten des Mobs gegen die Schwarze Bevölkerung zu rechtfertigen. In einer Gesellschaft, die ganz und gar von der männlichen Vorherrschaft durchdrungen war, wurden Männern, die sich von ihrer Pflicht leiten ließen, ihre Frauen zu verteidigen, alle Exzesse, die sie dabei begehen könnten, verziehen. Dass ihre Motive lauter waren, galt als eine ausreichende Rechtfertigung der daraus entstehenden Barbareien. So erklärte zu Anfang dieses Jahrhunderts der Senator Ben Tillman aus South Carolina seinen Kollegen in Washington:

516 Ebd. S. 502.
517 Collins, a.a.O., S. 58

»Wenn Männer mit strenger und trauriger Miene eine Kreatur in Menschengestalt töten, die eine *weiße* Frau entjungfert hat, dann haben sie das schlimmste Unrecht, das schwärzeste Verbrechen gerächt …«[518]

Solche Verbrechen, sagte er, führten dazu, dass zivilisierte Männer »… in den ursprünglichen Typus des Wilden zurückfallen, dessen Instinkt unter diesen Umständen schon immer ›töten, töten, töten‹ forderte«[519].

Die Auswirkungen dieses neuen Mythos waren enorm. Nicht nur, dass die Opposition gegen einzelne Lynchfälle erstickt wurde – wer sollte es schon wagen, einen Vergewaltiger zu verteidigen? –, sondern die Unterstützung der *Weißen* für die Gleichheit der Schwarzen überhaupt begann zu schwinden. Der größten Massenorganisation *weißer* Frauen am Ende des neunzehnten Jahrhunderts, der *Women's Christian Temperance Union* stand eine Frau vor, die Schwarze Männer öffentlich wegen vorgeblicher Angriffe auf *weiße* Frauen verunglimpfte. Nicht nur das, Frances Willard ging sogar so weit, die Schwarzen Männer als dem Alkohol besonders zugeneigt zu charakterisieren, was wiederum ihren angeblichen instinktiven Drang zur Vergewaltigung verstärkte.

»Der Schnapsladen ist das Zentrum der Macht des N*. Besseren Whisky, und mehr davon, ist der gemeinsame Ruf des großen dunkelgesichtigen Mobs. Die schwarze Rasse vermehrt sich wie die Heuschrecken in Ägypten. Der Schnapsladen ist das Zentrum ihrer Macht. Die Sicherheit der Frauen, der Kinder, des Heimes ist an tausend Orten in diesem Moment bedroht, sodass es die Männer nicht mehr wagen, außer Sichtweite ihrer Dachfirste zu gehen.«[520]

Die Charakterisierung der Schwarzen Männer als Vergewaltiger brachte in die Reihen der fortschrittlichen Bewegung eine unglaubliche Konfusion. Frederick Douglass und Ida B. Wells heben in ihren jeweiligen Analysen hervor, dass, nachdem der propagandistische Aufschrei über Vergewaltigungen zu einer legitimen Entschuldigung für die Lynchjustiz geworden war, die früheren *weißen* Fürsprecher*innen der Gleichheit der Schwarzen sich zunehmend scheuten, den Befreiungskampf des ›Schwarzen Volkes‹ zu unterstützen. Sie verhielten sich entweder still oder sie sprachen sich wie z.B. Frances Willard aggressiv gegen die den Schwarzen Männern

518 Gager and Schnurr, a.a.O., S. 163.
519 Ebd.
520 Wells-Barnett, On Lynching, S. 59.

in verleumderischer Absicht zugeschriebenen Verbrechen aus. Douglass beschreibt den katastrophalen Einfluss dieses konstruierten Vorwurfs der Vergewaltigung auf die Bewegung für die Gleichheit der Schwarzen im Allgemeinen:

> »Er hat die Freunde (des N*) kühl werden lassen; er hat seine Feinde erhitzt und zu Hause wie in Übersee gewissermaßen die großartigen Bemühungen angehalten, die gute Menschen zu seiner Entwicklung und Verbesserung eingeleitet hatten. Er hat seine Freunde im Norden und viele gute Freunde im Süden getäuscht, denn fast alle haben bis zu einem gewissen Grad diese Anklage gegen den N* als wahr akzeptiert.«[521]

Was war die Realität, die hinter diesem furchtbar einflussreichen Mythos steckte? Es gab sicherlich einige Beispiele für die Vergewaltigung von *weißen* Frauen durch Schwarze Männer. Aber die Anzahl der tatsächlich verübten Vergewaltigungen war gegenüber der generellen Annahme, die der Mythos beinhaltete, unverhältnismäßig gering. Wie schon angedeutet, ist während des gesamten Bürgerkrieges kein einziger Fall von Vergewaltigung einer *weißen* Frau durch einen Versklavten dokumentiert worden. Während faktisch alle *weißen* Südstaatler an der Front waren, wurde auch nicht ein Schrei über Vergewaltigung laut. Frederick Douglass führt an, dass die Vergewaltigungsanklage gegen die Schwarzen Männer als solche schon aus dem einfachen Grund nicht glaubwürdig sein konnte, weil sie eine radikale und plötzliche Veränderung der Mentalität und des Charakters der Schwarzen vorausgesetzt hätte.

> »Die Geschichte zeigt uns kein einziges Beispiel einer so extremen, unnatürlichen und vollständigen Transformation des Charakters irgendeiner Klasse von Menschen, wie es diese Anklage unterstellt. Dafür ist der Unterschied zu groß und der Zeitraum zu kurz.«[522]

Sogar die Umstände der meisten Lynchmorde widersprachen dem Mythos vom Schwarzen Vergewaltiger. Die Mehrheit dieser Bandenmorde war gar nicht mit der Beschuldigung der Vergewaltigung verbunden.

Obwohl das Geschrei über Vergewaltigungen die populäre Rechtfertigung der Lynchjustiz im Allgemeinen war, fanden die meisten Lynchmorde aus anderen Gründen statt. In einer Studie der *Southern Commission on*

---

521 Foner, Life and Writings of Frederick Douglass, Bd. 4, S. 503.
522 Ebd. S. 499.

the Study of Lynching von 1931 wurde offengelegt, dass zwischen 1889 und 1929 tatsächlich nur ein Sechstel der Lynchopfer der Vergewaltigung beschuldigt wurde; 37,7 Prozent wurden des Mordes beschuldigt, 5,8 Prozent verbrecherischer Überfälle, 7,1 Prozent des Diebstahls, 1,8 Prozent der Beleidigung einer *weißen* Frau und 24,2 Prozent diverser Vergehen – wovon die meisten erstaunlich alltäglicher Natur waren. Nach dem Zahlenmaterial der Kommission wurden 16,7 Prozent der Lynchopfer der Vergewaltigung bezichtigt und 6,7 Prozent der versuchten Vergewaltigung.[523]

Ohne Rücksicht darauf, dass ihre Argumente von den Tatsachen widerlegt wurden, behaupteten die meisten Apologet*innen der Lynchjustiz, dass es allein die Pflicht der *weißen* Männer zur Verteidigung ihrer Frauen sei, die sie zu derart grausamen Angriffen gegen die Schwarzen bewegen könnte. In der *North American Review* von 1904 bürdete Thomas Nelson Paige die gesamte Last der Lynchjustiz den Schwarzen Männern und ihrem unkontrollierten Drang zu Sexualverbrechen auf.

> »Das Verbrechen des Lynchens wird nicht eher aufhören, als bis das Verbrechen der Vergewaltigung und des Mordes an Frauen und Kindern ein geringeres Ausmaß als jetzt angenommen hat. Und da dieses Verbrechen fast ganz auf die Rasse der N* beschränkt ist, wird es sich so lange nicht sonderlich verringern, als bis es die N* selbst in die Hand nehmen und zertreten.«[524]

Und die *weißen* Männer im Süden, sagte Ben Tillman im US-Senat, »würden sich nicht damit abfinden, dass (der N*) seine Lust an unseren Frauen und Töchtern befriedigt, ohne ihn zu lynchen«[525].

1892, als Tillman Gouverneur von South Carolina war, erklärte er an der Stelle, wo acht Schwarze Männer gehängt worden waren, dass er selbst eine Bande anführen würde, um einen Schwarzen Mann zu lynchen, der es wagen sollte, eine *weiße* Frau zu vergewaltigen. In seiner Amtszeit als Gouverneur lieferte er einen Schwarzen an den *weißen* Mob aus, obwohl die *weiße* Frau, die ihre Vergewaltigung vorgetäuscht hatte, den Schwarzen öffentlich vom Vorwurf der Vergewaltigung freisprach.[526]

---

523 Lynchings and What They Mean, General Findings of the Southern Commission on the Study of Lynching, Atlanta 1931, S. 19.
524 Zitiert in Lerner, Black Women in White America, S. 205–206.
525 Franklin und Starr, a.a.O., S. 67.
526 Wells-Barnett, On Lynching, S. 57.

Die Kolonialisierung der Wirtschaft in den Südstaaten durch die Kapitalisten des Nordens gab der Lynchjustiz den stärksten Impuls. Wenn die Schwarzen innerhalb der wachsenden Reihen der Arbeiterklasse durch Terror und Gewalttätigkeit die am schlimmsten ausgebeutete Gruppe blieben, so bedeutete das, dass die Kapitalisten in den Genuss eines doppelten Vorteils kamen. Aus der verschärften Ausbeutung der Arbeit der Schwarzen konnte man Extraprofite ziehen, und außerdem konnte die Feindseligkeit der *weißen* Arbeiter gegen ihre Herren entschärft werden. Die *weißen* Arbeiter, die die Lynchjustiz billigten, nahmen zwangsläufig eine Haltung der ›Rassen-Solidarität‹ mit den *weißen* Männern an, die in Wirklichkeit ihre Unterdrücker waren. Dies war der kritische Punkt in der Popularisierung der rassistischen Ideologie.

Wenn die Schwarze Bevölkerung den Status der politischen und wirtschaftlichen Minderwertigkeit einfach akzeptiert hätte, wären vielleicht die Morde durch den *weißen* Mob zurückgegangen. Da sich aber die breite Masse der ehemaligen Versklavten weigerte, ihre Träume vom Fortschritt zu verwerfen, geschahen während der drei Jahrzehnte nach dem Krieg über zehntausend Lynchmorde.[527] Wer immer die ›Rassen-Hierarchie‹ anzweifelte, wurde zum potenziellen Opfer des Mobs. Die endlose Liste der Toten enthielt schließlich jede Art von Auflehnung – vom Schwarzen Geschäftsmann, der erfolgreich war, über den Arbeiter, der mehr Lohn verlangte, bis zu all denen, die sich nicht ›boy‹ nennen ließen, und den stolzen Schwarzen Frauen, die sich dem sexuellen Missbrauch durch *weiße* Männer widersetzten. Die öffentliche Meinung war aber schon geprägt, und es galt als selbstverständlich, dass die Lynchjustiz eine gerechte Antwort auf die Sexualverbrechen an *weißen* Frauen war. Aber eine wichtige Frage wurde nicht gestellt: Was war mit den vielen Frauen, die gelyncht wurden – und mitunter vergewaltigt, bevor sie vom Mob getötet wurden. Ida B. Wells nennt

> »… den furchtbaren Fall der Frau aus San Antonio, Texas, die in ein Fass gesteckt wurde, durch dessen Seiten Nägel getrieben waren, und die den Berg hinuntergerollt wurde, bis sie tot war.«[528]

Der Chicago *Defender* veröffentlichte am 18. Dezember 1915 diesen Artikel mit dem Titel »Vergewaltigung und Lynchmord an N*mutter«:

527 Ebd. S. 8.

528 Wells, Crusade for Justice, S. 218.

»Columbus, Miss., 17. Dez. – Donnerstag vor einer Woche wurde Cordella Stevenson am frühen Morgen an einem Baum aufgehängt gefunden, ohne Bekleidung, tot ... Sie war dort in der Nacht erhängt worden, nachdem eine blutrünstige Menge in ihre Wohnung gekommen war, sie aus dem Schlaf gerissen und ohne Widerstand durch die Straßen geschleift hatte. Sie schleppten sie an einen weit entfernten Platz, verrichteten ihren Schmutz und hängten sie dann auf.«[529]

Bedenkt man die zentrale Rolle, die die Erfindung des Schwarzen Vergewaltigers in der Herausbildung des Nachkriegsrassismus spielte, so ist es bestenfalls unverantwortliches Theoretisieren, die Schwarzen Männer als die häufigsten Sittlichkeitsverbrecher darzustellen. Schlimmstenfalls ist es ein Angriff gegen die Gesamtheit der Schwarzen, denn mit dem mythischen Vergewaltiger korrespondiert die mythische Hure. Die Schwarzen Frauen erkannten, dass die Beschuldigung der Vergewaltigung ein Angriff gegen die gesamte Schwarze Gemeinschaft war, und übernahmen in der Anti-Lynch-Bewegung schnell die Führung. Ida B. Wells war die treibende Kraft in der Kampagne gegen die Lynchjustiz, die viele Jahrzehnte andauern sollte. 1892 wurden drei Freunde dieser Zeitungsverlegerin in Memphis, Tennessee, vom rassistischen Mob umgebracht, weil das Geschäft, das sie in ihrer Schwarzen Nachbarschaft eröffnet hatten, dem Geschäft eines *Weißen* erfolgreich Konkurrenz machte. Ida B. Wells prangerte in ihrer Zeitung *The Free Speech* diese Lynchmorde unverzüglich an. Drei Monate später, während sie auf einer Reise nach New York war, wurden die Verlagsräume ihrer Zeitung bis auf den Grund niedergebrannt. Selbst von der Lynchjustiz bedroht, entschloss sie sich, im Osten zu bleiben und »... der Welt zum ersten Mal die wahre Geschichte der Lynchmorde an N*, die an Zahl und an Schrecken zunehmen«[530], zu erzählen.

Wells' Artikel im *New York Age* veranlassten Schwarze Frauen, für sie eine Unterstützungskampagne zu organisieren, die im Laufe der Zeit zur Bildung der Schwarzen Frauenklubs führte.[531] Das Ergebnis ihrer bahnbrechenden Bemühungen war, dass sich Schwarze Frauen im ganzen Land aktiv an der Anti-Lynch-Kampagne beteiligten. Ida B. Wells fuhr selbst von Stadt zu Stadt und richtete Appelle an Minister, an Angehörige der freien Berufe

529 Ralph Ginzburg, One Hundred Years of Lynchings, New York 1969, S. 96.
530 Wells, Crusade for Justice, S. 63.
531 Siehe Kapitel 8.

und an Arbeiter gleichermaßen, sich gegen die Gräuel der Lynchjustiz laut und deutlich auszusprechen. Aufgrund ihrer Reisen in Übersee entstand in Großbritannien eine bedeutende Solidaritätsbewegung, die einen bemerkenswerten Einfluss auf die öffentliche Meinung in den Vereinigten Staaten hatte. Ihr Erfolg war so groß, dass sie sich den Zorn der *New York Times* zuzog. Dieser bösartige Leitartikel erschien 1904 nach Wells' Englandreise:

> Schon am Tag nach Miss Wells' Rückkehr in die Vereinigten Staaten griff ein N* in New York City eine *weiße* Frau an, um seine Lust zu befriedigen und sie auszurauben ... Die Umstände dieses teuflischen Verbrechens mögen dazu dienen, diese halbschwarze Missionarin zu überzeugen, dass die Verbreitung ihrer Theorie über die Gräueltaten an N* im jetzigen Augenblick in New York zumindest nicht opportun ist.«[532]

Mary Church Terrell, die erste Präsidentin der *National Association of Colored Women* war eine weitere hervorragende Persönlichkeit im Kampf gegen die Lynchjustiz. 1904 antwortete sie auf Thomas Nelson Paiges feindseligen Artikel »Das Lynchen der N* – Ursachen und Verhütung«. In der *North American Review*, wo Paiges Artikel erschienen war, veröffentlichte sie einen Aufsatz unter dem Titel »Die Lynchjustiz aus der Sicht eines N*«. Mit zwingender Logik widerlegte Terrell systematisch Paiges Rechtfertigung der Lynchjustiz als verständliche Reaktion auf angebliche sexuelle Angriffe gegen *weiße* Frauen.[533]

Dreißig Jahre, nachdem Ida B. Wells die Anti-Lynch-Kampagne initiiert hatte, entstand die Organisation *Anti-Lynching Crusaders*. 1922 unter der Leitung der NAACP und dem Vorsitz von Mary Talbert gegründet, war ihr Zweck, eine integrierte Frauenbewegung gegen die Lynchjustiz aufzubauen.

> »Was wird Mary Talbert als nächstes tun? Was werden die Schwarzen Frauen Amerikas unter ihrer Führung als nächstes tun? Von Schwarzen Frauen ist eine Organisation auf die Beine gestellt worden, die bis Dezember 1922 *eine Million Frauen* aus allen Bereichen und jeder Hautfarbe gegen die Lynchjustiz vereinen will.
> Vorsicht, Mr. Lyncher!
> Diese Klasse von Frauen bekommt gewöhnlich, was sie haben will.«[534]

532 Wells, Crusade for Justice, S. 218.
533 Lerner, Black Women in White America, S. 205–211.
534 Ebd. S. 215.

Es war nicht das erste Mal, dass die Schwarzen Frauen die Hände nach ihren *weißen* Schwestern ausstreckten. Sie kämpften in der Tradition solcher, in die Geschichte eingegangenen, Gigantinnen wie Sojourner Truth und Frances E. W. Harper. Ida B. Wells hatte wie ihre Zeitgenossin Mary Church Terrell an die *weißen* Frauen persönlich appelliert. Und die Schwarzen Klubfrauen hatten kollektiv versucht, die *weiße* Frauenklubbewegung zu überzeugen, einen Teil ihrer Kräfte der Kampagne gegen die Lynchjustiz zur Verfügung zu stellen.

Die *weißen* Frauen antworteten auf diese zahlreichen Appelle erst, als sich 1930 unter dem Vorsitz von Jessie Daniel Ames die *Association of Southern Women for the Prevention of Lynching* bildete.[535] Die Vereinigung legte ausführlich dar, dass sie die Behauptung, die Lynchjustiz sei zum Schutz der Frauen in den Südstaaten notwendig, ablehnte:

> »Das Programm der Südstaatlerinnen hat zum Ziel, die Behauptung, dass die Lynchjustiz zu ihrem Schutz notwendig sei, als falsch zu entlarven und die wahre Gefahr der Lynchjustiz für Heim und Religion zu beschwören.«[536]

Die kleine Gruppe von Frauen auf der Zusammenkunft in Atlanta, der Gründungsversammlung der Vereinigung, diskutierte die Rolle der *weißen* Frau bei den Lynchmorden der jüngsten Vergangenheit. Wie sie hervorhoben, waren bei den Zusammenrottungen gewöhnlich Frauen anwesend, und in einigen Fällen waren sie sogar ein aktiver Teil des Mobs. Außerdem indoktrinierten diejenigen Frauen, die ihre Kinder Augenzeugen der Morde an Schwarzen werden ließen, diese mit den rassistischen Auffassungen des Südens. Walter White meinte in seiner Untersuchung über die Lynchjustiz, die ein Jahr vor dem Frauen-Treffen herauskam, eine der schlimmsten Folgen dieser Morde durch den Mob sei, dass die Seelen der *weißen* Kinder in den Südstaaten verdorben würden. Als White zur Untersuchung eines Lynchmordes nach Florida reiste, erzählte ihm ein neun- bis zehnjähriges Mädchen von dem »Spaß, den wir beim Verbrennen der N* hatten«[537].

Jessie Daniel Ames und die anderen Gründerinnen der *Association of Southern Women for the Prevention of Lynching* beschlossen 1930, die *weißen* Südstaatlerinnen massenhaft für die Bewegung zu werben, um dem

---

535 Siehe Jessie Daniel Ames, The Changing Character of Lynching, 1931–1941, New York 1973.

536 Ebd. S. 19.

537 White, a.a.O., S. 3.

rassistischen Mob, der auf das Töten von Schwarzen aus war, das Handwerk zu legen. Tatsächlich brachten sie über vierzigtausend Unterschriften unter das Gelöbnis der Vereinigung:

> »Wir erklären, dass das Lynchen ein unentschuldbares Verbrechen ist, zerstörerisch für alle Prinzipien von Regierung, abscheulich und feindlich gegenüber jedem Ideal der Religion und Humanität, verderblich und erniedrigend für jede darin verwickelte Person. ... Die öffentliche Meinung hat allzu leicht die Behauptung der Lyncher und Gangster akzeptiert, dass sie nur zur Verteidigung der Frau so handelten. Angesichts der Tatsachen wagen wir es nicht, diese Behauptung länger unangefochten stehen zu lassen, noch erlauben wir jenen, die aus persönlicher Rache und Barbarei nicht davon ablassen wollen, im Namen der Frauen Akte der Gewalt und Gesetzlosigkeit zu begehen. Wir geloben feierlich, für eine neue öffentliche Meinung im Süden zu wirken, die die Handlungen des Pöbels und der Lyncher, was immer ihre Gründe seien, unverzeihlich macht. Wir werden unsere Kinder zu Hause, in der Schule und in der Kirche eine neue Auslegung des Rechts und der Religion lehren; wir werden allen Personen des öffentlichen Lebens helfen, ihre Amtseide zu halten, und schließlich werden wir uns mit jedem Minister, jeder Redakteur*in, Schullehrer*in und patriotischen Bürger*in in einem Erziehungsprogramm verbinden, um die Lynchjustiz und den Mob für immer aus unserem Lande zu tilgen.«[538]

Diese mutigen *weißen* Frauen stießen auf Widerspruch, Feindseligkeiten und auch auf die physische Bedrohung ihres Lebens. Ihr Beitrag war innerhalb des gesamten Kreuzzuges gegen das Lynchen von unschätzbarem Wert. Ohne ihre nicht abreißenden Unterschriftensammlungen, ihre Briefkampagnen, ihre Versammlungen und Demonstrationszüge wäre die Flut der Lynchmorde nicht so schnell zurückgegangen. Trotzdem war die *Association of Southern Women for the Prevention of Lynching* eine Bewegung, die rund vierzig Jahre zu spät kam. Denn die Schwarzen Frauen hatten schon vierzig und mehr Jahre die Anti-Lynch-Kampagne geführt und ebenso lange an ihre *weißen* Schwestern appelliert, sich mit ihnen zu verbinden. Eine der wesentlichen Schwächen von Susan Brownmillers Arbeit zur Vergewaltigung ist die absolute Missachtung der Pionierarbeit der Schwarzen Frauen in der Anti-Lynch-Bewegung. Während Brownmiller zu Recht Jessie Daniel Ames und die *Association of Southern Women for the*

538 Arnes, a.a.O., S. 64.

Prevention of Lynching lobt, streift sie Ida B. Wells, Mary Church Terrell oder Mary Talbert und die *Anti-Lynching Crusaders* nicht einmal beiläufig.

Während die *Association of Southern Women for the Prevention of Lynching* eine späte Antwort auf die Appelle ihrer Schwarzen Schwestern war, illustrieren die weitreichenden Leistungen dieser Frauen auf dramatische Weise die Funktion der *weißen* Frau im Kampf gegen den Rassismus. Als Mary Talbert und ihre *Anti-Lynching Crusaders* sich an die *weißen* Frauen wandten, glaubten sie, dass die *weißen* Frauen sich durch die eigene Erfahrung der Unterdrückung eher mit der Sache der Schwarzen identifizieren könnten. Überdies diente die Lynchjustiz selbst, dieses furchtbare Werkzeug des Rassismus, auch zur Stärkung männlicher Dominanz.

> »Wirtschaftliche Abhängigkeit, ausschließlich Zugang zu ›feinen, kultivierten, weiblichen‹ Beschäftigungen, geistige Betätigung auf keinem anderen Feld als dem des häuslichen Lebens – alle diese vom Mann auferlegten Restriktionen haben auf den Frauen im Süden schwerer gelastet und sind rigider aufrechterhalten worden als in irgendeinem anderen Teil des Landes.«[539]

Während des gesamten Kreuzzuges gegen die Lynchjustiz hatten die Kritiker*innen der rassistischen Manipulation der Vergewaltigungsanklage nicht die Absicht, jene einzelnen Schwarzen Männer zu entschuldigen, die tatsächlich ein solches Sexualverbrechen begangen hatten. Schon 1894 warnte Frederick Douglass, dass seine Erklärungen gegen den Mythos vom Schwarzen Vergewaltiger nicht als eine Verteidigung der Vergewaltigung an sich zu verstehen seien:

> »Ich behaupte nicht, dass N* Heilige oder Engel sind. Ich leugne nicht, dass sie des Verbrechens, dessen sie beschuldigt werden, fähig wären, jedoch bestreite ich aufs Äußerste, dass sie mehr als jede andere Art der menschlichen Familie zur Begehung eines solchen Verbrechens neigen ... Ich bin nicht der Verteidiger irgendeines dieses scheußlichen Verbrechens schuldigen Mannes, sondern der Verteidiger der Schwarzen als Klasse.«[540]

Das Wiedererstarken des Rassismus nach 1970 wurde von der Wiederauferstehung des Mythos vom Schwarzen Vergewaltiger begleitet. Unglücklicherweise ist dieser Mythos wiederholt durch *weiße* Frauen legitimiert worden, die sich dem Kampf gegen Vergewaltigungen verschrieben haben.

---

539 White, a.a.O., S. 159.

540 Foner, Life and Writings of Frederick Douglass, Bd. 4, S. 496.

Man bedenke z.B. den abschließenden Absatz des Kapitels »Eine Frage der Rasse« in dem genannten Buch von Brownmiller:

> »Heute muss das Auftreten der vollzogenen Vergewaltigung in Verbindung mit der ständig drohenden Figur des Vergewaltigers in der Vorstellung – insbesondere der mythischen Figur des Schwarzen Vergewaltigers, zu dessen Existenz der Schwarze im Namen seiner Männlichkeit heutzutage beiträgt – als ein Kontrollmechanismus gegen die Freiheit, die Beweglichkeit und gegen die Bestrebungen aller Frauen, *weiß* oder Schwarz, verstanden werden. Die Kreuzung der Wege von Rassismus und Sexismus musste zu einem gewalttätigen Treffpunkt werden. Es hat keinen Sinn, so zu tun, als sei dem nicht so.«[541]

Brownmillers provokatorische Verdrehung solcher historischen Fälle wie dem der ›Neun von Scottsboro‹, Willie McGees und Emmet Tills sind dazu angetan, jede Sympathie für die Schwarzen, die Opfer betrügerischer Vergewaltigungsanklage wurden, im Keim zu ersticken. Im Fall von Emmett Till fordert sie unmissverständlich zu der Schlussfolgerung auf, dass dieser vierzehnjährige Junge, weil er einer *weißen* Frau nachgepfiffen hatte, wahrscheinlich eine andere *weiße* Frau mit Erfolg vergewaltigt hätte, wenn er nicht in den Kopf geschossen und in den Tallahatchie-Fluss geworfen worden wäre.

Brownmiller versucht ihren Leser*innen einzureden, dass die absurden und vorsätzlich reißerischen Worte von Eldridge Cleaver – der die Vergewaltigung einen »revolutionären Akt« gegen die »weiße Gesellschaft« nannte – repräsentativ seien. Es scheint, als wolle sie absichtlich in den Köpfen ihrer Leser*innen ganze Armeen von Schwarzen Männern aufmarschieren lassen, die mit erigiertem Penis und Volldampf voraus auf die nächstbeste *weiße* Frau zustürzen. In den Reihen dieser Armee marschieren der Geist von Emmett Till, der Vergewaltiger Eldridge Cleaver und Imwuu Baraka, der einst schrieb: »Komm herauf, Schwarzer Dadanihilismus. Vergewaltige die *weißen* Mädchen. Vergewaltige ihre Väter. Schneide ihren Müttern die Kehle durch.« Brownmiller geht jedoch noch weiter. Sie bezieht nicht nur Männer wie Calvin Hernton ein – dessen Buch eindeutig sexistisch ist –, sondern auch u. a. George Jackson, der nie versucht hat, die Vergewaltigung zu rechtfertigen. In Eldridge Cleavers Theorie, so behauptet sie,

541 Brownmiller, a.a.O., S. 255.

»… spiegelt sich die Denkungsart der Schwarzen männlichen Intellektuellen und Schriftsteller wider, die Ende der Sechzigerjahre ziemlich in Mode kam und mit erstaunlichem Enthusiasmus von den *weißen* männlichen Radikalen und Teilen des *weißen* intellektuellen Establishments als eine durchaus akzeptable Entschuldigung für die Vergewaltigungen seitens Schwarzer Männer aufgenommen wurde.«[542]

Susan Brownmillers Diskussion über Vergewaltigung und ›Rasse‹ legt eine unglaubliche Parteinahme an den Tag, die an Rassismus grenzt. Unter dem Vorwand, alle Frauen zu verteidigen, zieht sie sich mitunter auf einen Standpunkt zurück, von dem aus sie, ohne Rücksicht auf die Konsequenzen, die besondere Sache der *weißen* Frau vertritt. Ein aufschlussreiches Beispiel hierfür ist ihre Untersuchung des Falles der Neun von Scottsboro. Wie Brownmiller selbst betont, mussten diese Männer, die der Vergewaltigung angeklagt und schuldig gesprochen worden waren, viele Jahre ihres Lebens im Gefängnis verbringen, weil zwei Frauen im Zeugenstand Meineide geschworen hatten. Trotzdem hat sie nichts als Verachtung für diese Schwarzen Männer und die Bewegung zu ihrer Verteidigung über. Ihre Sympathie gilt allein den zwei *weißen* Frauen.

»Die Linke focht hart für ihr Symbol der rassistischen Ungerechtigkeit und machte wundersame Helden aus einer Handvoll pathetischer, kaum des Lesens mächtiger Burschen, die in die Mühlen der Rechtsprechung der Südstaaten geraten waren und nur darauf warteten zu entkommen.«[543]

Auf der anderen Seite waren die *weißen* Frauen, deren falsche Zeugenaussage die Neun von Scottsboro ins Gefängnis brachte,

»… umringt von einem Aufgebot an *weißen* Männern, die fest davon überzeugt waren, dass eine Vergewaltigung stattgefunden hatte. Verwirrt und ängstlich ordneten sie sich unter.«[544]

Niemand kann leugnen, dass die Frauen von den Rassisten in Alabama manipuliert wurden. Es ist jedoch falsch, die Frauen als unschuldige Geiseln darzustellen, die kein Vorwurf treffen darf, mit den Kräften des Rassismus zusammengearbeitet zu haben. Da sie sich ohne Rücksicht auf die Umstände auf die Seite der Frauen schlägt, kapituliert Brownmiller selbst vor

542 Ebd. S. 248–249.
543 Ebd. S. 237.
544 Ebd. S. 233.

dem Rassismus. Ihr Versäumnis, die *weißen* Frauen über die Notwendigkeit aufzuklären, eine mutige Herausforderung des Rassismus mit dem Kampf gegen den Sexismus zu verbinden, ist für die gegenwärtigen Kräfte des Rassismus zu einem bedeutenden Vorteil geworden.

Der Mythos vom Schwarzen Vergewaltiger dient weiterhin der heimtückischen rassistischen Ideologie. Er trägt einen Großteil der Verantwortung dafür, dass die meisten Theoretiker*innen, die zum Thema Vergewaltigung arbeiten, versagt haben, weil sie es versäumten, nach der Identität der enormen Anzahl von anonymen Vergewaltigern zu suchen, die nicht angezeigt, nicht verhört und nicht schuldig gesprochen werden. Solange sich ihre Analysen einzig auf die angezeigten Vergewaltiger stützen, die überführt und inhaftiert worden sind, sich also nur auf einen Teil der tatsächlich verübten Vergewaltigungen konzentrieren, werden die Schwarzen unausweichlich als die Übeltäter dastehen, die für die gegenwärtige Welle von Sexualverbrechen verantwortlich sind. Die Anonymität, die die große Mehrheit der Vergewaltigungsdelikte umgibt, wird folglich als ein statistisches Detail behandelt – oder als ein Geheimnis, dessen Wahrheit unzugänglich bleibt.

Warum aber stehen an erster Stelle so viele anonyme Vergewaltiger? Könnte diese Anonymität nicht ein Privileg sein, das diejenigen genießen, deren Status sie vor Verfolgung schützt? Obwohl von *weißen* Männern in Positionen wie Unternehmer, leitender Angestellter, Politiker, Arzt, Professor etc. bekannt ist, dass sie Frauen, die sie als gesellschaftlich niedriger stehend betrachten, ›missbrauchen‹, kommen ihre sexuellen Übergriffe nur selten vor Gericht. Wäre es deshalb nicht durchaus denkbar, dass diese Männer aus der Klasse der Kapitalisten und des Mittelstandes zu einem bedeutenden Teil für die nicht gemeldeten Vergewaltigungen infrage kommen? Von vielen dieser nicht gemeldeten Vergewaltigungen sind zweifellos Schwarze Frauen betroffen. Ihre historische Erfahrung ist, dass die rassistische Ideologie eine offene Einladung zur Vergewaltigung enthält. Wie während der Sklaverei die wirtschaftliche Macht des Sklavenhalters sein Freibrief zur Vergewaltigung der Schwarzen Frauen war, so beinhaltet auch die Klassenstruktur der kapitalistischen Gesellschaft den Anreiz zur Vergewaltigung. Es scheint in der Tat so zu sein, dass die Männer aus der Klasse der Kapitalisten und des Mittelstandes gegenüber Verfolgungen immun sind, weil sie ihre sexuellen Anschläge mit derselben unangefochtenen Autorität begehen, die die täglichen Anschläge auf die Arbeit und die Würde der arbeitenden Menschen legitimiert.

Die Existenz der weitverbreiteten sexuellen Belästigung am Arbeitsplatz ist noch nie ein Geheimnis gewesen. Und es ist gerade der Arbeitsplatz, an dem Frauen – besonders dann, wenn sie nicht gewerkschaftlich organisiert sind – am ungeschütztesten sind. Ist erst ihre ökonomische Herrschaft über die weiblichen Untergebenen errichtet, mögen die Unternehmer, die Manager und die Vorarbeiter sich diese Autorität auch auf sexuellem Gebiet zu sichern versuchen. Dass die Frauen der Arbeiterklasse stärker als ihre Männer ausgebeutet werden, kommt zu der Schutzlosigkeit vor sexuellem Missbrauch noch hinzu, während gleichzeitig der sexuelle Zwang ihre Schutzlosigkeit gegenüber der wirtschaftlichen Ausbeutung verstärkt.

Die Männer der Arbeiterklasse, welcher Hautfarbe auch immer, können zur Vergewaltigung vielleicht in dem Glauben motiviert werden, dass ihre Männlichkeit ihnen das Privileg der Herrschaft über die Frauen gewährt. Da sie jedoch nicht die gesellschaftliche und ökonomische Autorität besitzen – es sei denn, ein *Weißer* vergewaltigt eine Schwarze –, die ihnen Immunität vor Verfolgung garantiert, ist der Anreiz nicht annähernd so stark wie für die Männer der kapitalistischen Klasse. Wenn die Männer der Arbeiterklasse die von der Ideologie der männlichen Überlegenheit unterbreitete Einladung zur Vergewaltigung annehmen, akzeptieren sie eine Bestechung, eine illusorische Kompensation für ihre Ohnmacht.

Die Klassenstruktur des Kapitalismus ermutigt die Männer, die auf dem ökonomischen und politischen Sektor die Macht haben, zur routinemäßigen sexuellen Ausbeutung. Die gegenwärtige Vergewaltigungswelle ereignet sich zu einem Zeitpunkt, da die Kapitalistenklasse angesichts der globalen und internen Herausforderungen ihre Autorität wutentbrannt zu verteidigen sucht. Da beide, der Rassismus wie der Sexismus, für die innere Strategie der maximierten ökonomischen Ausbeutung einen zentralen Stellenwert haben, erhalten sie auch eine beispiellose Förderung. Es ist kein bloßer Zufall, dass einerseits die Fälle von Vergewaltigung gestiegen sind und andererseits sich die Lage der Arbeiterinnen sichtbar verschlechtert hat. Die ökonomischen Verluste der Frauen sind so stark, dass ihre Löhne im Vergleich zu denen der Männer niedriger sind als vor zehn Jahren. Die Zunahme der sexuellen Gewalt ist das brutale Gesicht der allgemeinen Intensivierung des Sexismus, der diese wirtschaftlichen Anschläge notwendigerweise begleitet.

Auf eine Weise, die vom Rassismus vorgegeben ist, spiegeln die Angriffe gegen die Frauen die Verschlechterung der Lage der Schwarzen

Arbeiter*innen, den steigenden Einfluss des Rassismus im Rechtswesen, in den Bildungseinrichtungen und in der Haltung der Regierung gegenüber der bewussten Vernachlässigung der Schwarzen Bevölkerung. Das dramatischste Zeichen des gefährlichen Wiederauflebens des Rassismus ist das erneute Sichtbarwerden des Ku-Klux-Klans und die damit verbundene Welle gewalttätiger Angriffe gegen Schwarze und POC. Die gegenwärtige Vergewaltigungswelle hat sehr viel Ähnlichkeit mit der Gewalttätigkeit, die der Rassismus entfacht hat.

Bei der Komplexität der gesellschaftlichen Bedingungen von Vergewaltigung heute ist jeder Versuch, sie als isoliertes Phänomen zu behandeln, zum Scheitern verurteilt. Eine wirksame Strategie gegen Vergewaltigung muss mehr zum Ziel haben als nur die Ausrottung der Vergewaltigung – oder gar des Sexismus. Der Kampf gegen den Rassismus muss ein dauerndes Thema für die Antivergewaltigungsbewegung sein, die nicht nur die Schwarzen Frauen verteidigen muss, sondern auch die vielen Opfer der rassistischen Manipulation der Vergewaltigungsanklage. Das krisenhafte Ausmaß der sexuellen Gewalt zeigt eine der Facetten der tiefen und andauernden Krise des Kapitalismus. Wie das gewalttätige Gesicht des Sexismus wird auch die Drohung mit Vergewaltigung so lange bestehen bleiben, wie die Unterdrückung der Frauen überhaupt eine wesentliche Stütze des Kapitalismus ist. Die Bewegung gegen Vergewaltigung muss, ebenso wie ihre wichtigen gegenwärtigen Aktivitäten – von der seelischen und juristischen Unterstützung bis zur Selbstverteidigung und zu Aufklärungskampagnen – in einen strategischen Kontext gestellt werden, der die endgültige Niederlage des Monopolkapitalismus ins Auge fasst.

ZWÖLF
Rassismus, Geburtenkontrolle und das Recht auf Nachkommenschaft

Als im neunzehnten Jahrhundert die Feministinnen die Forderung nach ›freiwilliger Mutterschaft‹ erhoben, war die Kampagne für die Geburtenkontrolle geboren. Ihre Befürworter*innen wurden als Radikale beschimpft und der gleichen Lächerlichkeit preisgegeben, der schon die ersten Verfechter*innen des Frauenwahlrechts ausgeliefert waren. Die ›freiwillige Mutterschaft‹ wurde als verwegen, abscheulich und ausländisch betrachtet – von jenen, die darauf bestanden, dass Ehefrauen kein Recht hätten, die Befriedigung der sexuellen Triebe ihrer Ehemänner zu verweigern. Im Laufe der Zeit sollte das Recht auf Geburtenkontrolle wie auch das Wahlrecht der Frauen in der öffentlichen Meinung der Vereinigten Staaten mehr oder weniger selbstverständlich werden. Trotzdem war 1970, ein ganzes Jahrhundert später, die Forderung nach legaler und leicht zugänglicher Abtreibung nicht weniger umstritten, als es ursprünglich die nach der ›freiwilligen Mutterschaft‹ war, die die Bewegung zur Geburtenkontrolle in den USA hervorgerufen hatte.

Geburtenkontrolle – also individuelle Wahl, sichere Verhütungsmittel und wenn nötig, die Abtreibung – ist eine fundamentale Vorbedingung der Emanzipation der Frauen. Da das Recht auf Geburtenkontrolle offensichtlich für die Frauen aller Klassen und ›Rassen‹ von Vorteil ist, könnte man annehmen, dass die unterschiedlichsten Frauengruppierungen versucht hätten, sich um diese Forderung herum zu vereinen. In Wirklichkeit gelang es jedoch der Bewegung zur Geburtenkontrolle nur selten, Frauen mit unterschiedlichem sozialen Hintergrund zusammenzuführen, und die Führerinnen der Bewegung haben sich selten öffentlich für die spezifischen Interessen der Frauen aus der Arbeiterklasse eingesetzt. Ja, die Argumente, die von den Befürworter*innen der Geburtenkontrolle vorgebracht wurden, beruhten oft auf himmelschreiend rassistischen Prämissen. Das progressive Potenzial der Geburtenkontrolle bleibt unbestritten. Von heute aus gesehen lässt jedoch eine geschichtliche Bestandsaufnahme dieser Bewegung hinsichtlich des Kampfes gegen Rassismus und klassenmäßige Ausbeutung einiges zu wünschen übrig.

Der wichtigste Sieg der gegenwärtigen Bewegung zur Geburtenkontrolle wurde in den frühen Siebzigerjahren mit der Legalisierung der Abtreibung errungen. Aus dem Anfangsstadium der neuen Frauenbewegung erwachsen, verkörperte der Kampf für die Legalisierung der Abtreibung den ganzen Enthusiasmus und alle Militanz der jungen Bewegung. Im Januar 1973 erreichte die Kampagne für das Recht auf Abtreibung ihren Höhepunkt. In den Fällen *Roe gegen Wade* (410 U.S.) und *Doe gegen Bolton* (410 U.S.) entschied das oberste Gericht der Vereinigten Staaten, dass das Recht der Frau auf ihr persönliches Leben auch das Recht beinhalte, eine Abtreibung vornehmen zu lassen oder nicht.

Die Abtreibungskampagne konnte in ihren Reihen keine nennenswerte Zahl von Schwarzen Frauen aufweisen. Bedenkt man die Zusammensetzung der Frauenbewegung insgesamt, so ist das keineswegs überraschend. Wenn Verwunderung über die Abwesenheit der rassistisch unterdrückten Frauen aufkam, so gab es in den Diskussionen –sowohl der breiten Frauenbewegung als auch der Abtreibungskampagne – und in der Literatur dazu üblicherweise zwei Antworten: Die Schwarzen Frauen seien durch den Kampf gegen den Rassismus überlastet und/oder sie seien sich bis jetzt noch nicht des zentralen Problems des Sexismus bewusst. Der eigentliche Grund jedoch für das fast blütenweiße Gesicht der Abtreibungskampagne lag keineswegs in der angeblichen Kurzsichtigkeit oder dem unterentwickelten Bewusstsein der Schwarzen Frauen. Die Wahrheit ist im ideologischen Unterbau der Bewegung für die Geburtenkontrolle verborgen.

Dass die Abtreibungskampagne es versäumte, eine geschichtlich begründete Selbstkritik zu leisten, hat zu einer gefährlich oberflächlichen Geringschätzung des vonseiten der Schwarzen geäußerten Argwohns gegenüber der Geburtenkontrolle überhaupt geführt. Zugegeben, es gab einige Schwarze, die ohne Zögern die Geburtenkontrolle mit Völkermord gleichsetzten, was als übertriebene – wenn nicht gar paranoide – Reaktion erschien. Die *weißen* Kämpferinnen für das Recht auf Abtreibung überhörten dabei jedoch jene wichtige Botschaft, die den Entsetzensschreien über den ›Genozid‹ zugrunde lag und wichtige Hinweise auf die Geschichte der Geburtenkontrolle enthielt. Die Bewegung war z.B. dadurch bekannt geworden, dass sie die Zwangssterilisation, die rassistische Form der massenhaften ›Geburtenkontrolle‹, propagierte. Wenn jemals die Frauen in den Genuss des Rechtes kommen sollten, ihre Schwangerschaft zu planen, müssten legale und leicht zugängliche Verhütungsmaßnahmen und Abtreibungen durch ein Ende des Sterilisationsmissbrauchs ergänzt werden.

Was die Abtreibungskampagne selbst betrifft, so bleibt die Frage zu stellen, wie die Schwarzen Frauen ihre Notwendigkeit übersehen konnten. Sie waren weit mehr als ihre *weißen* Schwestern von den plumpen, mörderischen Skalpellen unfähiger Abtreiber, die in der Illegalität ihren Profit suchten, abhängig. In New York z.B. waren in den wenigen Jahren, bevor die Abtreibung in diesem Staat entkriminalisiert wurde, an die 80 Prozent der Frauen, die an einer illegalen Abtreibung gestorben waren, Afroamerikanerinnen oder Puerto-Ricanerinnen.[545] Kurz nach der Entkriminalisierung wurde nahezu die Hälfte der legalen Abtreibungen an Schwarzen Frauen vorgenommen. Die Abtreibungskampagne musste jedoch erst darauf aufmerksam gemacht werden, dass die Schwarzen Frauen tatsächlich verzweifelt wünschten, aus den Hinterzimmern der quacksalbernden Abtreiber zu fliehen; und sie erkannte auch nicht, dass es jenen Frauen nicht darum ging, der Abtreibung das Wort zu reden. Sie waren für das Recht auf Abtreibung, was aber nicht hieß, dass sie für die Abtreibung waren. Wenn Schwarze Frauen in so großer Zahl abtreiben, dann drehen sich die Geschichten, die sie in diesem Zusammenhang zu erzählen haben, nicht so sehr um den Wunsch, von ihrer Schwangerschaft befreit zu werden, sondern viel mehr um ihre elenden sozialen Verhältnisse, die es ihnen verwehren, neues Leben in die Welt zu setzen. Die Schwarzen Frauen haben seit den ersten Tagen der Sklaverei ihre Schwangerschaften selbst abgebrochen. Viele Versklavte weigerten sich, Kinder in eine Welt endloser Zwangsarbeit zu setzen, in der Ketten, Peitschen und sexueller Missbrauch der Frauen zu den tagtäglichen Lebenserfahrungen gehörten. Ein in Georgia praktizierender Arzt bemerkte um die Mitte des letzten Jahrhunderts, dass Aborte und Fehlgeburten bei seinen versklavten Patientinnen viel häufiger waren als bei den von ihm behandelten *weißen* Patientinnen. Nach Meinung dieses Arztes arbeiteten die Schwarzen Frauen entweder zu hart, oder es verhielt sich so,

545 1 Edwin M. Gold u. a., »Therapeutic Abortions in New York City: A Twenty-Year Review« in American Journal of Public Health, Bd. LV (Juli 1965), S. 964–972. Zitiert in Lucinda Cisla, »Unfinished Business: Birth Control and Women's Liberation«, in Robin Morgan (Hg.), Sisterhood is Powerful: An Anthology of Writings From the Women's Liberation Movement, New York 1970, S. 261. Ebenfalls zitiert in Robert Staples, The Black Women in America, Chicago 1974, S. 146.

»… wie die Plantagenbesitzer glauben, dass die Schwarzen im Besitz des Geheimnisses sind, den Fötus schon in einem sehr frühen Stadium zu zerstören … Alle Landärzte wissen um die häufigen Klagen der Pflanzer (über die) … unnatürliche Tendenz der Afrikanerinnen, ihre Frucht zu zerstören.«[546]

Dieser Arzt gab zwar seiner Erschütterung darüber Ausdruck, dass »ganze Familien von Frauen es sich versagen, überhaupt Kinder zu haben«[547], aber er bedachte nicht, wie ›unnatürlich‹ es war, Kinder in einem Sklavensystem heranwachsen zu lassen. Die schon vorher erwähnte Geschichte der Margaret Garner, einer flüchtigen Versklavten, die ihre eigene Tochter tötete, als sie von den Sklavenfängern eingefangen wurde, und an sich Selbstmord zu verüben versuchte, belegt diesen Punkt.

»Sie jubelte, als das Mädchen tot war – ›Nun wird sie niemals erfahren, was eine Frau als Sklavin zu leiden hat‹ – und verlangte, wegen Mordes angeklagt zu werden. ›Ich will lieber singend zum Galgen gehen als zurück in die Sklaverei!‹«[548]

Warum waren eigenhändige Aborte und widerwillige Kindstötungen derart häufig während der Sklaverei? Doch nicht deshalb, weil die Schwarzen Frauen darin eine Lösung für ihre furchtbare Lage sahen, sondern weil sie verzweifelt waren. Abtreibungen und Kindstötungen waren Akte der Verzweiflung, nicht durch den biologischen Geburtsprozess bedingt, sondern durch die unterdrückerischen Bedingungen der Sklaverei. Die meisten dieser Frauen hätten zweifellos ihren tiefsten Abscheu darüber ausgedrückt, hätte jemand ihre Abtreibungen als einen Meilenstein auf dem Weg zur Freiheit gepriesen.

Während der Anfänge der Abtreibungskampagne wurde nur allzu oft angenommen, dass die Legalisierung der Abtreibung die unzähligen aus der Armut resultierenden Probleme vernünftig lösen könnte. Als ob weniger Kinder automatisch zu mehr Arbeitsplätzen, höheren Löhnen, besseren Schulen etc. führen würden. Diese Annahme spiegelt die Tendenz wider, den Unterschied zwischen dem Recht auf Abtreibung und der allgemeinen Propagierung der Abtreibung selber zu verwischen. Die Kampagne versäumte es oft, für diejenigen Frauen zu sprechen, die das Recht zur Ab-

546 Gutman, a.a.O., S. 80–81, (Anm.).
547 Ebd.
548 Aptheker, »The Negro Woman«, S. 12.

treibung haben wollten und gleichzeitig die sozialen Verhältnisse anklagten, die es ihnen verboten, mehr Kinder zu gebären.

Die erneute Offensive gegen das Abtreibungsrecht, die während der letzten Hälfte der 70er-Jahre aufkam, hat es jetzt absolut notwendig gemacht, mit aller Schärfe die Nöte der armen und rassistisch unterdrückten Frauen ins Auge zu fassen. 1977 wurde durch die Verabschiedung des Hyde-Zusatzartikels im Kongress die Streichung der Bundesmittel für Abtreibungen verfügt; viele Staaten folgten diesem Vorstoß. Auf diese Weise wurde den Schwarzen Frauen, den POC wie auch ihren armen *weißen* Schwestern das Recht auf legale Abtreibung praktisch entzogen. Da die operative Sterilisation durch das Ministerium für Gesundheit, Bildung und Soziales weiterhin kostenlos durchgeführt wird, sehen sich mehr und mehr arme Frauen gezwungen, die dauernde Unfruchtbarkeit zu wählen. Was dringend gebraucht wird, ist eine breite Kampagne zur Verteidigung der Fortpflanzungsrechte aller Frauen, besonders jener, die von den ökonomischen Verhältnissen oft genötigt werden, auf das Recht auf Nachkommenschaft ganz und gar zu verzichten.

Der Wunsch der Frauen, ihr Fortpflanzungssystem kontrollieren zu können, ist möglicherweise so alt wie die Menschheitsgeschichte selbst. Schon 1844 enthielt das *United States Practical Receipt Book* unter vielen Rezepten für Mahlzeiten, Haushaltschemikalien und Medizin auch »Rezepte« zur Herstellung von »Schwangerschaftsverhütungswässerchen«. Für »Hannays Verhütungswasser« brauchte man z.B.

> »Perlasche zu 1 Teil, Wasser zu 6 Teilen. Vermischen und filtern. Bewahre es in einer verschlossenen Flasche und benutze es mit oder ohne Seife direkt nach der Vereinigung.«[549]

Für »Abernethys Verhütungswasser«

> »Nimm Quecksilberbichlorid zu 25 Teilen, Mandelmilch zu 400 Teilen, Alkohol zu 100 Teilen, Rosenwasser zu 1.000 Teilen. Tauche die Eichel in diese Mischung ... Unfehlbar, wenn zur rechten Zeit benutzt.«[550]

Die Frauen mögen schon immer von unfehlbaren Methoden der Geburtenkontrolle geträumt haben, aber erst als die Frauenrechtsfrage zu einer organisierten Bewegung geführt hatte, konnte sich das Recht auf selbstbestimm-

549 Zitiert in Baxandall u. a., a.a.O., S. 17.
550 Ebd.

te Reproduktion als legitime Forderung herausbilden. In einem Aufsatz zu dem Thema ›Ehe‹ aus den Fünfzigerjahren des neunzehnten Jahrhunderts plädiert Sarah Grimke für das »Recht der Frau, zu entscheiden, ob sie Mutter werden will, wie oft und unter welchen Umständen«[551]. In Anspielung auf die humorige Beobachtung eines Arztes erklärt Sarah Grimke: Wenn Frauen und Männer abwechselnd ihre Kinder gebären könnten, dann hätte »keine Familie mehr als drei Kinder, wobei der Ehemann eins und die Ehefrau zwei zur Welt bringen würde«.[552] Aber, so beharrt sie, »das Recht, in dieser Angelegenheit zu entscheiden, wurde der Frau fast immer vollständig verwehrt«.[553]

Sarah Grimke unterstützte auch das Recht der Frauen auf sexuelle Abstinenz. Zur gleichen Zeit fand die bekannte ›emanzipierte Heirat‹ von Lucy Stone und Henry Blackwell statt. Als Abolitionisten und Frauenrechtler*innen veranstalteten sie zu ihrer Hochzeit eine Zeremonie, die gegen den traditionellen Verzicht der Frauen auf ihre persönlichen Rechte, auf ihren Namen und ihren Besitz Protest erhob. Henry Blackwell teilte die Auffassung, dass er als Ehemann kein Recht auf die »Kontrolle der Person seiner Ehefrau«[554] habe, und versprach, dass er nicht versuchen werde, seine Frau seinen sexuellen Begierden zu unterwerfen.

Die Vorstellung, dass Frauen sich weigern könnten, den sexuellen Ansprüchen ihrer Männer nachzugeben, wurde mit der Zeit zur Leitidee bei der Forderung nach der ›freiwilligen Mutterschaft‹. In den Siebzigerjahren des vorigen Jahrhunderts, als die Frauenwahlrechtsbewegung auf ihrem Höhepunkt war, setzten sich die Feministinnen öffentlich für die freiwillige Mutterschaft ein. In einer Rede, die Virginia Woodhull 1873 hielt, erklärte sie, dass die Frau, die sich dem Geschlechtsverkehr gegen ihren Wunsch und Willen unterwirft, faktisch Selbstmord begeht; während der Ehemann, der ihn erzwingt, Mord begeht und dafür entsprechend bestraft werden sollte, gerade als ob er sie wegen ihrer Weigerung zu Tode stranguliert hätte.[555]

Woodhull war ziemlich berüchtigt wegen ihres Eintretens für die ›freie Liebe‹. Die Verteidigung des Rechtes der Frau, sich innerhalb der Ehe dem

551 Lerner, The Female Experience, a.a.O., S. 91.
552 Ebd.
553 Ebd.
554 »Marriage of Lucy Stone under Protest« erschien in History of Woman Suffrage, Bd. 1. Zitiert in Schneir, a.a.O., S. 104.
555 Rede von Virginia Woodhull, »The Elixier of Life«. Zitiert in Schneir, a.a.O., S. 153.

Geschlechtsverkehr zu entziehen, um so ihre Schwangerschaften unter Kontrolle zu halten, war ein Teil von Woodhulls umfassendem Kampf gegen die Institution der Ehe als solche.

Es ist kein Zufall, dass das Bewusstsein der Frauen von ihren Reproduktionsrechten in der organisierten Bewegung für die politische Gleichberechtigung der Frauen entstand. In der Tat, wenn die Frauen für immer an ständige Geburten und häufige Fehlgeburten gekettet blieben, hätten sie kaum die Möglichkeit, die errungenen politischen Rechte auch auszuüben. Ferner konnten die neuen Träume der Frauen, einen Beruf zu ergreifen oder sich auf eine andere Weise außerhalb von Ehe und Mutterschaft zu entwickeln, nur verwirklicht werden, wenn sie ihre Schwangerschaften begrenzen und planen konnten. In diesem Sinn beinhaltete die neue Losung von der ›freiwilligen Mutterschaft‹ eine neue und genuin fortschrittliche Vision von Weiblichkeit. Gleichzeitig war jedoch diese Vision fest an den Lebensstil der Mittelklasse und der Bourgeoisie gebunden. Die Bestrebungen, die der Forderung nach der ›freiwilligen Mutterschaft‹ zugrunde lagen, spiegelten nicht die Bedingungen der Frauen aus der Arbeiterklasse wider, die sich in dem weit fundamentaleren Kampf um ihr ökonomisches Überleben befanden. Da diese frühe Forderung nach Geburtenkontrolle mit Zielen verbunden war, die nur von Frauen erreicht werden konnten, die sich in materiellem Wohlstand befanden, musste es der breiten Masse der armen Frauen aus der Arbeiterklasse schwierig vorkommen, sich mit der Bewegung zur Geburtenkontrolle in ihrem Anfangsstadium zu identifizieren.

Gegen Ende des neunzehnten Jahrhunderts ging die Geburtenrate der *Weißen* in den USA signifikant nach unten. Da keine neuen empfängnisverhütenden Mittel auf den Markt gekommen waren, bedeutete das Sinken der Geburtenrate, dass die Frauen ihre sexuelle Aktivität wesentlich eingeschränkt hatten. Um 1890 gebar die typische einheimische *weiße* Frau nicht mehr als vier Kinder.[556] Da die US-Gesellschaft zunehmend verstädterte, hätte diese Geburtenrate eigentlich nicht zu verwundern brauchen. Während das bäuerliche Leben noch große Familien erforderte, waren diese in der Stadt funktionslos. Dennoch wurde diese Erscheinung von den Ideologen des aufstrebenden Monopolkapitalismus öffentlich in einer rassistischen und gegen die Arbeiterklasse gerichteten Weise interpretiert.

556 Mary P. Ryan, Womanhood in America from Colonial Times to the Present, New York 1975, S. 162.

Weil die einheimische *weiße* Frau weniger Kinder gebar, wurde von amtlicher Seite das Gespenst vom ›Rassenselbstmord‹ beschworen.

1905 schloss Präsident Theodore Roosevelt seine Tischrede zum ›Lincoln Day Dinner‹ mit der Erklärung, dass »die Reinheit der Rasse bewahrt werden müsse«[557]. 1906 verglich er die fallende Geburtenrate der einheimischen *weißen* Frauen lauthals mit dem unmittelbar bevorstehenden »Rassenselbstmord«. Im gleichen Jahr verkündete er in seiner »Erklärung zur Lage der Nation«, dass die *weiße* Frau aus gutem Hause, die sich »freiwillig der Sterilität« unterwerfe, »eine Sünde begehe, die mit dem Tod der Nation, dem Rassenselbstmord, bestraft wird«.[558] Diese Bemerkungen wurden in einer Zeit zunehmender rassistischer Ideologie und ansteigender Wellen von rassistischen Ausschreitungen und bundesweiter Lynchmorde gemacht. Überdies war Präsident Roosevelt gewillt, neue Soldaten anzumustern, um die US-Besitzergreifung der Philippinen voranzutreiben, das neueste imperialistische Abenteuer des Landes.

Wie antwortete die Bewegung zur Geburtenkontrolle auf Roosevelts Anschuldigung, den ›Rassenselbstmord‹ zu fördern? Die propagandistische Behauptung des Präsidenten war ein Fehlschlag. Eine der führenden Chronist*innen dieser Bewegung weiß zu berichten, dass sie ironischerweise den Verfechter*innen der Geburtenkontrolle geradezu zugutekam. Trotzdem, so fährt Linda Gordon fort, brachte diese Kontroverse »auch jene Punkte an die Oberfläche, die die Feministinnen am meisten von der Arbeiterklasse und den Armen trennten«[559].

> »Dies geschah auf zweierlei Art. Erstens betonten die Feministinnen zunehmend die Geburtenkontrolle als einen Weg zu Karriere und höherer Bildung – Ziele, die außerhalb des Erreichbaren für die Ärmeren mit und ohne Geburtenkontrolle waren. Im Kontext der gesamten feministischen Bewegung war die Episode mit dem ›Rassenselbstmord‹ ein weiterer Punkt, der den Feminismus fast ausschließlich an die Bestrebungen der privilegierteren Frauen der Gesellschaft band. Zweitens begannen die Feministinnen, die für die Geburtenkontrolle waren, die These zu verbreiten, die armen Leute hätten eine moralische Verpflichtung, die Größe ihrer Familien zu reduzieren,

557 Melvin Steinfeld, Our Racist Presidents, San Ramon, Kalifornien, 1972, S. 212.

558 Bonnie Mass, Population Target: The Political Economy of Population Control in Latin America, Toronto, Kanada, 1977, S. 20.

559 Linda Gordon, Woman's Body, Woman's Right: Birth Control in America, New York 1976, S. 157.

> weil große Familien die Steuergelder und wohltätigen Spenden der Reichen aufbrauchten und weil die Kinder der Armen kaum ›etwas Besonderes‹ werden könnten.«[560]

Das mehr oder weniger starke Eingehen auf die These vom ›Rassenselbstmord‹ durch Frauen wie Julia Ward Howe und Ida Husted Harper erinnert an die Kapitulation der Frauenstimmrechtsbewegung vor der rassistischen Haltung der Südstaatler*innen. So wie die Suffragetten zu denjenigen schwiegen, für die das Frauenwahlrecht der Rettungsanker für die Vorherrschaft der *Weißen* war, so schwiegen auch die Anwältinnen der Geburtenkontrolle zum Teil aus Zustimmung zu denen, die neuerdings Geburtenkontrolle als ein Mittel priesen, das die Fruchtbarkeit der ›unteren Klassen‹ verhindere und ein Gegengift zum ›Rassenselbstmord‹ sei. Der ›Rassenselbstmord‹ sollte durch die Einführung der Geburtenkontrolle bei der Schwarzen Bevölkerung, den Einwander*innen und den Armen überhaupt verhindert werden. Auf diese Weise könnten die wohlhabenden *Weißen* mit einem soliden Yankee-Stammbaum ihre Mehrheit in der Bevölkerung halten. So schlichen sich Klassismus und Rassismus in die Bewegung zur Geburtenkontrolle, als diese noch in den Kinderschuhen steckte. Mehr und mehr setzte sich in den Zirkeln für die Geburtenkontrolle die Auffassung durch, dass die ärmeren Frauen, die Schwarzen wie auch die Einwanderinnen, eine »moralische Verpflichtung zur Beschränkung ihrer Familien«[561] hätten. Was als ein ›Recht‹ der Privilegierten gefordert wurde, erwies sich als ›Pflicht‹ der Armen.

Als Margaret Sanger ihren lebenslangen Kreuzzug für die Geburtenkontrolle begann – ein Begriff, den sie prägte und populär machte – schien es, als ob die rassistischen und arbeiterfeindlichen Untertöne der vorherigen Periode überwunden werden könnten. Denn Margaret Higgens Sanger kam selbst aus der Arbeiterklasse und war mit den verheerenden Auswirkungen der Armut sehr gut vertraut. Als ihre Mutter im Alter von achtundvierzig Jahren starb, hatte sie nicht weniger als elf Kinder geboren. Sangers Erinnerungen an die Sorgen ihrer eigenen Familie sollten ihre Überzeugung festigen, dass die Frauen der Arbeiterklasse den besonders starken Wunsch hatten, ihre Schwangerschaften vollständig autonom planen und verteilen zu können. Ihre spätere Mitarbeit in der sozialistischen Bewegung war ein

560 Ebd. S. 158.
561 Ebd.

weiterer Grund für die Hoffnung, dass sich die Kampagne zur Geburtenkontrolle in eine fortschrittlichere Richtung bewegen würde.

Als Margaret Sanger 1912 in die Sozialistische Partei eintrat, übernahm sie die Aufgabe, Frauen aus den New Yorker Arbeiterinnenklubs für die Partei zu werben.[562] Das Parteiorgan *The Call* veröffentlichte ihre Artikel auf der Frauenseite. Sie schrieb eine Serie zu dem Thema »Was jede Mutter wissen sollte«, eine andere mit dem Titel »Was jedes Mädchen wissen sollte« und berichtete vom Ort des Geschehens über Streiks, in die Frauen involviert waren. Sangers Vertrautheit mit den New Yorker Arbeitervierteln war ein Ergebnis ihrer zahllosen Besuche als Krankenschwester bei den Armen der Stadt. Bei diesen Besuchen, so schreibt sie in ihrer Autobiografie, habe sie unzählige Frauen getroffen, die sich verzweifelt Wissen über die Geburtenkontrolle wünschten.

Nach Sangers autobiografischen Angaben veranlasste sie einer ihrer vielen Krankenbesuche auf der Lower Eastside von New York dazu, ihren eigenen Kreuzzug für die Geburtenkontrolle aufzunehmen. Bei diesem Routinebesuch entdeckte sie, dass die achtundzwanzigjährige Sadie Sachs eine Abtreibung an sich selbst vorgenommen hatte. Nachdem die kritische Phase vorüber war, bat die junge Frau den anwesenden Arzt, ihr Hinweise zur Empfängnisverhütung zu geben. Wie Sanger in ihrer Geschichte berichtet, empfahl ihr der Arzt, »Jake (ihrem Ehemann) zu sagen, dass er auf dem Dach schlafen soll«.[563]

> »Ich sah schnell zu Frau Sachs hinüber. Sogar durch meine plötzlichen Tränen konnte ich den Ausdruck der absoluten Verzweiflung auf ihrem Gesicht sehen. Wir sahen uns nur an, ohne ein Wort zu sagen, bis sich die Tür hinter dem Arzt geschlossen hatte. Dann hob sie ihre dünnen blaugeäderten Hände und schlug sie flehentlich zusammen. ›Er versteht es nicht. Er ist nur ein Mann. Aber Sie tun's, nicht wahr? Bitte sagen Sie mir das Geheimnis, ich will es auch keiner Seele verraten. Bitte!‹ «[564]

Drei Monate später starb Sadie Sachs an einer weiteren eigenhändigen Abtreibung. In dieser Nacht, sagt Margaret Sanger, habe sie sich geschworen, all ihre Kraft dem Erwerb und der Verbreitung von Verhütungsmaßnahmen zu widmen.

---

562 Margaret Sanger, An Autobiography, New York 1971, S. 75.
563 Ebd. S. 90.
564 Ebd. S. 91.

»Ich ging ins Bett und wusste, dass ich fertig war mit Linderungsmitteln und überflüssigen Kuren, koste es, was es wolle; ich beschloss, die Wurzel des Übels zu finden, irgendetwas zu tun, um das Schicksal der Mütter zu verändern, die so abgrundtief leiden mussten.«[565]

Während der ersten Phase ihres Kreuzzugs für die Geburtenkontrolle blieb Sanger noch Mitglied der Sozialistischen Partei, und die Kampagne selbst war eng mit der aufsteigenden Arbeiterklasse verbunden. Zu ihren treuen Unterstützer*innen gehörten Eugene Debs, Elizabeth Gurley Flynn und Emma Goldman, die jeweils die Sozialistische Partei, die ›Industriearbeiter der Welt‹ und die anarchistische Bewegung repräsentierten. Margaret Sanger wiederum brachte das antikapitalistische Engagement ihrer eigenen Bewegung in der Zeitschrift *Woman Rebel* zum Ausdruck, die »den Interessen der Arbeiterinnen gewidmet« war.[566] Sie selbst ging weiterhin mit den streikenden Arbeiter*innen auf Streikposten und prangerte öffentlich die wütenden Überfälle auf die Streikenden an. 1914 z.B., als die Nationalgarde in Ludlow, Colorado, zahlreiche Chicanos niedermetzelte, die dort als Bergleute arbeiteten, schloss sich Sanger den Arbeitern an, um die Rolle John D. Rockefellers bei diesem Überfall zu entlarven.[567]

Leider war der Verbindung zwischen der Bewegung zur Geburtenkontrolle und der radikalen Arbeiterbewegung kein langes Leben beschieden. Zwar unterstützten die Sozialist*innen und andere Aktivist*innen der Arbeiterbewegung die Forderung nach Geburtenkontrolle auch weiterhin, sie nahm aber in ihrer Gesamtstrategie keinen zentralen Platz ein. Sanger wiederum begann in ihrer Analyse der Armut die zentrale Rolle der kapitalistischen Ausbeutung zu unterschätzen, wenn sie behauptete, es seien die zu vielen Kinder, die den Arbeiter in seine miserable Lage brächten. Sie glaubte, die Frauen selbst »verewigten unabsichtlich die Ausbeutung der Arbeiterklasse durch die kontinuierliche Überflutung des Arbeitsmarktes mit neuen Arbeitern«.[568] Fatalerweise könnte Sanger zu dieser Position durch die neomalthusischen Theorien einiger sozialistischer Zirkel ermutigt worden sein. So herausragende Persönlichkeiten der europäischen sozialistischen Bewegung wie Anatol France und Rosa Luxemburg hatten

565 Ebd. S. 92.
566 Ebd. S. 106.
567 Mass., a.a.O., S. 27.
568 Dancis, a.a.O., S. 96.

einen ›Gebärstreik‹ vorgeschlagen, um den kontinuierlichen Zufluss von Arbeitskräften auf den kapitalistischen Markt zu bremsen.[569]

Als Margaret Sanger ihre Beziehungen zur Sozialistischen Partei auflöste, um eine unabhängige Kampagne für Geburtenkontrolle aufzubauen, wurden sie und ihre Anhänger mehr denn je empfänglich für eine den Schwarzen und den Einwander*innen gegenüber feindliche Propaganda. Wie ihre Vorgänger*innen, die der ›Rassenselbstmord‹-Propaganda auf den Leim gegangen waren, begannen auch diese Verfechter*innen der Geburtenkontrolle sich der vorherrschenden rassistischen Ideologie zu beugen. Der fatale Einfluss der rassenhygienischen Bewegung sollte bald das fortschrittliche Potenzial der Kampagne für Geburtenkontrolle zerstören.

Die anwachsende Popularität der eugenischen Bewegung im ersten Jahrzehnt des zwanzigsten Jahrhunderts war keine bloß zufällige Erscheinung. Die eugenischen Vorstellungen passten hervorragend zu den ideologischen Bedürfnissen der jungen Monopolkapitalisten. Die imperialistischen Raubzüge in Lateinamerika und im Pazifik mussten gerechtfertigt werden, ebenso wie die verschärfte Ausbeutung der Schwarzen Arbeiter*innen im Süden und der eingewanderten Arbeiter*innen im Norden und im Westen. Die pseudowissenschaftlichen ›Rassentheorien‹ lieferten in Verbindung mit der ›rassenhygienischen‹ Kampagne in Hülle und Fülle Apologien für das Verhalten der jungen Monopole. Verständlicherweise gewann diese Bewegung unverzügliche Unterstützung durch führende Kapitalisten wie die Carnegies, die Harrimans und die Kelloggs.[570]

Um 1919 war der eugenische Einfluss auf die Bewegung zur Geburtenkontrolle unübersehbar geworden. In einem Aufsatz, den Margaret Sanger in der Zeitschrift der *American Birth Control League* veröffentlichte, behauptete sie, »das hauptsächliche Anliegen der Geburtenkontrolle« sei »mehr Kinder von Tauglichen und weniger Kinder von Untauglichen«.[571] Um diese Zeit lud die ABCL (American Birth Control League) den Autor von *The Rising Tide of Color Against White World Supremacy* herzlich in ihr innerstes Heiligtum ein.[572] Lothrop Stoddard, Harvard-Professor und Theoretiker der ›rassenhygienischen‹ Bewegung, wurde ein Sitz in ihrem

569 David M. Kennedy, Birth Control in America: The Career of Margaret Sanger, New Haven 1976, S. 21–22.

570 Mass, a.a.O., S. 20.

571 Gordon, a.a.O., S. 281.

572 Mass, a.a.O., S. 20.

Aufsichtsrat angeboten. In die Zeitschrift der ABCL fanden auch Artikel des Direktors der *American Birth Control League*, Guy Irving Birch, Eingang. Birch verfocht die Geburtenkontrolle als eine Waffe, um

> »... zu verhindern, dass an die Stelle der Amerikaner Fremde oder N* treten, sei es nun durch Einwandern oder durch überhöhte Geburtenraten im Vergleich zu anderen Einwohnern.«[573]

1932 konnte sich die *Eugenics Society* damit brüsten, dass mindestens sechsundzwanzig Staaten Gesetze über die Zwangssterilisation verabschiedet hatten, und dass bei Tausenden von »untauglichen« Personen durch operative Eingriffe die Fortpflanzungsfähigkeit unterbunden worden war.[574] Margaret Sanger sanktionierte diese Entwicklung öffentlich. »Schwachsinnige, geistig Behinderte, Epileptiker, Analphabeten, Arme, Arbeitsunfähige, Kriminelle, Prostituierte, Rauschgiftsüchtige« sollten, erklärte sie in einer Radiosendung, operativ sterilisiert werden.[575] Sie wollte aber nicht ganz so unnachgiebig sein und ihnen keine Wahl in dieser Angelegenheit lassen: Wenn sie wollten, sollten sie die Möglichkeit haben, lebenslänglich eine abgeschiedene Existenz in einem Arbeitslager zu führen.

In der *American Birth Control League* nahm die Forderung nach Geburtenkontrolle für die Schwarzen die gleiche rassistische Schärfe an wie die Forderung nach Zwangssterilisation. 1939 plante ihre Nachfolgeorganisation, die *Birth Control Federation of America* ein »N*-Projekt«.

> »Die Masse der N*, besonders im Süden, vermehrt sich immer noch sorglos und verheerend, mit dem Ergebnis, dass der Zuwachs – noch stärker als bei den *Weißen* – gerade bei dem Teil der N* am größten ist, die am wenigsten taugen und am wenigsten in der Lage sind, ihre Kinder ordentlich aufzuziehen.«[576]

Mit der Forderung, Schwarze Geistliche als Leiter der örtlichen Komitees für Geburtenkontrolle einzusetzen, beabsichtigte die Föderation, die Schwarzen so empfänglich wie nur irgend möglich für ihre Propaganda

573 Gordon, a.a.O., S. 283.
574 Herbert Aptheker, »Sterilization, Experimentation and Imperialism«, Political Affairs, Bd. LIII, Nr. 1 (Januar 1974), S. 44.
575 Gena Corea, The Hidden Malpractice, New York 1977, S. 149.
576 Gordon, a.a.O., S. 332.

zugunsten der Geburtenkontrolle zu machen. In einem Brief an eine Kollegin schrieb Margaret Sanger:

> »Wir wollen nicht, dass gesagt wird, wir wollten die N*bevölkerung ausrotten, und der Geistliche ist der Mann, der diese Behauptung geradebiegen kann, falls sie jemals von irgendeinem der rebellischeren Gemeindemitglieder aufgestellt werden sollte.«[577]

Diese Entwicklung in der Bewegung für Geburtenkontrolle bestätigte den Sieg des Rassismus, der mit den rassenhygienischen Vorstellungen einherging. Die Bewegung war ihres fortschrittlichen Potenzials beraubt, weil sie nicht mehr das individuelle Recht der Schwarzen auf Geburtenkontrolle verteidigte, sondern vielmehr die rassistische Strategie der Bevölkerungskontrolle verfolgte. Die Kampagne für Geburtenkontrolle sollte als ein wesentliches Instrument der imperialistischen und rassistischen Bevölkerungspolitik der US-Regierung missbraucht werden.

Die Aktivistinnen für das Recht auf Abtreibung in den frühen 70er-Jahren hätten die Geschichte ihrer Bewegung erforschen sollen. Denn dann hätten sie vielleicht verstanden, warum so viele ihrer Schwarzen Schwestern ihrer Sache argwöhnisch gegenüberstanden. Sie hätten vielleicht auch verstanden, wie wichtig es war, die rassistischen Taten ihrer Vorgängerinnen, die die Geburtenkontrolle wie auch die Zwangssterilisation als ein Mittel zur Eliminierung des »untauglichen« Teils der Bevölkerung verfochten hatten, ungeschehen zu machen. Dann wären die jungen Feministinnen auch empfänglicher gewesen für die Anregung, ihre Kampagne für das Recht auf Abtreibung mit der energischen Verurteilung des Sterilisationsmissbrauchs zu verknüpfen – der weiter verbreitet ist als je zuvor.

Erst als die Medien entschieden, dass die unauffällige Sterilisation von zwei Schwarzen Mädchen in Montgomery, Alabama, ein berichtenswerter Skandal sei, kam endlich der ganze Missbrauch der Sterilisation ans Licht. Zu dem Zeitpunkt, als der Fall der Schwestern Relf bekannt wurde, war es allerdings schon zu spät, um die Politik der Bewegung für das Recht auf Abtreibung noch zu beeinflussen. Das war im Sommer 1973, und die Entscheidung des Obersten Gerichtshofes hatte die Legalisierung der Abtreibung schon im Januar verkündet. Nichtsdestoweniger wurde die

577 Ebd. S. 332–333.

dringende Notwendigkeit einer massenhaften Opposition gegen den Sterilisationsmissbrauch auf tragische Weise klar. Die Tatsachen im Fall der Relf-Schwestern waren erschreckend simpel. Die zwölfjährige Minnie Lee und die vierzehnjährige Mary Alice waren ahnungslos in einen Operationsraum geschoben worden, wo ihnen die Chirurgen die Fähigkeit, Kinder zu gebären, unwiederbringlich nahmen.[578] Der chirurgische Eingriff war von dem durch das Gesundheitsministerium geförderte *Montgomery Community Action Committee*« angeordnet worden, nachdem man entdeckt hatte, dass das Verhütungsmittel Depo Provera, das den Mädchen zuvor verabreicht worden war, bei Versuchstieren Krebs verursachte.[579]

Nachdem das *Southern Poverty Law Center* wegen der Relf-Schwestern einen Prozess angestrengt hatte, sagte die Mutter der Mädchen aus, dass sie unwissentlich der Operation ›zugestimmt‹« habe, weil sie von den für ihre Töchter zuständigen Sozialarbeitern getäuscht worden sei. Diese hatten Frau Relf, die nicht lesen konnte, gebeten, ihr ›X‹ unter ein Dokument zu setzen, dessen Inhalt ihr nicht erklärt worden war. Sie hatte angenommen, sagte sie, dass es erlaubte, die Depo-Provera-Injektionen fortzusetzen. Wie sie erst im Nachhinein erfuhr, hatte sie in die Sterilisation ihrer Töchter eingewilligt.[580]

Aufgrund der Publizität, die dem Fall der Relf-Schwestern zuteilwurde, kamen weitere vergleichbare Vorkommnisse ans Licht. Allein in Montgomery waren auf ähnliche Weise elf Mädchen unter zwanzig Jahren sterilisiert worden. Vom Gesundheitsministerium eingerichtete Geburtskontrollkliniken hatten, wie sich herausstellte, auch in anderen Staaten junge Mädchen dem Sterilisationsmissbrauch unterworfen. Es traten auch einzelne Frauen mit ebenso empörenden Geschichten an die Öffentlichkeit. Nial Ruth Cox z.B. reichte gegen den Staat North Carolina Klage ein. Als sie achtzehn Jahre alt war – acht Jahre vor dem Prozess–, hatten die Behörden gedroht, die Sozialhilfe für ihre Familie einzustellen, wenn sie sich weigerte, eine Sterilisation vornehmen zu lassen.[581] Bevor sie der

578 Aptheker, »Sterilization«, S. 38. Siehe auch Anne Braden, »Forced Sterilization: Now Women Can Fight Back«, Southern Patriot, September 1973.

579 Ebd.

580 Jack Slater, »Sterilization, Newest Threat on the Poor«, Ebony, Bd. XXVIII, Nr. 12 (Oktober 1973), S. 150.

581 Braden, a.a.O.

Operation zustimmte, war ihr versichert worden, dass sie nur vorübergehend unfruchtbar sein würde.[582]

Nial Ruth Cox' Klageschrift war gegen einen Staat gerichtet, der die eugenische Theorie emsig praktizierte. Wie bekannt wurde, waren seit 1933 unter der Leitung der *Eugenics Commission of North Carolina* 7.686 Sterilisationen durchgeführt worden. Die Operationen wurden als Maßnahmen zur Verhinderung der Fortpflanzung »von geistig behinderten Personen« verteidigt, aber unter den sterilisierten Personen waren bezeichnenderweise 5.000 Schwarze gewesen.[583] Nach Brenda Feigen Fasteau, der von der ACLU gestellten Anwältin von Nial Ruth Cox, sah es im aktuellen Sterilisationsregister von North Carolina nicht besser aus.

> »Soweit ich feststellen kann, beweisen die Statistiken, dass 65 % der seit 1964 in North Carolina sterilisierten Frauen Schwarze waren und höchstens 35 % Weiße.«[584]

Wie die Flut von Veröffentlichungen über den Sterilisationsmissbrauch zeigte, war der Nachbarstaat South Carolina der Schauplatz noch schlimmerer Verstöße. Achtzehn Frauen aus Aiken, South Carolina, erklärten, in den frühen Siebzigerjahren von einem Dr. Clovis Pierce sterilisiert worden zu sein. Pierce, der einzige Geburtshelfer der Stadt, hatte durchweg alle Empfängerinnen von staatlichem Krankengeld mit zwei oder mehr Kindern sterilisiert. Nach den Angaben einer Krankenschwester aus seiner Praxis hatte Pierce darauf bestanden, dass alle Frauen, die Sozialhilfe bezogen, »sich einer freiwilligen Sterilisation zu unterwerfen (sic!) haben«, wenn sie wollten, dass er Geburtshilfe leistete«[585]. Denn er war es »... satt, dass so viele Leute herumlaufen und Babys bekommen, die von meinen Steuern bezahlt werden«[586]. Er selbst erhielt an Steuergeldern für die von ihm vorgenommenen Sterilisationen an die 60.000 Dollar. Im Prozess wurde er von der Ärztevereinigung South Carolinas unterstützt, deren Mitglieder erklärten, dass Ärzte »... das moralische und gesetzliche Recht haben,

---

582 Les Payne, »Forced Sterilization for the Poor?«, San Francisco Chronicle, 26. Februar 1974.
583 Harold X., »Forced Sterilization Pervades South«, Muhummed Speaks, 10. Oktober 1975.
584 Slater, a.a.O.
585 Payne a.a.O.
586 Ebd.

die Einwilligung in die Sterilisation zu verlangen, bevor sie eine Patientin annehmen, wenn dies beim ersten Besuch geschieht«[587].

Die Enthüllungen über den Sterilisationsmissbrauch legten damals auch die Mittäterschaft der Bundesregierung offen. Zunächst behauptete das *Department of Health, Education and Welfare* (HEW), dass etwa 16.000 Frauen und 8.000 Männer 1972 aufgrund der Bundesprogramme sterilisiert worden seien.[588] Später jedoch wurden diese Zahlen drastisch revidiert. Carl Shultz, Direktor des ›Büros für Bevölkerungsfragen‹ des HEW schätzte, dass in jenem Jahr zwischen 100.000 und 200.000 Sterilisationen von der Bundesregierung gefördert worden seien.[589] Zum Vergleich: In Hitlerdeutschland wurden aufgrund des Erbgesundheitsgesetzes der Nazis 250.000 Sterilisationen durchgeführt.[590] Ist es möglich, dass die Nazis während der gesamten Zeit ihrer Herrschaft ebenso viele Sterilisationen durchführten wie die US-Regierung in einem einzigen Jahr?

Bedenkt man den historischen Völkermord an der indigenen Bevölkerung der Vereinigten Staaten, sollte man meinen, dass die Native Americans von der staatlichen Sterilisationskampagne ausgenommen wären. Doch nach der Aussage von Dr. Connie Uri auf dem Hearing eines Senatskomitees waren bis 1976 ungefähr 24 Prozent aller weiblichen Native Americans im gebärfähigen Alter sterilisiert worden.[591] »Unsere Blutlinien werden unterbrochen«, sagte diese Ärztin vom Stamme der Choctaw vor dem Senatskomitee. »Die Ungeborenen werden nicht mehr geboren ... Das ist Völkermord an unserem Volk.«[592] Nach Dr. Uri hatte das *Indian Health Services Hospital* in Claremore, Oklahoma, von je vier Frauen, die in dieser Einrichtung des Bundes ein Kind geboren hatten, eine sterilisiert.[593]

Vor allem die Native Americans müssen als Zielscheibe der Regierungspropaganda für die Sterilisation herhalten. In einer an die Native Americans gerichteten HEW-Broschüre findet man eine Familie mit zehn Kindern und einem Pferd abgebildet sowie eine mit nur einem Kind und zehn

---

587 Ebd.

588 Aptheker, S. 48.

589 Payne, a.a.O.

590 Aptheker, »Sterilization«, S. 48.

591 Arlene Eisen, »They're Trying to Take Our Future – Native American Women Sterilization«, The Guardian, 23. März 1972.

592 Ebd.

593 Ebd.

Pferden. Die Zeichnungen sollen aussagen, dass mehr Kinder mehr Armut bedeuten und weniger Kinder Wohlstand; als seien die zehn Pferde der Familie mit nur einem Kind durch die magische Kraft der Geburtenkontrolle und der Sterilisationschirurgie entstanden!

Die inländische Bevölkerungspolitik der US-Regierung ist unleugbar rassistisch ausgerichtet. Native Americans, Chicanas, Puerto-Ricanerinnen und Schwarze Frauen werden weiterhin in unverhältnismäßig großer Anzahl sterilisiert. Nach einer »Nationalen Fruchtbarkeitsstudie«, die 1970 von dem *Princeton University's Office of Population Control* erstellt wurde, sind 20 Prozent der verheirateten Schwarzen Frauen auf Dauer sterilisiert worden.[594] Ungefähr der gleiche Prozentsatz an Chicanas ist ebenfalls operativ unfruchtbar gemacht worden.[595]

43 Prozent der Frauen, die aufgrund der Hilfsprogramme des Bundes sterilisiert wurden, waren überdies Schwarze.[596]

Die erstaunlich hohe Zahl der sterilisierten Puerto-Ricanerinnen spiegelt eine besondere Regierungspolitik wider, die bis in das Jahr 1939 zurückverfolgt werden kann. In diesem Jahr gab Präsident Roosevelts *Interdepartmental Committee on Puerto Rico* eine Erklärung heraus, in der die wirtschaftlichen Probleme der Insel auf das Phänomen der Übervölkerung zurückgeführt wurden.[597] Das Komitee schlug vor, die Geburtenrate so zu reduzieren, dass sie nicht höher als die Todesrate zu liegen käme.[598] Bald darauf wurde eine erste experimentelle Sterilisationskampagne in Puerto Rico durchgeführt. Obwohl die katholische Kirche sich ursprünglich gegen das Experiment gewehrt und 1946 die Absetzung des Programms erzwungen hatte, ließ sie sich in den frühen Fünfzigerjahren dazu bewegen, die Bevölkerungskontrolle zu lehren und zu praktizieren.[599] In dieser Periode wurden über 150 Geburtskontrollkliniken eröffnet, was dazu führte, dass sich bis Mitte der 60er-Jahre der Bevölkerungszuwachs um 20 Prozent verringert hatte.[600] Bis 1970 waren über 35 Prozent aller Puerto-Ricanerinnen

594 Zitiert in einem Flugblatt, das vom Komitee für die Beendigung des Sterilisationsmissbrauchs herausgegeben wurde, Box A 244 Cooper Station, New York 10003.

595 Ebd.

596 Ebd.

597 Gordon, a.a.O., S. 338.

598 Ebd.

599 Mass, a.a.O., S. 92.

600 Ebd. S. 91.

im gebärfähigen Alter operativ sterilisiert.[601] Bonnie Mass, eine ernsthafte Kritikerin der Bevölkerungspolitik der US Regierung, konstatierte:

> »Nimmt man die rein rechnerischen Pläne ernst und führt die gegenwärtige Sterilisationsrate von monatlich 19.000 fort, dann könnte die Inselbevölkerung aus Arbeitern und Bauern innerhalb der nächsten zehn bis zwanzig Jahren ausgerottet sein ... und zum ersten Mal in der Weltgeschichte hätte die systematische Anwendung der Geburtenkontrolle stattgefunden mit dem Ergebnis, dass eine ganze Generation eines Volkes eliminiert wäre.«[602]

In den Siebzigerjahren wurden die verheerenden Implikationen des puerto-ricanischen Experiments unmissverständlich sichtbar. In Puerto Rico hatten die dortigen Aktiengesellschaften der hochautomatisierten metallurgischen und pharmazeutischen Industrie das Problem der Arbeitslosigkeit verschärft. Die Aussicht auf eine immer größer werdende Armee von Arbeitslosen war eine der Hauptantriebskräfte für das Massensterilisationsprogramm gewesen. In den Vereinigten Staaten ist heute eine enorm hohe Zahl Schwarzer – darunter besonders rassistisch unterdrückte Jugendliche – zu einem Teil des Reservoirs an permanent Arbeitslosen geworden. Bedenkt man das puerto-ricanische Beispiel, so ist es kaum zufällig, dass die Zunahme von Sterilisationen mit der hohen Arbeitslosenrate Schritt hält. Auch die *Weißen*, die in wachsender Zahl unter den brutalen Folgen der Arbeitslosigkeit zu leiden haben, müssen darauf gefasst sein, zum Ziel der staatlichen Sterilisationspropaganda zu werden.

Die Verbreitung des Sterilisationsmissbrauchs war in den späten Siebzigerjahren vermutlich größer als je zuvor. Obwohl das *Department of Health, Education and Welfare* 1974 Richtlinien herausgab, die offenkundig dazu bestimmt waren, unfreiwillige Sterilisationen zu verhindern, hat sich die Situation verschlechtert. Als das *American Civil Liberties Union's Reproductive Freedom Project* 1975 ein Gutachten über Lehrkrankenhäuser erstellte, kam heraus, dass 40 Prozent dieser Einrichtungen die HEW-Richtlinien überhaupt nicht kannten.[603] Nur 30 Prozent der von der ACLU (American

601 Gordon, a.a.O., S. 401. Siehe auch das Flugblatt des CESA (Committee to End Sterilization Abuse).

602 Mass, a.a.O., S. 108.

603 Rahemah Aman, »Forced Sterilization«, Union Wage, 4. März 1978.

Civil Liberties Union) untersuchten Krankenhäuser wollten gerade damit beginnen, den Richtlinien zu entsprechen.[604]

Der Hyde-Zusatzartikel von 1977 hat hinsichtlich der Praxis der Zwangssterilisation noch eine weitere Dimension eröffnet. Ein Ergebnis dieses durch den Kongress verabschiedeten Gesetzes war die Streichung von Bundesmitteln für Abtreibungen in allen Fällen, außer bei Vergewaltigung oder bei Gefahr von Tod oder schwerer Krankheit. Nach Sandra Salazar vom Kalifornischen Gesundheitsministerium war das erste Opfer des Hyde-Zusatzartikels eine siebenundzwanzigjährige Chicana aus Texas. Sie starb an den Folgen einer illegalen Abtreibung in Mexiko, kurz nachdem in Texas die von der Regierung finanzierten Abtreibungen eingestellt worden waren. Es gibt aber noch viel mehr Opfer – die Frauen, für die die Sterilisation die einzige Alternative zur Abtreibung wurde, weil jene für sie nicht mehr erschwinglich war. Die Sterilisationen werden weiterhin staatlich gefördert und sind für arme Frauen auf Verlangen kostenlos.

Das ganze letzte Jahrhundert hindurch wurde der Kampf gegen den Sterilisationsmissbrauch hauptsächlich von den Puerto-Ricanerinnen, den Schwarzen, den Chicanas und den Native Americans geführt. Ihrer Sache hat sich die Frauenbewegung als ganze bis jetzt nicht angenommen. In den Organisationen, die die Interessen der *weißen* Frauen aus der Mittelklasse vertreten, ist eine gewisse Abneigung zu spüren, die Forderungen der Kampagne gegen den Sterilisationsmissbrauch zu unterstützen, da diesen Frauen sehr oft das Recht auf Sterilisation verwehrt wird, wenn sie sich zu diesem Schritt entschieden haben. Während die Schwarzen Frauen bei jeder Gelegenheit genötigt werden, auf Dauer unfruchtbar zu werden, werden die *weißen* Frauen aus ökonomisch gesicherten und wohlhabenden Verhältnissen von den gleichen Kräften genötigt, sich zu vermehren. In ihren Augen stellen die ›Wartezeit‹ und andere Details wie die Forderung nach einer Beratungspflicht nur weitere Erschwernisse für ihresgleichen dar, sich für eine Sterilisation zu entscheiden. Was auch immer diese Erschwernisse für die *weißen* Mittelstandsfrauen bedeuten mögen – für die rassistisch unterdrückten und armen Frauen steht das grundsätzliche Recht auf Nachkommenschaft auf dem Spiel. Der Sterilisationsmissbrauch muss aufhören.

---

604 Ebd.

DREIZEHN
Vergesellschaftung der Hausarbeit Perspektive der Arbeiterklasse

Die unzähligen Tätigkeiten wie Kochen, Spülen, Waschen, Betten machen, Kehren, Einkaufen etc., die zusammengefasst als ›Hausarbeit‹ bekannt sind, verbrauchen genau genommen drei- bis viertausend Stunden einer durchschnittlichen Hausfrau im Jahr.[605] So aufschreckend diese Statistik auch sein mag, sie enthält nicht einmal die konstante, noch zu quantifizierende Aufmerksamkeit, die eine Mutter ihren Kindern widmen muss. Wie die mütterlichen Pflichten schon immer als selbstverständlich betrachtet wurden, so gab auch ihre endlose Plackerei als Hausfrau in der Familie selten Anlass für eine ausdrückliche Würdigung. Hausarbeit ist letztendlich unsichtbar: »Niemand bemerkt sie, es sei denn, sie wird nicht gemacht – wir bemerken das ungemachte Bett, aber nicht den geputzten und gebohnerten Fußboden.«[606] Unsichtbar, eine ständige Wiederholung, ermüdend, unproduktiv, nicht kreativ – das sind die Begriffe, mit denen die Natur der Hausarbeit am besten erfasst wird.

Das mit der gegenwärtigen Frauenbewegung verbundene neue Bewusstsein hat eine zunehmende Zahl von Frauen ermuntert, von ihren Männern Erleichterung bei dieser Mühsal zu fordern. Mittlerweile haben Männer begonnen, ihren Partnerinnen im Haushalt zu helfen, einige widmen der Hausarbeit sogar den gleichen Anteil an Zeit. Aber wie viele dieser Männer haben sich von der Auffassung frei gemacht, dass Hausarbeit ›Frauenarbeit‹ ist? Wie viele von ihnen bezeichnen ihre Säuberungsaktionen nicht als bloßes ›Helfen‹ bei der Arbeit ihrer Partnerin?

Wenn es überhaupt möglich wäre, die Vorstellung von der Hausarbeit als Frauenarbeit zu eliminieren und gleichzeitig zu gleichen Teilen auf Männer und Frauen aufzuteilen, wäre das schon eine befriedigende Lösung? Würde

605 Oakley, a.a.O., S. 6.

606 Barbara Ehrenreich und Deidre English, »The Manufacture of Housework«, in Socialist Revolution, Nr. 26, Bd. 5, Nr. 4 (Oktober-Dezember 1975), S. 6.

Hausarbeit, aus der exklusiven Fixierung auf das weibliche Geschlecht befreit, aufhören, unterdrückerisch zu sein? Während die Frauen womöglich freudig die Ankunft des ›Hausmannes‹ feierten, würde die Abkehr von der geschlechtlichen Aufteilung nicht wirklich etwas an dem unterdrückenden Charakter der Hausarbeit ändern. Schließlich sollten weder Frauen noch Männer die kostbaren Stunden ihres Lebens auf eine Arbeit verschwenden müssen, die weder anregend, noch kreativ oder produktiv ist.

Eines der bestgehüteten Geheimnisse der entwickelten kapitalistischen Gesellschaft ist die Möglichkeit – und zwar die reale Möglichkeit – der radikalen Transformation der Hausarbeit. Ein wesentlicher Teil der Aufgaben einer Hausfrau im Haushalt kann tatsächlich von der industriemäßigen Wirtschaft übernommen werden. Mit anderen Worten, Hausarbeit muss nicht länger als notwendige und in ihrem privaten Charakter unveränderliche Arbeit angesehen werden. Teams von ausgebildeten und gut bezahlten Arbeiter*innen, die von Wohnung zu Wohnung ziehend technologisch entwickelte Reinigungsmaschinen bedienen, könnten schnell und effizient all das ausführen, was die heutige Hausfrau mühsam und primitiv verrichtet. Woher kommt diese Mauer des Schweigens, die diese Möglichkeit einer radikalen Umwandlung der Natur der Hausarbeit umgibt? Sie kommt aus der kapitalistischen Wirtschaft, die von ihrer Struktur her der Industrialisierung der Hausarbeit entgegensteht. Vergesellschaftete Hausarbeit verlangt umfangreiche staatliche Subventionen, um sie den Familien der Arbeiterklasse, deren Bedürfnisse nach solchen Diensten höchst offensichtlich sind, zugänglich zu machen. Da hier wenig an Profit zu erzielen wäre, ist die industrialisierte Hausarbeit – wie alle unprofitablen Unternehmen – kein Thema für die kapitalistische Ökonomie. Trotzdem bedeutet die rapide Zunahme des Potenzials an weiblichen Arbeitskräften, dass es für mehr und mehr Frauen immer schwieriger wird, sich im Sinne des traditionellen Standards als Hausfrau hervorzutun. Anders ausgedrückt, die Industrialisierung der Hausarbeit wird zusammen mit der Vergesellschaftung der Hausarbeit zu einem objektiven Bedürfnis. Hausarbeit in der Form der privaten Verantwortlichkeit der Frauen, und als ›Frauenarbeit‹ unter primitiven technischen Bedingungen verrichtet, ist vielleicht in absehbarer Zeit historisch überholt.

Obwohl die Hausarbeit, wie wir sie heute kennen, mit der Zeit zu einem geschichtlichen Überbleibsel werden mag, verknüpft sich im heutigen gesellschaftlichen Bewusstsein der immerwährende Zustand der Frau weiterhin mit Bildern von Besen und Schaufel, Scheuerlappen und Eimer, Schürze und Herd, Töpfen und Pfannen. Und es ist wahr, dass die Arbeit der Frauen von einer historischen Epoche zur nächsten im Allgemeinen mit dem Heim assoziiert wurde. Die weibliche Hausarbeit war jedoch nicht immer, was sie heute ist, denn wie alle gesellschaftlichen Erscheinungen ist auch die Hausarbeit ein veränderliches Ergebnis menschlicher Geschichte. Wie die ökonomischen Systeme aufstiegen und verschwanden, so haben sich auch Umfang und Qualität der Hausarbeit radikal verändert.

Wie schon Friedrich Engels in seinem klassischen Werk *Der Ursprung der Familie, des Privateigentums und des Staates*[607] ausführte, existierte die geschlechtliche Ungleichheit, so wie wir sie heute kennen, vor der Herausbildung des Eigentums nicht. In der frühen Phase der Menschheitsgeschichte war die geschlechtsmäßige Teilung der Arbeit innerhalb des wirtschaftlichen Produktionssystems komplementär im Sinne von antihierarchisch. In Gesellschaften, in denen die Männer für das Jagen wilder Tiere verantwortlich waren, die Frauen hingegen für das Sammeln von wilden Gemüsen und Früchten, verrichteten beide Geschlechter für das Überleben der Gemeinschaft gleich notwendige Aufgaben.

Da in jenen Zeiten die Gemeinschaft im Grunde eine erweiterte Familie war, bedeutete die zentrale Rolle der Frauen in häuslichen Angelegenheiten, dass sie folglich auch als produktive Mitglieder der Gemeinschaft gewertet und respektiert wurden.

Anschaulich wurde für mich die zentrale Bedeutung der häuslichen Aufgaben der Frauen in den vorkapitalistischen Kulturen durch eine persönliche Erfahrung während einer Fahrt mit dem Jeep, die ich 1973 durch die Massai-Steppe unternahm. Auf einer einsamen unbefestigten Straße in Tansania beobachtete ich sechs Massai-Frauen, wie sie es auf unbegreifliche Weise fertigbrachten, eine riesige Platte auf ihrem Kopf zu balancieren. Wie mir meine tansanischen Freunde erklärten, trugen diese Frauen wahrscheinlich das Dach eines Hauses zu einem neuen Dorf, das sie gerade aufbauten. Bei den Massai, erfuhr ich, waren die Frauen für alle häuslichen

607 Friedrich Engels, Der Ursprung der Familie, des Privateigentums und des Staates (1. Aufl. Hottingen-Zürich 1884), in Marx-Engels-Werke, Berlin (DDR) 1973, Bd. 21. Die amerikanische Ausgabe ist von Eleanor Burke Leacock hrg. und mit einer Einleitung versehen. (Frederick Engels, Origin of the Family, Private Property and the State, New York 1973). Siehe dort Kapitel II von Leacocks Einleitung, die zahlreiche aufschlussreiche Beobachtungen über Engels Theorie der historischen Herausbildung der männlichen Vorherrschaft enthält.

Angelegenheiten verantwortlich, also auch für die oft wieder neu aufzubauenden Häuser ihres nomadisierenden Volkes. Hausarbeit – soweit es die Massai-Frauen betrifft – beinhaltet nicht nur Kochen, Saubermachen, Kinderpflege, Nähen usw., sondern auch z.B. den Hausbau. So wichtig die Pflichten ihrer Männer bei der Viehzucht sein mögen, die ›Hausarbeit‹ der Frauen ist nicht weniger produktiv und nicht weniger essenziell als der wirtschaftliche Beitrag der Massai-Männer.

Innerhalb der vorkapitalistischen Nomadenwirtschaft der Massai sind die häuslichen Arbeiten der Frauen für die Wirtschaftsformation ebenso essenziell wie die für die Viehzucht notwendigen Arbeiten der Männer. Als Produzent*innen haben sie einen gleich hohen sozialen Status. In den fortgeschrittenen kapitalistischen Gesellschaften aber führt die dienstleistungsorientierte häusliche Arbeit der Hausfrauen, die selten greifbare Beweise ihrer Arbeit hervorbringen, zu einer Verminderung des sozialen Status der Frauen im Allgemeinen. Alles in allem ist die Ehefrau in der bürgerlichen Ideologie schlicht die lebenslange Dienerin ihres Ehemannes.

Die bürgerliche Vorstellung von der Frau als einer ewigen Dienerin des Mannes hat selbst eine aufschlussreiche Geschichte. In der relativ kurzen Geschichte der Vereinigten Staaten ist das abgeschlossene Bild von der ›Hausfrau‹ kaum älter als ein Jahrhundert. Die Hausarbeit war während der Kolonialzeit von der heutigen täglichen Arbeit der Hausfrauen in den Vereinigten Staaten völlig verschieden.

> »Die Arbeit einer Frau begann bei Sonnenaufgang und wurde beim Feuerschein so lange fortgesetzt, bis sie ihre Augen nicht mehr offenhalten konnte. Zwei Jahrhunderte lang wurde fast alles, was eine Familie brauchte oder aß, unter ihrer Anleitung zu Hause produziert. Sie spann und färbte das Garn, aus dem sie Stoff webte, den sie schnitt und mit der Hand zu Kleidung zusammenstichelte. Vieles von dem, was die Familie aß, zog sie selbst und konservierte genug, um über die Wintermonate zu kommen. Sie machte Butter, Käse, Brot, Kerzen und Seife und stopfte die Socken der Familie.«[608]

In der agrarischen Wirtschaft des vorindustriellen Nordamerika war also eine Frau, die Hausarbeiten verrichtete, Spinnerin, Weberin, Näherin ebenso wie Bäckerin, Butter-, Kerzen- und Seifenmacherin. Und so weiter und so weiter und so weiter. Um die Wahrheit zu sagen,

608 Wertheimer, a.a.O., S. 12.

»… ließ ihr die Belastung durch die häusliche Produktion sehr wenig Zeit für die Aufgaben, die wir heute als Hausarbeit anerkennen würden. Nach allem, was man hört, waren im Vergleich zu heutigen Maßstäben die Frauen vor der industriellen Revolution schlampige Haushälterinnen. Anstelle des täglichen oder wöchentlichen Putzens gab es den Frühjahrsputz. Die Mahlzeiten waren einfach und ohne Abwechslung; die Kleidung wurde selten gewechselt, die Haushaltswäsche ließ man anwachsen, und einmal im Monat wurde Wäsche gewaschen oder in manchen Haushalten nur alle drei Monate. Und da natürlich zu jeder Wäsche viele Kübel Wasser geschleppt und erhitzt werden mussten, wurden höhere Ansprüche an Sauberkeit schnell beiseitegeschoben.«[609]

Die Frauen der Kolonialzeit waren keine ›Putzfrauen‹ oder ›Haushälterinnen‹, sondern eher fingerfertige, ausgebildete Arbeiterinnen innerhalb der Hauswirtschaft. Sie stellten nicht nur die meisten Produkte für den Familienbedarf selbst her, sondern waren auch die Hüterinnen der Gesundheit ihrer Familien und Gemeinden.

»Es lag in der Verantwortlichkeit (der Frau der Kolonialzeit), wilde Kräuter zu sammeln und zu trocknen, die als … Medizin gebraucht wurden; sie war Ärztin, Krankenschwester und Hebamme für die eigene Familie und die Gemeinde.«[610]

Das *United States Practical Receipt Book* – ein verbreitetes koloniales Rezeptbuch – enthielt sowohl Kochrezepte als auch Rezepte für Haushaltschemikalien und Arzneien. Um z.B. die Scherpilzflechte zu heilen, »beschaffe etwas Blutkraut … zu Streifen geschnitten in Essig legen, danach die angegriffenen Flächen mit der Flüssigkeit waschen«[611].

Die ökonomische Bedeutung der häuslichen Funktionen der Frauen wurde im kolonialen Amerika sichtbar durch Tätigkeiten außerhalb des Heimes ergänzt. Für eine Frau war es durchaus üblich, z.B. Schankwirtin zu sein.

»Frauen betrieben außerdem Sägewerke und Getreidemühlen, sie flochten Stühle und schreinerten Möbel, sie leiteten Schlachthäuser, bedruckten Baumwolle und andere Stoffe, verfertigten Spitze, besaßen und führten Textil- und Bekleidungsgeschäfte. Sie arbeiteten in Tabakgeschäften, in Apotheken

609 Ehrenreich und English, »The Manufacture of Housework«, S. 9.
610 Wertheimer, a.a.O., S. 12.
611 Zitiert in Baxandall u. a., a.a.O., S. 17.

(wo sie ihre selbst zubereiteten Mixturen verkauften), und in Kaufhäusern, die alles, von der Stecknadel bis zur Fleischwaage, führten. Frauen schliffen Brillengläser, machten Netze und Seile, schnitten und nähten Lederwaren, machten die Kratzen zum Krempeln der Wolle und waren sogar Anstreicherinnen. Oft waren sie die Leichenbestatterinnen der Stadt …«[612]

Die postrevolutionäre Woge der Industrialisierung führte zu einer starken Zunahme der Fabriken im nordöstlichen Teil des Landes. Die Textilfabriken in Neu-England waren die erfolgreichen Prototypen des Fabrikwesens. Da Spinnen und Weben traditionelle häusliche Gewerbe gewesen waren, waren Frauen auch die ersten Arbeitskräfte, die von den Fabrikbesitzern angeworben wurden, um an den neuen mechanischen Webstühlen zu arbeiten. Bedenkt man den späteren Ausschluss der Frauen aus der industriellen Produktion im Allgemeinen, so erscheint es wie eine der größten Ironien der Wirtschaftsgeschichte dieses Landes, dass die ersten Industriearbeiter*innen Frauen waren.

Mit fortschreitender Industrialisierung verlagerte sich die Produktion aus dem Heim in die Fabrik, und die Bedeutung der Hausarbeit der Frauen wurde systematisch ausgehöhlt. Die Frauen waren die Verliererinnen in doppeltem Sinn: Da ihre traditionelle Arbeit von den aus dem Boden schießenden Fabriken usurpiert wurde, bewegte sich die gesamte Wirtschaft weg vom Heim und beraubte viele Frauen ihrer bedeutenden ökonomischen Funktionen. Mitte des neunzehnten Jahrhunderts lieferten die Fabriken Textilien, Kerzen und Seife. Sogar die Butter, das Brot und andere Nahrungsmittel wurden nun nach und nach in Massenproduktion hergestellt.

»Gegen Ende des Jahrhunderts stärkte und kochte kaum noch jemand seine Wäsche im Kessel. In den Städten kauften die Frauen ihr Brot und zumindest Unterwäsche außerhalb, schickten die Kinder auf Schulen und vermutlich auch einige Kleidungsstücke in die Wäscherei und besprachen untereinander die Vorzüge der Dosennahrung … Der Strom der Industrialisierung war weitergeflossen und hatte den Webstuhl auf dem Dachboden und den Seifenkessel im Schuppen zurückgelassen.«[613]

Je mehr sich der Kapitalismus festigte, desto größer wurde die Kluft zwischen der neuen Wirtschaftswelt und der alten Hauswirtschaft. Die Verla-

612 Wertheimer, a.a.O., S. 13.
613 Ehrenreich und English, »The Manufacture of Housework«, S. 10.

gerung der Produktionsstätten durch die Ausbreitung des Fabrikwesens war zweifellos eine drastische Veränderung. Noch radikaler aber war die allgemeine Neubewertung der Produktion, die durch das Fabriksystem hervorgerufen wurde. Während der Wert der hausgemachten Güter hauptsächlich darin bestand, dass sie die Grundbedürfnisse der Familie befriedigten, lag die Bedeutung der fabrikmäßig hergestellten Waren überwiegend in ihrem Tauschwert, in ihrer Fähigkeit, die Bedürfnisse der Fabrikbesitzer nach Profit zu befriedigen. Diese Neubewertung der wirtschaftlichen Produktion offenbarte – über die örtliche Trennung von Heim und Fabrik hinaus – eine fundamentale strukturelle Trennung zwischen der auf Hauswirtschaft aufgebauten Ökonomie und der profitorientierten Ökonomie des Kapitalismus. Da die Hausarbeit keinen Profit erzeugt, wurde sie im Vergleich zur kapitalistischen Lohnarbeit naturgemäß als eine minderwertigere Form der Arbeit definiert.

Ein bedeutendes ideologisches Nebenprodukt dieser radikalen Transformation war die Herausbildung der ›Hausfrau‹. Die neue ideologische Eingrenzung der Frau als Hüterin des abgewerteten häuslichen Lebens begann. Als Ideologie jedoch stand diese neue Bestimmung des Platzes der Frau in krassem Widerspruch zu der gewaltigen Zahl der Einwanderinnen, die die Reihen der Arbeiterklasse im Nordosten aufblähten. Diese *weißen* Einwanderinnen waren an erster Stelle Lohnarbeiterinnen und erst an zweiter Hausfrauen. Und es gab noch Millionen weiterer Frauen, die sich außerhalb ihrer Wohnungen als unfreiwillige Produzentinnen in der Sklavenwirtschaft des Südens plagten. Zur Wirklichkeit der US-Gesellschaft im neunzehnten Jahrhundert gehörten auch die *weißen* Frauen, die für einen Hungerlohn ihre Tage mit der Arbeit an den Maschinen in den Fabriken verbrachten, ebenso wie die Schwarzen Frauen, die unter dem Zwang der Sklaverei arbeiteten. Die ›Hausfrau‹ spiegelte nur einen Teil der Wirklichkeit wider, denn sie war im Wesentlichen ein Symbol des wirtschaftlichen Wohlstandes des sich herausbildenden Bürgertums.

Obwohl die ›Hausfrau‹ allein in den gesellschaftlichen Verhältnissen der Bourgeoisie und des Mittelstandes verwurzelt war, erklärte die Ideologie des neunzehnten Jahrhunderts die Hausfrau und Mutter zum allgemeingültigen Modell der Weiblichkeit. Da die allgemeine Propaganda die Berufung aller Frauen darin sah, in ihren häuslichen Funktionen aufzugehen, wurden die Frauen, die gezwungen waren, für Lohn zu arbeiten, wie Gäste in der männlichen Welt der öffentlichen Wirtschaft behandelt. Da sie sich aus ihrer ›natürlichen‹ Sphäre herausbegeben hatten, mussten Frauen nicht als vollwertige Lohnarbeiter*innen behandelt werden. Der Preis, den sie zahlten, waren lange Arbeitstage, Arbeitsbedingungen, die unter der gültigen Norm lagen und extrem ungerechte Löhne. Ihre Ausbeutung war sogar stärker als die, unter der ihre männlichen Pendants litten. Unnötig zu bemerken, dass der Sexismus sich als eine Quelle unerhörter Superprofite für die Kapitalisten erwies.

Die strukturelle Trennung der öffentlichen Wirtschaft von der häuslichen Privatwirtschaft wurde durch die gleichbleibende Primitivität der Hausarbeit noch weiter verstärkt. Abgesehen von der Zunahme von Haushaltsgeräten blieb die Hausarbeit von dem technologischen Fortschritt, den der Kapitalismus mit sich brachte, in ihrer Qualität unberührt. Die Hausarbeit der durchschnittlichen Hausfrau verbraucht immer noch Tausende von Stunden im Jahr. 1903 schlug Charlotte Perkins Gilman eine Definition der Hausarbeit vor, die die Umwälzungen widerspiegelt, die Struktur und Inhalt der Hausarbeit in den Vereinigten Staaten verändert haben:

> »Der Ausdruck ›Hausarbeit‹ bezeichnet nicht eine spezifische Art von Arbeit, sondern einen bestimmten Grad der Arbeit, ein Entwicklungsstadium, durch das alle Arten gehen. Alle Gewerbe waren einst ›häuslich‹, d.h. sie wurden zu Hause und im Interesse der Familie betrieben. Alle Gewerbe haben sich seit jenen fernen Zeiten zu höheren Stufen entwickelt, außer einigen wenigen, die niemals ihre erste Stufe verlassen haben.«[614]

»Das Heim«, behauptet Gilman, »hat sich im Verhältnis zu anderen Institutionen nicht entwickelt.« Die Hauswirtschaft offenbart

> »... die Überlebensfähigkeit primitiver Arbeitsformen in einer modernen Industriegesellschaft und die Beschränkung der Frauen auf diese Arbeitsformen und den begrenzten Umkreis, in dem sie wirksam werden können.«[615]

Die Hausarbeit, meint Gilman, beeinträchtigt die Menschenwürde der Frau:

> »Sie ist mehr als genug weiblich, wie der Mann mehr als genug männlich ist, aber sie ist nicht so sehr Mensch wie der Mann. Das häusliche Leben entwi-

614 Charlotte Perkins Gilman. The Home: Its Work and Its Influence, Urbana 1972. Wiederabdruck der Ausgabe von 1903. S.30–31.

615 Ebd. S. 10.

ckelt unser Menschsein nicht, denn alle wichtigen Stränge des menschlichen Fortschritts liegen außerhalb.«[616]

Die Richtigkeit von Gilmans Behauptungen wird durch die historischen Erfahrungen der Schwarzen Frauen in den Vereinigten Staaten bestätigt. In der gesamten Geschichte dieses Landes hat die Mehrheit der Schwarzen Frauen außerhalb ihrer Wohnungen gearbeitet. Während der Sklaverei schufteten die Frauen Seite an Seite mit ihren Männern auf den Tabak- und Baumwollfeldern, und als die Industrie im Süden Einzug hielt, konnte man sie in den Tabakfabriken, in den Zuckerraffinerien und sogar in den Sägewerken und in den Arbeitskolonnen finden, die die Schienen der Eisenbahnlinien verlegten. Bei der Arbeit waren die weiblichen Versklavten ihren Männern gleich. Weil sie die harte geschlechtliche Gleichheit der Arbeit zu erleiden hatten, konnten sie zu Hause in den Sklavenvierteln auch eine größere geschlechtliche Gleichheit genießen, als es ihren *weißen* Schwestern, den ›Hausfrauen‹, möglich war.

Eine Folge dieser Arbeit außer Haus war – für die ›freien‹ Frauen nicht weniger als für die Sklavinnen –, dass die Hausarbeit niemals einen zentralen Stellenwert im Leben der Schwarzen Frauen einnehmen konnte. Im Großen und Ganzen entgingen sie dem psychischen Schaden, den der industrielle Kapitalismus den *weißen* Mittelstands-Hausfrauen zugefügt hatte, indem ihnen weibliche Schwäche und frauliche Unterwürfigkeit als Tugenden zugewiesen wurden. Die Schwarzen Frauen konnten schwerlich nach Schwäche streben; sie mussten stark sein, denn ihre Familien und Gemeinden brauchten ihre Stärke, um zu überleben. Beweise dieser Kräfte, die die Schwarzen Frauen durch Arbeit, Arbeit und nochmal Arbeit hervorgebracht haben, findet man im Leben der vielen herausragenden Frauen, die als leitende Persönlichkeiten der Schwarzen Gemeinschaft bekannt geworden sind. Harriet Tubman, Sojourner Truth, Ida B. Wells und Rosa Parks sind nicht etwa Ausnahmen in der Schwarzen Frauenwelt, sondern ihre Verkörperung.

Die Schwarzen Frauen haben jedoch für die Stärke, die sie erlangt haben, und für ihre relative Freiheit einen hohen Preis gezahlt. Obwohl sie selten nur Hausfrauen waren, haben sie doch immer ihre Hausarbeit gemacht. So haben sie die doppelte Last von Lohnarbeit und Hausarbeit getragen – eine

616 Ebd. S. 217.

doppelte Last, die von arbeitenden Frauen die Ausdauer eines Sisyphos erfordert. W. E. B. DuBois stellte 1920 fest:

> »… einige wenige Frauen sind frei geboren, und einige erreichen die Freiheit nur nach Beleidigungen und Ehebruch; aber unseren Schwarzen Frauen wurde die Freiheit verachtungsvoll hingeworfen. Mit dieser Freiheit erwerben sie sich eine unbezweifelbare Unabhängigkeit, und so teuer der Preis, den sie dafür zahlen, auch ist, am Ende wird sich jeder Fluch und jeder Seufzer gelohnt haben.«[617]

Die Schwarzen Frauen haben wie ihre Männer gearbeitet, bis sie nicht mehr konnten. Wie ihre Männer haben sie die Verantwortung für den Unterhalt ihrer Familie getragen. Die unorthodoxen weiblichen Tugenden des Selbstbewusstseins und Selbstvertrauens – die an den Schwarzen Frauen oft gelobt, aber noch mehr gerügt wurden – sind Widerspiegelungen ihrer Arbeit und ihrer Kämpfe außer Haus. Und doch haben sie wie ihre *weißen* Schwestern, die ›Hausfrauen‹, gekocht und saubergemacht und unzählige Kinder aufgezogen. Aber anders als die *weißen* Hausfrauen, die gelernt hatten, sich in ihrem Bedürfnis nach ökonomischer Sicherheit auf ihre Männer zu stützen, haben die Schwarzen Ehefrauen und Mütter, die in der Regel auch Arbeiterinnen waren, selten die Zeit und die Energie gehabt, zu Expertinnen in häuslichen Angelegenheiten zu werden. Wie ihre *weißen* Schwestern aus der Arbeiterklasse, die ebenfalls die doppelte Last der Arbeit für den Lebensunterhalt und der Versorgung von Ehemann und Kindern tragen, bedürfen die Schwarzen Frauen schon seit langer, langer Zeit der Erleichterung von diesem bedrückenden Schicksal.

Für die Schwarzen Frauen heute und für alle ihre Schwestern aus der Arbeiterklasse enthält die Vorstellung, dass die Last der Hausarbeit und Kinderversorgung von ihren Schultern genommen und der Gesellschaft zugewiesen werden kann, eines der radikalsten Geheimnisse der Frauenbewegung. Die Kinderversorgung und die Essensversorgung sollten vergesellschaftet, die Hausarbeit sollte industrialisiert werden und alle diese Dienste sollten ohne Weiteres der Arbeiterklasse zugänglich sein.

Die Tatsache, dass die Möglichkeiten der Vergesellschaftung von Hausarbeit in der öffentlichen Diskussion eine geringe oder gar keine Rolle spielen, ist ein schlagender Beweis für die blindmachenden Kräfte der bürgerlichen

617 DuBois, Darkwater, S. 185.

Ideologie. Es ist noch nicht einmal so, dass der häuslichen Rolle der Frau überhaupt keine Aufmerksamkeit gewidmet worden wäre. Im Gegenteil, die gegenwärtige Frauenbewegung hat die Hausarbeit als einen wesentlichen Bestandteil der Unterdrückung der Frauen herausgestellt. In einer Reihe von kapitalistischen Ländern gibt es sogar eine Bewegung, deren hauptsächliches Interesse der Lage der Hausfrauen gilt. Zu der Schlussfolgerung gekommen, dass Hausarbeit erniedrigend und unterdrückend unbezahlte Arbeit ist, hat diese Bewegung die Forderung nach Lohn für Hausarbeit erhoben. Eine wöchentliche staatliche Lohnzahlung, wird behauptet, sei der Schlüssel, den Status der Hausfrauen und die gesellschaftliche Stellung der Frauen überhaupt zu verbessern.

Die Bewegung ›Lohn für Hausarbeit‹ hat ihren Ursprung in Italien, wo die ersten Demonstrationen dieser Art 1974 stattfanden. Auf einer Kundgebung in Mestre erklärte eine der Rednerinnen:

> »Die Hälfte der Weltbevölkerung ist unbezahlt – das ist der größte Klassenwiderspruch von allen! Und dies ist *der* Kampf um Lohn für Hausarbeit. Es ist *die* strategische Forderung; zu diesem Zeitpunkt ist sie die revolutionärste Forderung für die gesamte Arbeiterklasse. Wenn wir gewinnen, gewinnt die Klasse, wenn wir verlieren, verliert die Klasse.«[618]

In der Strategie dieser Bewegung ist der Lohn der Schlüssel zur Emanzipation der Hausfrauen, und die Forderung selbst wird als der Brennpunkt der Frauenbewegung überhaupt herausgestellt. Ja, der Hausfrauenkampf um Lohn wird sogar als ein Kernpunkt der gesamten Arbeiterbewegung hingestellt.

Die theoretischen Ursprünge der Bewegung ›Lohn für Hausarbeit‹ können in einem Aufsatz von Mariarosa Dalla Costa mit dem Titel *Die Frauen und der Umsturz der Gesellschaft*[619] nachgelesen werden. Dalla Costa spricht sich dort für eine Neubestimmung der Hausarbeit aus, die darauf fußt, dass der private Charakter der Haushalts-Dienste faktisch eine Illusion ist. Die Hausfrau, behauptet sie, dient nur scheinbar den privaten Bedürfnissen des Mannes und der Kinder, denn die wahren Nutznießer

618 Rede von Polga Fortunata. Zitiert in Wendy Edmond und Suzie Fleming (Hg.), All Work and No Pay: Woman, Housework and the Wages Due!, England, 1975, S. 18.

619 Mariarosa Dalla Costa und Selma James, The Power of Women and the Subversion of Community, Bristol, England, 1973.

ihrer Dienste sind der derzeitige Arbeitgeber ihres Mannes und die zukünftigen Arbeitgeber ihrer Kinder.

> »(Die Frau) ist in ihrem Heim eingesperrt und gezwungen, Arbeit zu leisten, die als ungelernte Arbeit gilt, die Arbeit des Gebärens, der Aufzucht, der Disziplinierung und des Bedienens der Arbeiter für die Produktion. Ihre Funktion bleibt im Kreislauf der Produktion unsichtbar, weil nur das Produkt ihrer Arbeit, der Arbeiter, sichtbar ist.«[620]

Die Forderung, Hausfrauen zu entlohnen, gründet auf der Annahme, dass die von ihnen produzierten Waren ebenso wichtig und wertvoll sind wie die Waren, die ihre Ehemänner am Arbeitsplatz produzieren. Die Bewegung ›Lohn für Hausarbeit‹ hat sich Dalla Costas Logik zu eigen gemacht, nach der die Hausfrauen die Produzent*innen der Arbeitskraft sind, die die Familienmitglieder auf dem kapitalistischen Markt verkaufen.

Dalla Costa war nicht die erste Theoretikerin, die eine solche Interpretation der Unterdrückung der Frauen vorlegte. Sowohl Mary Inmans *In Woman's Defense* (1940)[621] als auch Margaret Benstons[622] *The Political Economy of Women's Liberation* (1969) arbeiten mit einer Definition der Hausarbeit, nach der die ›Hausfrauen‹ eine spezielle Klasse von Arbeitern bilden, die vom Kapitalismus ausgebeutet werden. Dass die Gebärfähigkeit der Frauen, das Aufziehen der Kinder und die Haushaltsführung es den anderen Familienmitgliedern ermöglicht, arbeiten zu gehen – um ihre Arbeitskraft gegen Lohn einzutauschen –, kann kaum geleugnet werden. Folgt aber daraus schon automatisch, dass die Frauen im Allgemeinen, unabhängig von ›Rasse‹ und Klassenzugehörigkeit, wirklich durch ihre häuslichen Funktionen definiert werden können? Folgt daraus automatisch, dass die Hausfrau innerhalb des kapitalistischen Produktionsprozesses eigentlich eine verborgene Arbeiterin ist?

Wenn die industrielle Revolution zur strukturellen Trennung der privaten Hauswirtschaft von der öffentlichen Wirtschaft führte, so kann die Hausarbeit nicht als ein integraler Bestandteil der kapitalistischen Produktion bezeichnet werden. Ihr Bezug zur Produktion ist eher der

---

620 Ebd. S. 28.

621 Mary Inman, In Women's Defense, Los Angeles (Comitee to Organize the Advancement of Women) 1940. Siehe auch Inman, The Two Forms of Production Under Capitalism. Long Beach, Call.1964.

622 Margaret Benston, »The Political Economy of Women's Liberation«, Monthly Review, Bd. XXI. Nr. 4 (September 1669).

einer Vorbedingung. Der Unternehmer ist nicht im Geringsten daran interessiert, wie die Arbeitskraft produziert und erhalten wird, er ist nur an ihrer Verfügbarkeit und ihrer Fähigkeit interessiert, Profit zu erzeugen. Mit anderen Worten, der kapitalistische Produktionsprozess setzt schon die Existenz von ausbeutbaren Arbeiter*innen voraus.

> »Die Wiederherstellung der Arbeitskraft (des Arbeiters) ist kein Teil der gesellschaftlichen Produktion, sondern eine Voraussetzung für sie. Sie geschieht außerhalb des Arbeitsprozesses. Ihre Funktion ist die Aufrechterhaltung der menschlichen Existenz, was der höchste Zweck der Produktion in allen Gesellschaften ist.«[623]

In der südafrikanischen Gesellschaft, wo der Rassismus die ökonomische Ausbeutung bis an ihre brutalsten Grenzen geführt hat, verrät die kapitalistische Wirtschaft ihre strukturelle Trennung vom häuslichen Leben auf eine in ihrer Brutalität aufschlussreiche Art. Die Sozial-Konstrukteure der Apartheid haben entschieden, dass die Arbeit der Schwarzen höhere Profite abwirft, wenn das Familienleben ganz wegfällt. Die Schwarzen Männer werden als Arbeitseinheiten angesehen, deren produktives Potenzial sie für die kapitalistische Klasse wertvoll macht. Ihre Frauen und Kinder aber

> »... sind überflüssige Anhängsel – unproduktiv, die Frauen sind nichts weiter als ein Zusatz zu der Zeugungsfähigkeit der männlichen Schwarzen Arbeitseinheiten.«[624]

Diese Charakterisierung der Afrikanerinnen als »überflüssige Anhängsel« ist kaum als Metapher zu verstehen. Nach südafrikanischem Gesetz sind Schwarze Frauen ohne Arbeit in den Gebieten der *Weißen* (87 Prozent des Landes!) nicht aufenthaltsberechtigt, nicht einmal in den Städten, in denen ihre Männer leben und arbeiten. Das Familienleben der Schwarzen in den Industriezentren Südafrikas wird von den Unterstützer*innen der Apartheid als überflüssig und unprofitabel betrachtet. Aber auch als Bedrohung.

---

623 »On the Economic Status of the Housewife« Herausgeberkommentar in Political Affairs, Bd. LIII. Nr. 3 (März 1974), S.4.

624 Hilda Bernstein, For Their Triumphs and For Their Tears: Women in Apartheid South Africa, London (International Defence and Aid Fund) 1975, S. 13.

> »Die Behörden erkennen die haushaltsführende Rolle der Frauen und fürchten, dass ihre Gegenwart in den Städten zur Bildung einer stabilen Schwarzen Bevölkerung führen könnte.«[625]

Die Ansiedelung afrikanischer Familien in den Industriestädten wird als eine Bedrohung angesehen, weil das Familienleben eine Basis für erhöhten Widerstand gegen die Apartheid werden könnte. Dies ist zweifellos ein Grund, warum viele Frauen, die für die *weißen* Gebiete eine Aufenthaltserlaubnis haben, angewiesen sind, in nach Geschlechtern getrennten Wohnheimen zu leben. Verheiratete wie auch ledige Frauen müssen letzten Endes in diesen Projekten leben. In solchen Unterkünften ist das Familienleben streng verboten – Ehemänner und Ehefrauen dürfen sich nicht gegenseitig besuchen, und weder Mütter noch Väter dürfen von ihren Kindern besucht werden.[626]

Diese tiefgreifende Beeinträchtigung der Schwarzen Frauen in Südafrika hat schon ihren Tribut gefordert, denn nur 28,2 Prozent von ihnen heiraten überhaupt.[627] Aus Gründen der ökonomischen Zweckmäßigkeit und politischen Sicherheit zersetzt die Apartheid – offenbar in der Absicht, sie zu zerstören – die ureigensten häuslichen Strukturen der Schwarzen. So demonstriert der südafrikanische Kapitalismus am extremsten, bis zu welchem Ausmaß die kapitalistische Wirtschaft tatsächlich von der Hausarbeit abhängig ist.

Die vorsätzliche Zerstörung des Familienlebens der Schwarzen in Südafrika könnte von der Regierung nicht durchgesetzt werden, wenn es wirklich zuträfe, dass die Dienste, die die Frauen zu Hause verrichten, eine wesentliche Grundlage der Lohnarbeit im Kapitalismus sind. Dass auf das Familienleben verzichtet werden kann, wie es die Version des südafrikanischen Kapitalismus deutlich macht, ist eine Folge der Trennung der privaten Hauswirtschaft vom öffentlichen Produktionsprozess in der kapitalistischen Gesellschaft. Es ist sinnlos zu behaupten, dass gerade aufgrund der inneren Logik des Kapitalismus die Frauen für Hausarbeit Lohn erhalten müssten.

---

625 Elizabeth Landis, »Apartheid and the Disabilities of Black Women in South Africa«, Objective, Justice, Bd. VII, Nr. 1. (Januar–März 1957), S. 6. Auszüge aus diesem Papier im Freedomways, Bd. XV, Nr. 4, 1975.

626 Bernstein, a.a.O. S. 33.

627 Landis, a.a.O. S. 6.

Angenommen, die der Forderung nach Lohn zugrunde liegende Theorie wäre hoffnungslos fehlerhaft, wäre es nicht trotzdem politisch wünschenswert, darauf zu bestehen, dass die Hausfrauen bezahlt werden? Könnte man nicht einen moralischen Imperativ anführen für das Recht der Frauen auf Bezahlung ihrer im Haushalt geleisteten Arbeitsstunden? Die Vorstellung einer Lohnzahlung für Hausfrauen hört sich sicher für viele Frauen recht reizvoll an. Der Reiz wäre allerdings nur von kurzer Dauer. Denn wie viele Frauen wären tatsächlich bereit, sich mit den nervtötenden, niemals endenden Hausarbeiten nur um des Lohnes willen zu versöhnen? Würde der Lohn die Tatsache verändern, die Lenin so beschreibt?

> »Die Frau ... wird erdrückt, erstickt, abgestumpft, erniedrigt von der Kleinarbeit der Hauswirtschaft, die sie an die Küche und an das Kinderzimmer fesselt und ihre Schaffenskraft durch eine geradezu barbarisch unproduktive, kleinliche, entnervende, abstumpfende, niederdrückende Arbeit vergeudet.«[628]

Es sieht eher so aus, dass staatliche Lohnzahlungen für Hausfrauen diese Haussklaverei weiterhin legitimieren würden.

Wäre nicht eine stillschweigende Kritik an der Bewegung ›Lohn für Hausarbeit‹ darin zu sehen, dass die von Sozialunterstützung lebenden Frauen selten eine Entschädigung für das Führen des Haushalts verlangt haben? Nicht ›Lohn für Hausarbeit‹, sondern eher ›ein garantiertes jährliches Mindesteinkommen für alle‹ ist die unmittelbare, am häufigsten genannte Alternative zum entmenschlichenden Wohlfahrtssystem. Was sie jedoch auf lange Sicht wollen, das sind Arbeitsplätze und eine erschwingliche öffentliche Kinderversorgung. Das garantierte Mindesteinkommen hätte deshalb seine Funktion als eine Art Arbeitslosenversicherung, bis mehr Arbeitsplätze mit angemessenen Löhnen zusammen mit einem subventionierten System der Kinderversorgung geschaffen wären.

Das Problematische an der ›Lohn für Hausarbeit‹-Strategie wird auch durch die Erfahrungen einer anderen Gruppe von Frauen belegt. Putzfrauen, Hausangestellte und Dienstmädchen – diese Frauen wissen besser als irgendjemand sonst, was es heißt, für Hausarbeit Lohn zu bekommen. Ihr tragisches Schicksal ist in dem Film von Ousmane Sembene *La Noire de ...*[629] ganz hervorragend eingefangen. Die Hauptfigur ist eine junge Sene-

628 W. I. Lenin, »Die große Initiative«, als Broschüre im Juli 1919 in Moskau veröffentlicht. Zitiert nach Werke, Berlin (DDR) 1970, Bd. 29, S.419.

629 Uraufgeführt in den Vereinigten Staaten unter dem Titel *Black Girl.*

galesin, die nach langer Arbeitssuche Erzieherin bei einer in Dakar lebenden französischen Familie wird. Als die Familie nach Frankreich zurückkehrt, geht sie voller Begeisterung mit. In Frankreich jedoch wird ihr bewusst, dass sie nicht nur für die Kinder verantwortlich ist, sondern auch fürs Kochen, Saubermachen, Waschen und die übrigen Hausarbeiten. Es dauert nicht lange, bis ihre ursprüngliche Begeisterung in eine Depression mündet, in eine Depression, die so tief geht, dass sie den Lohn zurückweist, den ihre Herrschaft ihr anbietet. Der Lohn kann ihre sklavengleiche Situation nicht kompensieren. Da ihr das Geld fehlt, um nach Senegal zurückkehren zu können, zieht sie der Aussicht auf endloses Kochen, Fegen, Staubwischen, Schrubben etc. den Selbstmord vor.

In den Vereinigten Staaten haben Schwarze Frauen – und besonders die Schwarzen – ungezählte Jahrzehnte hindurch Lohn für Hausarbeit bekommen. Als 1910 die Hälfte der Schwarzen Frauen außerhalb ihrer Wohnungen arbeiteten, war ein Drittel von ihnen als Hausbedienstete angestellt. Bis 1920 waren über die Hälfte Hausbedienstete, und 1930 war das Verhältnis auf drei zu fünf angestiegen.[630]

Eine der Folgen der großen Umschichtung weiblicher Arbeitsplätze während des 2. Weltkrieges war die sehr begrüßenswerte Abnahme der Anzahl der Schwarzen Bediensteten. Dennoch war 1960 ein Drittel aller werktätigen Schwarzen Frauen immer noch auf diese traditionellen Berufe beschränkt.[631] Erst als Büroarbeiten für Schwarze Frauen zugänglich wurden, ging der Anteil der Schwarzen Frauen im häuslichen Dienstleistungssektor deutlich nach unten. Heute hat sich der zahlenmäßige Anteil bei etwa 13 Prozent eingependelt.[632]

Die entnervenden häuslichen Pflichten der Frauen sind als solche eindeutige Beweise für die Macht des Sexismus. Hinzu kam der Rassismus, aufgrund dessen viele Schwarze Frauen nicht nur die eigene Hausarbeit, sondern auch die anderer Frauen verrichten mussten. Und oft war die Hausangestellte durch die Anforderungen der Arbeit im Haushalt einer *weißen* Frau gezwungen, ihr eigenes Heim und sogar ihre Kinder zu vernachlässigen. Als bezahlte Haushälterinnen mussten sie als Ersatz für Ehefrauen und Mütter in Millionen *weißer* Haushalte herhalten.

630 Jackson, a.a.O., S. 236–237.
631 Victor Perlo, Economics of Racism U.S.A: Roots of Black Inequality, New York, 1975, S. 24.
632 Staples, The Black Women in America, S. 27.

Während ihrer mehr als fünfzigjährigen Organisationsbemühungen haben die Hausangestellten versucht, ihre Arbeit neu zu definieren, indem sie die Rolle des Hausfrauenersatzes ablehnten. Hausarbeiten sind unendlich und unbestimmt. Die Hausangestellten forderten an erster Stelle eine klare Beschreibung der Arbeiten, die von ihnen verlangt wurden. Der Name selbst, den sich die heute größte Gewerkschaft der Bediensteten gegeben hat – *Household Technicians of America* – betont ihre Weigerung, als Ersatzhausfrauen, deren Arbeit nichts weiter als ›nur Hausarbeit‹ ist, zu dienen. So lange die Hausangestellten im Schatten der Hausfrauen stehen, so lange werden sie weiterhin Löhne erhalten, die eher dem ›Haushaltsgeld‹ einer Hausfrau gleichen als dem Lohn eines Arbeiters. Nach einer Erhebung des *National Committee on Household Employment* verdiente 1976 eine durchschnittliche Vollzeithaushaltstechnikerin nur 2.732 Dollar jährlich, zwei Drittel von ihnen lagen unter 2.000 Dollar.[633] Obwohl einige Jahre zuvor zum Schutz der Hausangestellten ein Mindestlohngesetz verabschiedet worden war, erhielten 1976 immer noch erstaunliche 40 Prozent Löhne, die erheblich unter der vorgeschriebenen Grenze lagen. Die Bewegung ›Lohn für Hausarbeit‹ nimmt an, dass die Frauen, wenn sie für ihr Hausfrauendasein bezahlt würden, einen höheren Status genössen. Die uralten Kämpfe der bezahlten Hausangestellten, deren Lage elender ist als die irgendeiner anderen Gruppe von Arbeiter*innen im Kapitalismus, erzählt uns dazu eine andere Geschichte.

Über 50 Prozent der Frauen in den Vereinigten Staaten arbeiten heute für ihren Lebensunterhalt und stellen dadurch 41 Prozent der Arbeitskräfte des Landes. Und unzählige Frauen können heute keinen zumutbaren Arbeitsplatz finden. Wie der Rassismus ist auch der Sexismus einer der tieferen Gründe für die hohe Rate der weiblichen Arbeitslosen. Viele Frauen sind ›nur Hausfrauen‹, weil sie in Wirklichkeit arbeitslos sind. Könnte deshalb die Rolle der ›Nur-Hausfrau‹ nicht am wirksamsten durch die Forderung nach Arbeitsplätzen für Frauen auf der Ebene der Gleichberechtigung mit den Männern und der Durchsetzung sozialer Leistungen (wie z.B. der Kinder- und Jugendpflege) und Arbeitsvergünstigungen (wie z.B. Mutterschaftsurlaub) bekämpft werden, damit mehr Frauen außerhalb ihres Haushaltes arbeiten können?

633 Daily World, 26. Juli 1977, S. 9.

Die Bewegung ›Lohn für Hausarbeit‹ entmutigt die Frauen, Arbeitsplätze außer Haus zu suchen, indem sie argumentiert, »die Sklaverei am Fließband ist noch keine Befreiung von der Sklaverei am Küchenherd«[634]. Indessen beharren die Sprecherinnen der Bewegung darauf, dass sie keineswegs die fortgesetzte Einkerkerung der Frauen in ihren isolierten Wohnungen verteidigen wollen. Sie behaupten, die Tatsache, dass sie die Arbeit auf dem kapitalistischen Markt per se ablehnten, bedeute nicht, den Frauen auf Dauer die Verpflichtung zur Hausarbeit zuweisen zu wollen. Eine amerikanische Vertreterin dieser Bewegung äußerte sich hierzu so:

> »... wir sind nicht daran interessiert, unsere Arbeit für das Kapital effizienter und produktiver zu machen. Wir sind daran interessiert, unsere Arbeit zu reduzieren und letzten Endes überhaupt zu verweigern. Aber so lange wir zu Hause für nichts arbeiten, kümmert sich niemand darum, wie lange oder wie hart wir arbeiten. Denn das Kapital führt entwickelte Technologie nur ein, um nach den Lohnforderungen der Arbeiterklasse die Produktionskosten zu senken. Nur wenn wir unsere Arbeit etwas kosten lassen (d.h. wenn wir sie unökonomisch machen), wird das Kapital die zur Reduzierung notwendige Technologie ›entdecken‹. Gegenwärtig müssen wir oft arbeiten gehen, um uns mit dieser zweiten Schicht die Spülmaschine leisten zu können, die uns unsere Hausarbeit erleichtern soll.«[635]

Wenn einmal die Frauen das Recht, für ihre Hausarbeit bezahlt zu werden, bekommen haben, dann können sie auch die Forderung nach höheren Löhnen erheben und so die Kapitalisten zwingen, die Industrialisierung der Hausarbeit vorzunehmen. Ist das nun eine konkrete Strategie zur Befreiung der Frauen oder ein unrealisierbarer Traum?

Wie sollen denn die Frauen ihren Anfangskampf um Löhne führen? Dalla Costa befürwortet den Hausfrauenstreik:

> »Wir müssen das Zuhause ablehnen, weil wir uns mit anderen Frauen vereinigen wollen, um gegen alle Umstände zu kämpfen, die voraussetzen, dass die Frauen zu Hause bleiben ... Das Zuhause aufzugeben, ist schon eine Form des Kampfes, da die sozialen Dienste, die wir dort leisten, unter diesen Bedingungen nicht mehr ausgeführt würden.«[636]

---

634 Dalla Costa und James, a. a.O., S. 41.
635 Pat Sweeney, »Wages for Housework: The Strategy for Women's Liberation«, Heresies, Januar 1977, S.104.
636 Dalla Costa und James, a.a.O., S.41.

Wenn aber die Frauen ihr Zuhause verlassen, wohin sollen sie gehen? Wie werden sie sich mit den anderen Frauen vereinigen? Werden sie wirklich aus keinem anderen Grund ihr Zuhause verlassen, als um gegen die Hausarbeit zu protestieren? Ist es nicht weit realistischer, die Frauen aufzurufen, ihr ›Zuhause zu verlassen‹«, um einen Arbeitsplatz außer Haus zu suchen – oder sich wenigstens an einer massiven Kampagne für zumutbare Arbeitsplätze für Frauen zu beteiligen? Zugegeben, die Arbeit im Kapitalismus ist eine brutale Arbeit. Zugegeben, sie ist unschöpferisch und entfremdend. Trotz alledem bleibt es eine Tatsache, dass die Frauen sich am Arbeitsplatz mit ihren Schwestern zusammenschließen können – und sogar auch mit ihren Brüdern, um ausgehend von der Produktion den Kapitalismus herauszufordern. Als Arbeiterinnen, als militante Aktivistinnen in der Arbeiterbewegung können Frauen die reale Kraft entwickeln, gegen die Hauptstütze und den Nutznießer des Sexismus zu kämpfen – gegen das monopolkapitalistische System.

Weder taugt die Strategie des ›Lohn für Hausarbeit‹ als langfristige Lösung des Problems der Frauenunterdrückung, noch spricht sie die begründete Unzufriedenheit der heutigen Hausfrauen wirklich aus. Neuere soziologische Studien haben ergeben, dass die Hausfrauen heute von ihrem Leben frustrierter sind als je zuvor. Als Ann Oakley für ihr Buch *The Sociology of Housework*[637] Interviews durchführte, entdeckte sie, dass sogar die Hausfrauen, die anfänglich in der Hausarbeit keine Last zu sehen schienen, im Laufe des Gesprächs ihre tiefe Unzufriedenheit zum Ausdruck brachten. Die folgenden Äußerungen stammen von einer Frau, die auch noch einen Arbeitsplatz in der Fabrik hatte:

> »Mögen Sie Hausarbeit?
>
> Mir macht es nichts aus. Ich glaube, mir macht die Hausarbeit deshalb nichts aus, weil ich sie nicht den ganzen Tag lang mache. Ich gehe zur Arbeit und mache Hausarbeit nur halbtags. Wenn ich es den ganzen Tag machen würde, gefiele es mir nicht. Frauenarbeit ist nie zu Ende, eine Frau ist immer auf Achse, sogar wenn du ins Bett gehen willst, hast du vorher immer noch irgendetwas zu tun – Aschenbecher leeren, ein paar Tassen spülen. Du bist immer noch bei der Arbeit. Es ist jeden Tag dasselbe; du kannst nicht einfach sagen: ›Heute mache ich es nicht!‹, denn du musst es einfach tun. Dasselbe gilt für

637 Ann Oakley, The Sociology of Housework, New York 1974. Dt. Übersetzung Soziologie der Hausarbeit, Vorbem. u. Übers. Hagemann-White, Carol, Ffm. 1978

das Essen machen: Es muss gemacht werden, denn wenn du es nicht tust, haben die Kinder nichts zu essen ... Ich glaube, du gewöhnst dich so daran, dass du es automatisch machst ... Ich bin bei der Arbeit glücklicher als zu Hause.

Was ist Ihrer Meinung nach das Schlimmste daran, Hausfrau zu sein?

Ich glaube, es gibt Tage, an denen du das Gefühl hast, du musst jetzt aufstehen und immer dasselbe machen – das ist langweilig. Du fährst immer im alten Gleis. Fragst du eine Hausfrau, würde sie – wenn sie ehrlich ist – sagen, dass sie sich oft wie ein Packesel fühlt; jede denkt, wenn sie morgens aufsteht: ›Oh nein, ich muss heute wieder dasselbe machen, bis ich abends ins Bett gehe.‹ Man macht immer die gleichen Sachen, da kommst du nicht raus.«[638]

Ob die Löhne diese Langeweile vertreiben würden? Diese Frau würde sicherlich mit nein antworten. Eine Vollzeithausfrau meinte zu Oakley über den Zwangscharakter der Hausarbeit:

»Ich finde, das Schlimmste daran ist, dass man die Hausarbeit machen muss, weil man ja zu Hause ist. Obwohl ich ja schließlich die Wahl hätte, sie einfach nicht zu machen, habe ich nicht wirklich das Gefühl, dass ich sie liegen lassen könnte, weil ich spüre, eigentlich soll ich sie machen.«[639]

Aller Wahrscheinlichkeit nach würde Lohn für diese Arbeit die Besessenheit dieser Frau nur noch verschlimmern. Oakley kam zu dem Schluss, dass die Hausarbeit, besonders als Vollzeitbeschäftigung, die weibliche Persönlichkeit so vollkommen durchdringt, dass die Hausfrau ununterscheidbar von ihrer Arbeit wird.

»In einer wichtigen Hinsicht lassen sich die Hausfrau und ihre Arbeit nicht trennen, d.h. sie selbst *ist* ihre Arbeit. Folglich ist die Unterscheidung zwischen subjektiven und objektiven Bestandteilen ihrer Situation von vornherein besonders schwierig.«[640]

Die psychologische Folge ist häufig eine tragisch verkümmerte Persönlichkeit, die von Minderwertigkeitsgefühlen heimgesucht wird. Die psychische Befreiung kann kaum erreicht werden, indem man der Hausfrau einfach einen Lohn zahlt.

---

638 Ebd. S. 82.
639 Ebd. S. 58.
640 Ebd. S. 68.

Andere soziologische Arbeiten haben festgestellt, dass die heutigen Hausfrauen unter den akuten Folgen von Desillusionierung leiden. Als Myra Ferree[641] in einer Arbeitersiedlung in der Nähe von Boston über hundert Frauen interviewte, »haben fast so viel Hausfrauen wie Frauen, die arbeiten gingen, gesagt, dass sie mit ihrem Leben unzufrieden seien«. Unnötig zu bemerken, dass die meisten Arbeiterinnen nicht gerade innerlich befriedigende Berufe hatten. Sie waren Kellnerinnen, Fabrikarbeiterinnen, Schreibkräfte, Verkäuferinnen im Supermarkt, im Warenhaus usw. Sie hatten jedoch die Möglichkeit, der Isolation in ihren Wohnungen zu entkommen, »herauszukommen und andere Leute zu sehen«, was ihnen ebenso wichtig war wie das Geldverdienen. Würden die Hausfrauen, die das Gefühl hatten, »verrückt zu werden, wenn sie zu Hause bleiben«, die Vorstellung gut finden, dafür bezahlt zu werden, dass sie sich selbst verrückt machen? Eine Frau klagte, »den ganzen Tag zu Hause sein, das ist, als wäre man im Gefängnis«. Würde Lohn die Wände dieses Gefängnisses niederreißen? Der einzig realistische Fluchtweg aus diesem Gefängnis ist die Suche nach Arbeit außer Haus.

Jede einzelne der mehr als 50 Prozent der amerikanischen Frauen, die heute berufstätig sind, ist ein starkes Argument für die Eliminierung der Last der Hausarbeit. Faktisch haben unternehmungslustige Kapitalisten längst mit der Ausbeutung des historisch neuen Bedürfnisses von Frauen begonnen, sich von der Rolle der Hausfrau zu emanzipieren. Endlose profitheischende Imbissketten wie McDonald's oder Kentucky Fried Chicken sind Beweise dafür, dass mehr Frauen am Arbeitsplatz weniger täglich zu Hause zubereitete Essen bedeuten. Wie widerwärtig und wie wenig nahrhaft das Essen dort auch sein mag, wie sehr die Arbeiter*innen dort auch ausgebeutet werden, diese Schnellimbisse signalisieren das näherkommende Ende des Hausfrauendaseins. Was gebraucht wird, das sind natürlich neue soziale Einrichtungen, die einen Großteil der alten Hausfrauenpflichten übernehmen. Das ist die Herausforderung, die von der wachsenden Zahl an Frauen in der Arbeiterklasse ausgeht. Die Forderung nach einer umfassenden und subventionierten Kinderpflege ist eine direkte Folge der zunehmenden Zahl arbeitender Mütter. Und je mehr Frauen sich für die Forderung nach mehr Arbeitsplätzen organisieren – nach Arbeitsplätzen auf der Ebene der vollen Gleichberechtigung mit den Männern –, umso

641 Psychology Today, Bd. X, Nr.4 (September 1976), S.76.

ernsthafter werden die Fragen nach der Zukunft der Hausfrauenpflichten der Frauen gestellt werden. Es mag durchaus wahr sein, dass ›die Sklaverei am Fließband‹ noch nicht gleichbedeutend mit der ›Befreiung von der Sklaverei am Küchenherd‹ ist, aber das Fließband ist zweifellos der stärkste Antrieb für die Frauen, auf die Abschaffung ihrer uralten häuslichen Sklaverei zu dringen.

Die Beseitigung der Hausarbeit als private Verantwortlichkeit der einzelnen Frauen ist ein klares strategisches Ziel der Frauenbefreiung. Aber die Vergesellschaftung der Hausarbeit – einschließlich der Essenszubereitung und Kinderpflege – setzt das Ende der Herrschaft der Profitsucht über die Ökonomie voraus. Die einzig sichtbaren Schritte zu einer Beendigung der Haus-Sklaverei sind tatsächlich in den sozialistischen Ländern getan worden. Die Arbeiterinnen haben deshalb ein spezifisches und vitales Interesse am Kampf für den Sozialismus. Mehr noch, im Kapitalismus enthalten die Kämpfe um Arbeitsplätze für Frauen auf der Grundlage der Gleichberechtigung, zusammen mit der Forderung nach Einrichtungen der öffentlichen subventionierten Kinderpflege, ein explosives revolutionäres Potenzial. Diese Strategie stellt die Gültigkeit des Monopolkapitalismus infrage und deutet letztlich in Richtung des Sozialismus.